4차 산업 수업 혁명

(with STEAM 교육 & Maker 교육)

4차 산업 수업 혁명 (with STEAM 교육 & Maker 교육)

메이커 운동, SW 교육, 코딩(Coding), 3D 프린팅, 3D 스캐닝, 아두이노,
메카트로닉스(과학상자 활용), 가상현실, 인터렉티브 아트(Interactive Art)

글쓴이 최인수, 변문경, 박찬, 김병석, 박정민, 전수연, 전은경

초판 3쇄 인쇄 2019년 7월 1일
초판 3쇄 발행 2019년 7월 1일

표지, 내지 디자인 이시은(dainn.kr)
기획, 편집 양미숙
콘텐츠 총괄 주식회사 스팀앤메이커스(STEAM & Makers Inc.)
콘텐츠 관련문의 010-4151-9060

펴낸곳 다빈치 books
펴낸이 박종훈
출판사등록일자 2011.10.06
주 소 서울특별시 서초구 신반포로 194
팩 스 (0504) 393-5042
홈페이지 http://curiomoon.blog.me/

ISBN 979-11-86742-28-0

스팀앤메이커스(STEAM & Makers)에서는 전문 메이커들과의 네트워크로
메이커 교육 강사를 연계해 드리고 있습니다. 메이커 교육이 필요하시면 이메일이나 전화로 연락 주시면 됩니다.
steammakers@naver.com
문의 전화 : 010-4151-9060

메이커 운동, SW 교육, 코딩(Coding), 3D 프린팅, 3D 스캐닝, 아두이노,
메카트로닉스(과학상자 활용), 가상현실, 인터렉티브 아트(Interactive Art)

4차 산업 수업 혁명

(with STEAM 교육 & Maker 교육)

저자_ 최인수, 변문경, 박찬, 김병석, 박정민, 전수연, 전은경

다빈치books

목차

PART 3 나만의 달력 만들기

PART 4 센서 하우스

PART 5 소통의 예술, 인터렉티브 아트

Creativity

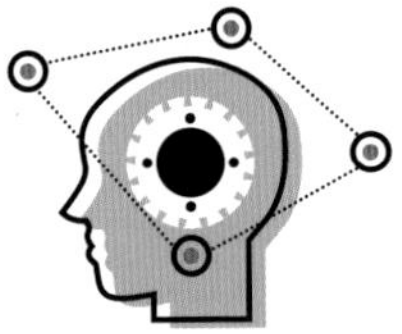

STEAM
Maker
Movement

저자소개

최인수 koreativity@gmail.com

학력 및 경력 고려대학교 심리학과(1985) | The Univ. of Chicago(시카고 대학) 심리학 석사(1991) | The Univ. of Chicago(시카고 대학) 심리학 박사(1995) | 성균관대학교 아동청소년학과 및 인재개발학과교수(1998~현재) | 다산창의력센터소장(2014) | 교육부 중앙영재교육진흥회 위원(2015) | 긍정심리학회 부회장(2015) | 서울시교육발전자문위원(2015)

대표저서 창의성의 발견(쌤앤파커스) | 엉뚱한 생각(공저, 학지사) | International Handbook of Creativity(공저, 캠브리지대학출판부) | 창의성검사(공저, 한국가이던스) | 초등학생용 다중지능검사(한국가이던스) | 중고등학생용 적성검사(한국가이던스) | Flow(역서, 한울림, 학술원 우수학술도서) | 매직트리(역서, 한울림)

박 찬 p2chan1003@naver.com

학력 및 경력 인하대학교 기계공학과 석사(1996) | 경인교육대학교 졸업(2004) | 인하대학교 교육학 박사(2014) | 경인여자대학교 강사(2014-2015) | 인하대학교 교육대학원 강사(2017) | 경인교육대학교 대학원 강사(2017) | 인천 초등과학교과연구회 회장, 영재교육연구회 회장 | 창의재단 전국스팀교사연구회 책임연구원(2014-2017) | 과학교육 유공교원 교육기술부장관 표창(2012) | 영재교육 유공교원 교육부장관 표창(2014) | 융합인재교육 유공교원 교육부장관 표창(2016) | 전국과학전람회 유공교원 미래창조과학부장관 표창(2016) | 올해의 과학교사 미래창조과학부장관 표창(2016)
대표저서 과학동아리를 운영하는 초보선생님 지침서(인천교육과학연구원) | 배움으로 열어가는 행복한 과학수업(인천교육과학연구원) | 단위학교영재학급 지도자료(인천시교육청) | 융합교육을 위한 교수학습자료(인천시교육청) | 선생님도 몰래보는 과학대회 비법노트(교육과학사) | 첨단ICT 과학 콘텐츠(창의재단)

김병석 scimania@daum.net

학력 및 경력 경인교육대학교 초등과학교육과 석사(2004) | 창의재단 전국스팀교사연구회 연구원(2014-2017) | 우수교원 유공교원 교육부장관 표창(2014) | 과학교육 유공교원 미래창조과학부장관 표창(2015) | 융합인재교육 유공교원 교육부장관 표창(2017) | 지속가능발전교육 유공교원 교육감표창(2014) | 과학교육 유공교원 교육감표창(2011) | 사) 한국과학문화협회 이사 | 초등과학교과연구회 회장(2012~2014) | **대표저서** 과학동아리를 운영하는 초보선생님 지침서(인천교육과학연구원) | 첨단ICT 과학 콘텐츠(창의재단) | 미술 Go 과학 Go 기획(바우나무)

변문경 curiomoonlight@gmail.com

학력 및 경력 성균관대학교 화학과, 국어국문학과 학사(2002) | 성균관대학교 교육학 석사(2015) | 성균관대학교 교육공학 박사 수료(2017) | 동아일보 수리수리논술이 기획(2004) | 명지대학교 사회교육원 초빙교수(2015) | 성균관대학교 교육학과 BK21 참여연구원(2016~현재) | **대표저서** 융합인재교육 이론과 실제(다빈치 books) | 영재교육 매뉴얼(가나출판사) | R&E(과학동아 북스) | 내아이스타일교육법(들녘) | 화산이 깨어났다(다빈치 books) | 프레디 머큐리 : 예술적 상상력의 르네상스(다빈치 books) |명품컨설팅(다빈치 books) 등 다수

박정민 pjm001634@naver.com

학력 및 경력 경인교육대학교 영어교육과 졸업(2004) | 2015년 발명교사교육표준과정B 이수 | 인천청소년과학탐구대회 심사위원(2016~2017) | 초등영재교육연구회 총무(2016) | 초등과학교과연구회 부회장(2017) | **대표저서** 단위학급영재학급 지도교재 | 영재 꿈사다리 프로그램 교재 | 초등과학실험 길라잡이 교재 | 초등학교 저학년 공동학습 교재 | 환경캠프 프로그램 교재

전수연 jsy4734@naver.com

학력 및 경력 경인교육대학교 미술교육과 졸업(2008) | 한국과학창의재단 전국스팀교사연구회 연구원(2014~2018) | 한국과학창의재단 메이커모임 연구원(2018) | 인천광역시 지속가능발전교육 연구회 운영진(2014) | 인천광역시 북부영재교육연구회 부회장(2018) | 과학교육 유공교원 교육감표창(2015) | **대표저서** | 초등단위학교영재학급 6학년 교수학습 지도자료(인천시교육청) | 초등단위학교영재학급 4학년 융합교육 지도자료(인천시교육청) | 인천광역시 북부과학교육관 초등학교 저학년 과학공동학습 교재 | 인천광역시 초등교사 과학실험 길라잡이 직무연수 교재 | 초등학교 서술형평가문항자료집(인천시교육청)

전은경 sknowican@naver.com

학력 및 경력 경인교육대학교 미술교육과 졸업(2004) | 동대학원 미술교육과 졸업(2018) | 인천광역시 초등영재교육연구회 회장(2015~2018) | 인천광역시 초등과학교과연구회 부회장(2013~2014) | 인천광역시 지속가능발전교육연구회 운영진(2014~2016) | 한국과학창의재단 전국스팀교사연구회 연구원(2014~2018) | 한국과학창의재단 메이커모임연구원(2018) | 지역공동발명영재학급 및 발명교육센터 지도강사(2011~2018) | 우수과학교사 장관 표창(2016) | 융합인재유공교사 장관 표창(2018) | **대표저서** 인천광역시 초등 4학년 단위영재학급 지도자료(융합과학)(2014) | 인천광역시 단위학교영재학급 지도자료(6학년)(2013) | 인천교육과학연구원 배움 중심으로 열어가는 행복한 과학수업 교재(2014) | 인천광역시 초등학교 3~6학년 서술형 평가문항 자료집(2014~2015) | 인천교육과학연구원 초등과학교과 탐구실험 직무연수 교재(2014) | 인천광역시 초등학교 과학실험 길라잡이 직무연수 교재(2012~2015) | 지역공동발명영재학급 및 발명교육센터 지도자료(2011~2018)

Makers

4차 산업 혁명과 메이커 운동

지하철을 타 보면 거의 대부분의 사람들 손에는 스마트폰이 들려 있다. 기존의 컴퓨터뿐만 아니라 휴대폰에서도 인터넷을 활용할 수 있게 되면서, 인터넷을 활용한 상호작용의 속도는 점점 더 빨라지고 있다. 사람들은 포털 사이트를 통해서 지식을 전달받고, SNS로 소통하고, 시간과 공간을 초월하여 살아가게 되었다. 또 이전에는 상상만 했던 일들이 실제로 일어나 경제체제도 변화시키고 있다.

며칠 전 보도 된 미래에 사라질 직업 1위는 번역가이다. 이제 다양한 지식을 보유하기 위한 학습에 매진하지 않더라도 정보를 찾아 활용할 수 있게 된 것이다. 대신 창의성을 발휘하여 문제를 발견하고 또 해결해 나가는 것이 더욱 더 중요해졌다. 이제 사람들은 기존의 지식을 통합하고 연결하여 새로운 가치를 창출하는 일에 매진해야 한다. 다시 말해 인공지능이 대체할 수 없는 영역인 창의적인 아이디어 산출, 전문 기술 개발, 콘텐츠를 생산하는 일에 집중해야 한다. 첨단기술이 인간의 일을 대신하면 할수록 인간이 가진 고유한 가치, 인간의 창의적 산물의 가치는 증가할 것이기 때문이다.

4차 산업 혁명 시대의 첨단기술은 사람들의 생각을 효율적으로 가시화하고 공유하는데 이바지하고 있다. 아이디어만 있으면 누구나 제조사가 될 수 있고, 이미 개발된 플랫폼을 활용하여 제품에 대한 피드백을 받거나 판매를 통해 수익을 창출하는 것도 가능하다. 이러한 기술적 인프라를 기반으로 현재 메이커 문화가 확산되고 있다. 또한 진로와 연계하여 창업, 신사업 창출로까지 연결될 수 있다. 기술이 보급될수록 미래 경제 성장의 동력으로 메이커 운동을 활성화하고 메이커를 국가적으로 장려하는 움직임은 더욱 확산 될 것이다. 현재 국내에서는 민간이나 공공기관에서 메이커를 지원하고 메이커 운동을 활성화하려는 노력이 확대되고 있다. 하지만 메이커에게 시설적인 지원만을 확대하고 있을 뿐 실제로 메이커를 양성하는 교육 프로그램 개발은 아직 활발하게 이루어지지 못하고 있다. 동시에 학교 현장에서는 여전히 지식의 전달과 정답 맞추기 식의 내신 위주 프로그램이 제공되고 있는 안타까운 교육 현실에 직면한다.

일상생활에서 메이커 교육을 할 수 있는 소재는 매우 풍부하다. 메이커 운동을 활성화하기 위한 저변 확대를 위해서는 적절한 메이커 교육이 제공되어야 한다. 본 책에서는 우선 메이커 운동의 도입 배경과 창의성의 체계 이론을 통해서 한국 메이커 운동의 가치와 방향성을 제시한다. 이후 개인과 사회의 소재를 활용한 현직 교사들의 메이커 교육 사례를 소개한다. 현직 교사들의 우수한 수업 사례를 통해서 향후 메이커 교육의 방향성에 대해 가늠할 수 있을 것이다. 우수 교육 사례를 보여주는 Excellent Case는 총 5가지로 구성되어 있다.

개인의 존재 가치를 되돌아보고 미래를 설계하는 미래의 나의 동상 제작하기, 내가 상상하는 신도시 설계하기, 나의 시간 개념 안에서 융합적인 학습 체험을 유도하는 달력 만들기, 코딩을 통한 센서 하우스 만들기, 소통으로 완성되는 인터렉티브 아트가 소개된다. Excellent Case에서는 학생들이 교육을 통해 전문 메이커로 성장하는 과정에 대해 이해할 수 있을 것이다. 본 책을 통해서 많은 교육 담당자들이 4차 산업 혁명 시대의 메이커 운동의 가치와 교육에의 통합 가능성 및 방향성을 가늠하는 기회가 되기를 바란다.

2018년 5월 저자 일동

메이커는 누구인가

인간 고유의 기능과 가치 발현

아리스토텔레스는 인간의 고유한 기능 발휘가 인간의 행복으로 이어진다고 했다. 인간의 본질은 인간의 기능에 있으며, 인간의 기능 발휘란 인간에게 주어진 고유한 능력을 얼마나 잘 현실화 시키는가에 달려있다. 아리스토텔레스는 인간의 진정한 행복이 갖추어야 할 조건들을 성취 가능성, 완전성, 자족성이라고 하였다. 인간만이 잘 할 수 있는 고유의 기능을 현실화시켜 도전하고 성취하며 자족하는 삶으로 이어가는 것이 스스로 행복을 추구하는 길이 된다는 것이다.[1)]

본래 사람들은 근본적으로 만들려는 의지를 가지고 있고, 고대부터 수렵, 어로, 채집 등을 위한 도구를 제작하여 식량의 획득량을 늘린 결과 개체수를 증가시키며 번성할 수 있었다. 인간만이 가진 영혼의 가치를 더하여 살아남은 것이 사피엔스다. 유발 하라리 교수는「사피엔스」에서 비슷한 뇌를 가졌지만, 사피엔스들 만이 이야기와 전설과 신화 윤리를 꾸며내기 시작했기에 사람들을 규합하고, 마을, 도시, 국가를 만들어낼 수 있었다고 이야기한다. 결과적으로 '우리는 선택된 민족이다.', '삶에는 의미가 있다.'는 식으로 인간의 영혼에 가치를 부여한 사피엔스들 만이 번성할 수 있었다.[2)] 따라서 인간의 고유한 기능 발휘를 통해 영혼에 가치를 부여하는 것은 인간을 인간답게 존속시키고 행복감을 주고 발전시키는 메커니즘이 될 것이다.

〈그림 1〉 가죽장인의 노하우가 담긴 가죽 패턴

〈그림 2〉 Zegna의 박물관, 텍스타일 제작의 역사

주요 산업 혁명 시기마다 인간의 창조물이 인간을 소외시키고 불행하게 만들기도 했다. 인간은 생활의 편리성을 위한 도구를 발명했지만, 정작 도구들이 인간을 대신하면서 일시적 혹은 영구적으로 해당 기능에 대한 인간의 사회적 지위를 잃게 된 것이다. 칙센트미하이 교수는 「몰입」에서 산업 혁명 당시 이탈리아 비엘라 지역 직조공들의 사례를 소개하였다. 비엘라의 직조공들은 당시 직조 활동이 세상에서 가장 재미있다고 말한다. 여행보다, 디스코장보다, 낚시보다 그리고 텔레비전을 보는 것보다 훨씬 즐거운 일이라고 했다. 하지만 동력 직조기의 발명 이후 직조 속도가 기계를 따라가지 못하게 되면서 직조공이 가진 기능의 가치는 급속히 퇴색하기 시작했다. 직물의 수요가 폭증하면서 직조공들은 직조를 작업 대신 직조기를 관리하는 일에 투입되었다. 그들은 일을 잃지는 않았지만 직조라는 만들기 활동에서 느끼던 행복을 잃어버린 것이다. 직조공의 사례는 산업화가 인간의 행복을 빼앗은 단적인 사례로 자주 소개된다.

하지만 최근에 방문했던 비엘라 지역에서 과거의 수공예 직조 방식의 공방이 보존되고 있음을 알 수 있었다.[3]

장인의 집에서 혹은 거대한 직조 공장의 한켠에서, 장인이 직조한 직물은 직조기계가 생산한 것보다 몇 배의 가치를 가진다고 했다. 또한 직조기계가 천편일률적으로 짜 낸 실크에다가 장인들은 일일이 손으로 염색을 하고 있었다. 주로 명품 브랜드의 제품을 생산하기 때문에 디자인 라이센스 문제로 사진을 찍지는 못했지만 장인이 손으로 하나하나 염색한 제품이 가지는 가치는 과연 어디서 오는 것일까?

인간 중심의 가치관

산안개에 뿌옇게 둘러 쌓여있는 이탈리아의 비엘라 지역은 최고급 직물을 생산하는데 유리한 높은 습도가 유지되는 특성을 가지고 있다. 때문에 일찍부터 직조 활동이 활발했던 지역이고 최근에는 첨단 설비를 갖춘 대형 직조 공장도 운집해 있다. 이들은 섬유 제작을 위한 천혜의 환경 조건을 가지고 있는 비엘라 지역만이 세계 최고 품질의 섬유를 생산할 수 있다고 자부한다. 인공적으로 조절하는 온도와 습도와는 아예 비교 대상이 될 수 없다는 것이다. 이들은 신 혹은 자연이 최고의 직물 제조를 위해 탄생시킨 지역의 생산품이라는 특수한 가치를 제품에 투영하고 있었다. 직조를 위한 천혜의 자연환경 안에서 천년 직조공들의 노하우를 담아 최고의 직물을 생산하고 있다는데 누가 이들의 가치에 대적할 수 있겠는가? 또한 그들은 〈그림 3〉처럼 기계로 생산된 직물의 후가공에 솔방울을 활용하는 전통 기법을 활용하고 있다. 솔방울의 불규칙한 패턴은 직물의 표면을 자연스럽게 가공하는데 적합하며, 천년이 넘은 전통을 가진 기법이라는 것이다. 이러한 Zegna의 브랜딩 사례를 통해서 인간의 고유한 기능과 가치가 투영된 전통과 역사, 자연 친화 정신, 세계 최고의 전문 메이커라는 자부심이 고스란히 브랜드 가치로 투영된다는 것을 알 수 있었다. 최근 소량 생산의 바람이 불면서 기계가 생산한 천편일률적인 제품에도 개성을 부여하려는 노력이 이어지고 있다. 인간의 가치, 특수성 등을 재투영하여 제품의 가치를 높이고 있는 명품 브랜드들도 늘고

〈그림 3〉 자연 그대로의 패턴, 솔방울

있다. 기계화된 산업 사회에서 인간 영혼의 가치, 전통의 가치에 대한 통찰은 기대 이상의 브랜딩 효과로 이어지고 있는 것이다.

최고의 명품으로 인정받는 브랜드 중 하나인 에르메스의 대표 제품들은 모두 수작업으로 생산된다. 특히 가죽 가공, 가방, 스카프 염색은 공인된 장인이 자신의 이름을 걸고 100% 수작업으로 완성한다. 에르메스 외에도 고가의 명품 브랜드 일수록 가죽의 손질과 염색, 가공 그리고 재단, 바느질, 후가공까지 100% 장인의 수작업을 고수한다. 여기에 투영된 또 다른 가치는 같은 제품이라도 사람이 제조하면 약간의 차이가 발생하여 세계에 하나밖에 없는 제품이 된다는 특수성이다. 따라서 장인이 한땀 한땀 제작한 제품은 소비자의 특수성과 고귀한 영혼의 가치를 대변해 줄 수 있는 세계 유일의 의미 있는 제품이 된다. 명품의 대중화를 이끈 구찌의 경우에도 친환경 생산, 소량 생산, 행복한 생산을 통해서 인간에게 가치 있고 특별한 제품을 생산한다는 브랜딩에 성공했다. 구찌 신발의 GOODYEAR 생산 방식에 들어있는 이러한 철학은 인간 중심의 가치를 제품에 투영하고 있다. 이렇게 인간의 영혼에 가치를 부여하며 생존한 사피엔스의 성장과 번성 메커니즘은 다수의 산업 및 예술적 성공 사례에서 찾을 수 있다. 「사피엔스」 저자 유발 하라리 교수는 이제 진정한 인간 고유의 인지 능력을 발휘하며 창의적으로 살 수 있는 시대가 되었다고 말한다. 사피엔스가 가진 인간 중심의 가치관을 지켜낸다면 새로운 시대는 인간 고유의 인지 능력을 발휘하여 창의적으로 인간답게 살아갈 수 있는 시대가 된 것이다.

메이커 운동 = 르네상스 운동

르네상스 운동은 인간 자체가 가진 고유한 가치의 부활을 목적으로 시작된 것으로, 예술과 문학에서 인간을 중심으로 표현하던 고대 그리스·로마 문화를 다시 부활시키려는 움직임을 말한다. 14세기 ~ 16세기의 이탈리아 도시들은 무역으로 이룩한 경제력으로 자치권을 사들이며 영주나 교황의 간섭에서 벗어나게 되었다. 시민들은 영주의 노동력, 신의 하수인이 아닌 인간 그 자체라는 존재로 회귀했다.

풍부한 예술적 경험을 가진 장인들, 표현의 다양성을 인정해주고 아낌없이 지원하는 사회적인 분위기, 인간이 다시 우주의 중심에 설 수 있도록 도와준 그리스·로마 문화의 부활이라는 이 세 가지의 조합은 '부흥'이라는 의미의 르네상스 시대를 이루어 냈다.[4)]

피렌체의 메디치 가문은 "시민에게 예술과 문화에 동참할 수 있는 기회를 주면, 그들은 훗날 메디치 가문을 빛나게 해 줄 것이다."라고 생각하며 시민들에게 아낌없는 지원을 했다. 메디치 가문의 지원으로 르네상스 운동에

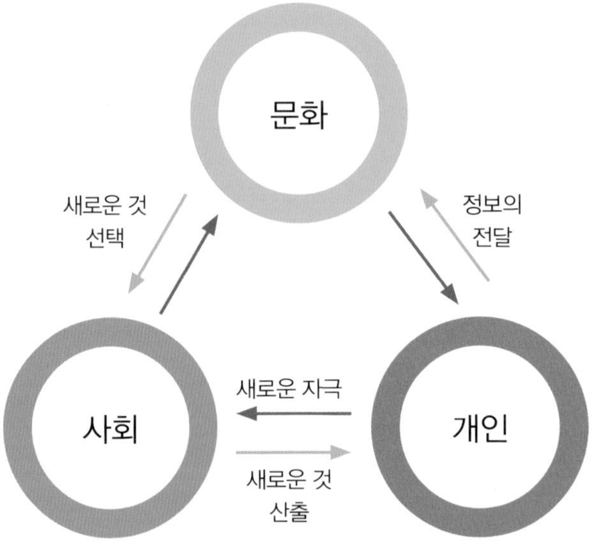

〈그림 4〉 창의성 모델–칙센트미하이(1999)

동참한 예술가, 문인들은 생계유지에 대한 걱정 없이 자신의 메이커 활동에 몰입할 수 있었고, 실제로 메디치 가문을 역사에 길이 빛나게 해주었다. 이런 르네상스 시대에 피렌체에는 특이한 점이 있었는데 그건 바로 대학이 없다는 점이었다. 대학의 현란한 지식보다는 시민에게서 나온 현실적인 지식이 필요하다고 생각했기 때문에 주로 교육은 도제 교육이나 맞춤형 교육 형태로 진행되었다. 따라서 일상생활에서 나온 현실적인 지식의 가치를 예술 활동, 문예활동으로 표현하면서 이태리 역사상 가장 찬란한 피렌체의 시대를 이루어냈던 것이다.

현재 세계적인 메이커 운동의 확산은 르네상스 운동과 시작부터 닮아 있다. 메이커 운동은 첨단기술을 접목하여 인간 고유의 기능을 살려 인간의 가치를 재발견하려는 움직임으로 해석할 수 있다. 인간의 창의적 산물, 상상력을 현실화 시키는 메이커 운동은 세계 각국의 지원 정책으로 활성화 되고 있다. 공공기관과 민간에서 만들기 재료와 제작 공간을 지원 받을 수 있는 길도 열려 있다. 아이디어만 있다면 누구나 무료로 제작 관련 수업에 참여할 수 있고 창업도 할 수 있다.

메이커 (Maker)

자신의 창의력을 발굴할 수 있는 방법을 스스로 찾으며 하드웨어나 소프트웨어 등의 다양한 도구를 사용한 창의적인 만들기 활동에 참여하며 자신의 아이디어를 실현하는 사람을 말한다. 메이커들은 메이커 활동(만들기 활동)에 적극적으로 참여하고, 만들어낸 결과물과 지식, 자신만의 경험을 공유하는 특성을 가지고 있다. 메이커는 넓은 의미로 '창의력과 상상력을 바탕으로 제품, 서비스를 스스로 구상하여 개발하는 사람 또는 단체'라고 정의하기도 한다.

바야흐로 창의성의 시대, 신 르네상스 메이커 시대의 시작

칙센트미하이 교수는 사람이 창의성을 발휘하기 위해서는 분명한 목표, 적절한 도전과 성취, 즉각적인 피드백을 받을 수 있는 환경이어야 한다고 설명한다.[5)]

과거는 오히려 인류가 창의성을 발휘하기 적절한 환경이었다. 자연의 재료로 악기를 만들고, 스포츠를 구성하고, 또 전쟁을 위한 무기를 생산해서 영토를 넓히기도 했다. 첨단기술이 발달하기 전에는 특별한 지식이나 기능 없이 누구나 메이커 활동에 참여할 수 있었다. 메이커 활동 참여를 위한 진입장벽이 낮거나 혹은 없었다는 것이다. 따라서 메이커 활동은 그냥 일상생활의 문제를 해결하고 편리성을 높이는 수준에서 누구나 하는 것이었고, 그것이 일이었다. 최고의 도구인 인공지능을 생산하는 현재까지도 인류의 메이커 활동은 인위적인 것이 아니라 자발적인 것이다. 게다가 현대와 같이 온라인 플랫폼을 통해 사람과의 상호작용이 가능한 환경에서는 지식의 교류도 활발하게 일어나고 서로 간의 기술이 다시 서로의 창의성을 촉진할 수 있다. 성장과 공유의 속도만 다

메이커 운동 (Maker Movement)

메이커 운동(Maker Movement)이란 메이커들이 일상에서 창의적인 만들기 활동을 실천하고 개인의 경험과 지식을 나누며 공유하려는 경향을 말한다. 최근 시제품 제작과 창업이 쉬워지면서 개인 단위의 제조 창업이 활발해지는 추세 역시 메이커 운동의 일부이다. 메이커 문화(Maker Culture)는 내용적으로는 메이커 운동의 속성과 동일하다. 또한 메이커는 4차 혁명 시대에 창업 저변을 넓히고 제조업 혁신을 촉진하는 원동력으로 일컫는다.

를 뿐 창의적인 아이디어의 생산과 발전의 메커니즘은 유사 이래 한 번도 변하지 않았다. 그리고 각 나라마다 가지고 있는 고유의 특성들은 각 나라의 창의성의 발현을 격려하며 메이커 운동의 인프라로 작용할 수 있는 환경적인 토대가 된다.

최인수 교수는 도시경제학자 플로리다(Florida)가 제안한 3개의 T를 가지고 있어야 혁신의 장소가 된다고 설명한다. 3개의 T란 재능을 가진 사람(Talent), 다양성을 인정해주고 평가해주는 사회적인 분위기(Tolerance), 그리고 혁신을 가능하게 하는 기술(Technology)을 가리킨다. 메이커 운동과 과거 르네상스 운동과의 차이점이라면 바로 세 번째 T 첨단기술에 있을 것이다. 온라인을 활용한 지식 공유, 저가에 보급되는 소프트웨어와 첨단기기는 사람들과의 창작 및 협업의 한계를 전 세계로 넓혀 놓았다. 개인이 생산한 지식의 빠른 공유는 이렇게 세계를 무대로 이루어지고, 번역기의 활용으로 언어의 장벽은 사라져 가며 세계적으로 메이커 운동이 확산되고 있는 것이다.

전문 메이커 = 프로슈머

마크 해치는 다양한 도구를 활용하여 창의적인 만들기 활동을 하는 사람을 메이커라고 정의하였다.[6)]

메이커들은 다시 이제 막 메이커 활동에 참여한 초보 메이커부터 독보적인 기능을 가진 전문 메이커로 분류할 수 있다. 초보 메이커는 취미와 재능을 가지고 출발한다. 오랜 시간 취미로 즐기고 만들기에 집중하며 몰입하는 과정을 거쳐서 행복함과 자신감을 얻게 된다. 또한 자신의 아이디어를 구체화하기 위해 필요한 기능을 자발적으로 습득하고, 자신의 작품을 지인과 나누며 우연한 기회에 판매에 성공하게 된다. 이 순간부터 전문 메이커 단계로 진입하였다고 볼 수 있다.

우리나라에서 가장 많은 비중을 차지한다는 목공예 메이킹[7)]의 경우 취미로 시작하기 위해서는 나무의 종류, 가공 방법 등 처음부터 배울 것이 많다.[8)]

재료를 구입하는 손쉬운 경로를 파악하고, 색다른 제작 기술을 적용하면서 개인의 노하우를 발전시키게 되면

독창적인 제작기법의 적용이 가능하다. 소품을 만들던 목공 메이커의 경우 나이가 들면서 나무 집을 짓는 활동으로 이어지는 경우가 많다고 한다. 자연으로 돌아가 나무로 집을 짓고 흙으로 마감하는 친환경 집짓기에 도전하는 목공 메이커들은 자신의 노후에도 메이커 활동을 지속하며 행복감과 성취감을 느낀다.

전자 공학을 전공하고 프라모델을 취미로 가지고 있던 IT 분야 메이커는 아두이노를 활용하여 움직이는 프라모델을 개발하기도 한다. 프라모델에 동작성을 부여하기 위해서 위치 감지 센서, 모터 등의 부품을 구입하여 장착하다보니 장난감으로의 제품화 가능성도 발견하게 된다. 이러한 맥락으로 전문 메이커들은 취미로 제작하던 제품들을 생산하고 또 재료들을 소비하는 프로슈머의 형태를 띠게 된다. 전문 메이커가 창업자로 성장하는 단계를 한 눈에 볼 수 있도록 도식화 하면 다음 〈그림 5〉와 같다. 초기에 취미와 재능으로 시작된 메이커 활동의 경우 오랜 시간 만들기를 하게 되면서 몰입하고, 행복감을 느끼며 만들기에 대한 자신감을 갖게 된다. 또한 자신의 아이디어를 발전시켜 나만의 제품을 구상하고 지인과 아이디어들을 공유하며 제작에 대한 자신감을 얻기도 한다. 이러한 메이커들은 최근 인스타그램이나 카카오스토리, 포털사이트 카페를 통해 자신의 작품들을 공유하거나 자랑하기도 한다. 그러다가 우연한 기회에 판매가 성사되면 성취감도 배가되고, 부수입도 창출할 수 있다.

전문 메이커들은 단순한 취미에 머무르지 않고 메이커 페어(Maker faires)와 같은 오프라인에서 자신의 제작물을 선보이고, 온라인에서도 판매하며 피드백을 받기도 한다. 그리고 피드백 받은 결과로 다시 시제품을 보완하여 출시하는 메이커 창업 활동으로 전문 메이커 활동을 통해 수입창출과 자아실현을 경험한다. 시제품 개발이 이루어지면 4, 5단계로 진입한 프로슈머가 되는 것이다. 따라서 〈그림 5〉에서 볼 수 있듯이 4차 산업 혁명 시대의 전문 메이커는 단순 제조업자가 아닌 프로슈머로 정의할 수 있다. 전문 메이커는 첨단기술을 활용하는 상상가, 제조사, 생산자이며 소비자의 역할을 동시에 수행하게 되는 것이다. 무엇보다 자신의 제품을 스스로 확산시키고 가장 효율적으로 공유하고 있는 주체가 될 수 있다. 자신의 제품에 대한 애착이 강하고, 또 스토리텔링을 통해서 가치를 부여할 수도 있으며, 소비자의 피드백을 받으면 개선점을 가장 빠르게 반영할 수 있기 때문이다. 전문 메이커들의 아이디어는 오랜 기간 자신의 경험에서 나오는 노하우, 예술 작품, 생활에서 불편함을 개선할

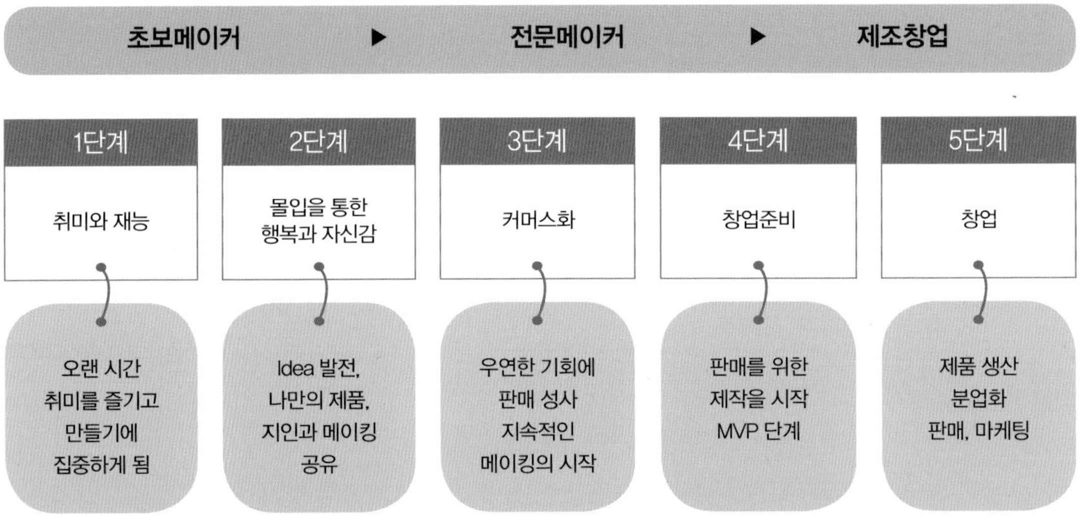

〈그림 5〉 4차 혁명 시대의 메이커 성장 단계

수 있는 도구, 자신의 전문적인 기술을 적용한 제품 등 매우 다양하다. 또한 자신의 메이커 활동에 몰입하다 보니 세상에 없는 우수한 메이커 결과물을 탄생시킨다.

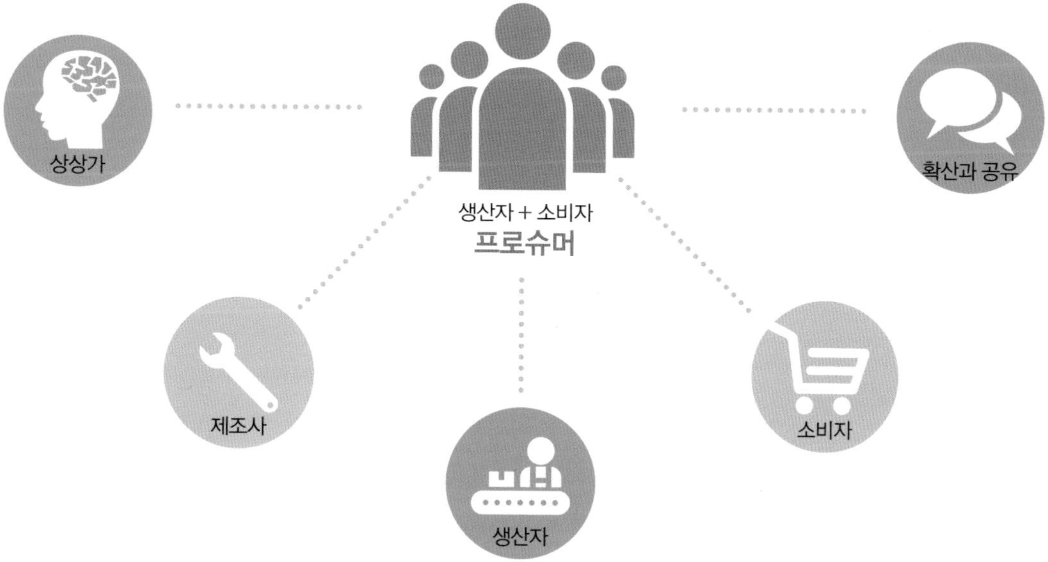

〈그림 6〉 4차 혁명 시대의 메이커

메이커 생태계
메이커 운동은 어디에서 진행되고 있는가?

메이커 생태계의 의미

첨단기술을 통합한 메이커들이 만들어가는 제조업의 르네상스 운동을 메이커 운동(Maker Movement) 또는 메이커 문화(Maker Culture)라고 한다.[9)]

최근 메이커 생태계라는 표현을 많이 쓰는데 거시적으로 보면 메이커 운동과 메이커 문화의 확산은 메이커 생태계에서 일어난다. 메이커라는 생물체계가 있고, 메이커들의 서식처가 메이커 환경이 된다. 이들의 지속적인 상호작용을 통해서 생태계가 선순환 성장을 거듭한다는 의미의 용어로 메이커 생태계가 활용된다.

본래 생태계란 용어 자체는 영국의 탠슬리(Authur G.Tansley)가 1935년 제창한 것이다. 탠슬리는 '자연의 있는 그대로의 상태로 생물체계 상호간의 관계를 지닌 생물과 무기적 환경을 통합해야 한다'고 주장하였다. 생태계는 크게 생물체계를 의미하는 바이옴(biome)과 생물체계의 생활환경이 되는 서식처(habitat)의 두 가지 요소로 구성된다. 바이옴을 한국의 메이커라고 한다면, 메이커들의 서식처는 한국의 문화적 환경이 되는 것이다. 결국 한국의 메이커와 한국의 문화적 환경이 합쳐져서 한국의 메이커 생태계가 구성된다.

생태계 유지, 활성화를 위해서는 생물이 적합한 환경에서 성장할 수 있도록 해야 한다. 메이커가 성장하는 환경이 메이커 생태계이다. 이런 메이커 생태계가 스스로 진화하고 성장할 수 있도록 하려면 메이커와 메이커에게 적합한 환경이 서로 상호작용을 해야 한다. 따라서 메이커 생태계의 관점에서 메이커 운동을 이해하려면 메이커 생태계의 모든 요소를 자세히 분석할 필요가 있다. 생태계라는 것은 매우 복합적이다. 또한 메이커 문화보다 넓

〈그림 7〉 메이커스 생태계의 요소

은 범위로 구성요소 및 범위의 특정 영역을 규정하지 않는다. 언제 어디서 누구나 무엇이든 창작할 수 있다. 개체도 대상도 특정 지을 필요가 없다. 게다가 이미 메이커 생태계는 글로벌하다. 메이커에게 메이커 활동은 개인이 창조를 시작하고, 아이디어와 학습을 공유하고, 일부는 비즈니스를 개발하는 과정이다. 특히 메이커 운동이 확산되는 스펙트럼의 모든 단계에서 메이커 생태계는 온, 오프라인을 포함한 환경이 될 것이다. 생태계 안에서 메이커들은 디지털 자원을 보다 자유롭게 사용하고 정보 소스를 통합하는 중앙 집중식 플랫폼을 통해 정보를 증폭시키며 성장 동력을 제공받거나 제공한다. 이러한 메이커 생태계의 개념은 4차 산업 혁명의 시대에 융합과 혁신이 일어나야 경제 생태계가 선순환 성장할 수 있다는 선진국의 인식이 반영되어 널리 확산되고 있다. 메이커 생태계에서는 무엇이든 재료가 되고 소재가 될 수 있다. 점점 더 많은 사람들이 메이커가 되어, 자신의 지식과 기술을 사용하여 자신의 지역 사회에서 다른 사람들의 삶을 개선하기 위해 지역과 전 세계적으로 공유하고 협업하고 있다.

또 하나의 메이커 생태계

심리학자들은 지식이 개인의 머릿속에만 존재하는 것이라고 믿고 있다. 인간만이 경험으로부터 의미를 구성할 수 있는 유일한 정보처리자라는 것이다. 하지만 우리의 지식과 신념은 우리를 둘러 싼 환경 공동체와 그들의 신념, 가치에 영향을 받는다. 학습자 공동체는 합법적, 주변적 참여를 통해 문화가 구성원들에 의해 영향을 받는 것처럼 우리도 공동체의 핵심적인 부분이 되는 문화를 흡수하게 된다.[10)]

다시 말해 우리가 공동체의 담화와 실천에 참여할수록 우리의 지식과 신념은 그 공동체로부터 영향을 받게 된다.[11)] 따라서 메이커 운동은 메이커들의 담화와 실천에 참여함으로써 확산되고 상호 영향을 주며 메이커 생태계, 나아가서 경제 생태계의 선순환 성장에 기여할 수 있다.

집단지능(集團知能)은 다수의 개체들이 상호간에 협력하고 또 경쟁하는 과정을 통하여 얻게 된 집단을 뛰어넘는 지적 능력을 의미한다. 이러한 집단지능은 개체가 가진 지적 능력을 넘어서는 힘을 발휘할 수 있게 만든다.

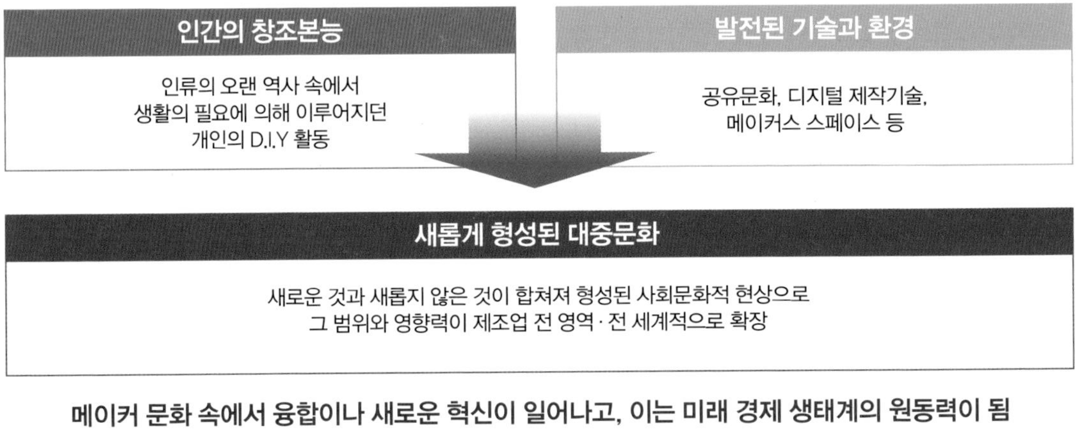

〈그림 8〉 메이커 운동 (출처:메이크올)

집단지성의 대표적 사례는 인터넷을 활용한 위키피디아와 웹2.0이라고 할 수 있다. 위키피디아에 탑재된 지식과 정보는 지식의 생산자나 수혜자가 따로 없는 누구나 생산자, 수혜자가 될 수 있고 모두가 손쉽게 공유하면서 계속 진보하는 형태로 전형적인 집단지능의 특성을 보여준다. 메이커 생태계에서 집단지능은 다수의 개체들이 서로 협력하거나 경쟁을 통하여 얻게 된 집단적 능력을 일컫는 용어이다. 따라서 선순환 성장 동력을 얻기 위해서는 메이커들이 집단지능을 구축하는데 자발적으로 참여하려는 동기가 형성되어야 하며, 상호작용할 수 있는 환경이 구성되어야 한다.

메이커 스페이스의 확장

현재 국내에는 200여개의 공공, 민간 메이커 스페이스가 있으며, 기업과 민간단체, 정부 기관 등의 메이커 스페이스는 지속적으로 확대되고 있다. 벌써 5년차를 맞는 사업이지만 아직도 메이커 스페이스 하면 3D 프린터를 떠올리는 사람이 대부분이다. 현재 메이커 운동 확산 정책은 창업 활성화 정책과 유사하게 시제품 제작 공간의 의미로 메이커 스페이스를 인식하게 만들기도 했다. 과거에는 개인이 보유한 기자재의 한계로 인해서 디자인된 제품을 제작하기 어려운 경우가 빈번했다. 제작을 대행하고 노하우 없이 금형을 뜨다 보면 많은 비용 손실이 발생하기도 했다. 하지만 4차 산업 혁명의 시대에는 제작재료와 기자재가 갖추어져 있는 메이커 스페이스나 스마트 팩토리에서 자신의 아이디어를 프로토타입으로 만들 수 있는 각종 첨단 기기들을 활용할 수 있다. 첨단 3D 프린터, 레이저 커터, CNC 등의 장비가 구축되어 있는 메이커 스페이스는 대체적으로 무료로 운영된다. 앞으로도 유료보다는 무료 메이커 스페이스가 확산될 것이다.

최근 미국의 유명 메이커 스페이스인 테크샵이 2017년 11월 파산했다. 데크샵 CEO인 댄 우즈(Dan Woods)는 메이크 매거진과의 인터뷰에서 메이커 운동은 비영리적인 움직임으로 세계적으로 정부나 자선단체 지원금으로 무료 운영되는 경우가 대부분이라고 설명했다. 무료 공간, 기자재, 재료 지원이 이미 많은 상태에서 특별한 메리트가 없는 한 메이커 스페이스만은 사업성이 없을 것이다.[12]

결국 메이커 스페이스는 미국, 중국, 우리나라와 같이 무료로 모든 사람들에게 열려있는 창조의 공간으로 인식되고 있으며, 물리적으로 하드웨어를 사용하는 공간만이 아니라, 온라인 플랫폼 안에서 아이디어를 공유하며 함께 협업이 가능한 공간이어야 한다. 메이커 스페이스의 물리적 공간의 확대가 향후 메이커 운동 확산을 위한 물리적 인프라가 될 수는 있겠지만 메이커 운동에의 동참을 유도하는 데는 한계가 있다. 활성화되지 못해 문을 닫은 몇몇 국내 메이커 스페이스를 보면 정부가 지원하지 않았으면 애초 생성의 목적도 없었던 시설이다. 미술관에 3D 프린터를 설치한다고 해서 3D 프린터 미술작품이 탄생하지는 않는다. 메이커 스페이스를 통한 메이커 운동 활성화는 메이커 스페이스에서 구현할 것이 있을 때 비로소 가능할 것이다. 따라서 메이커 스페이스

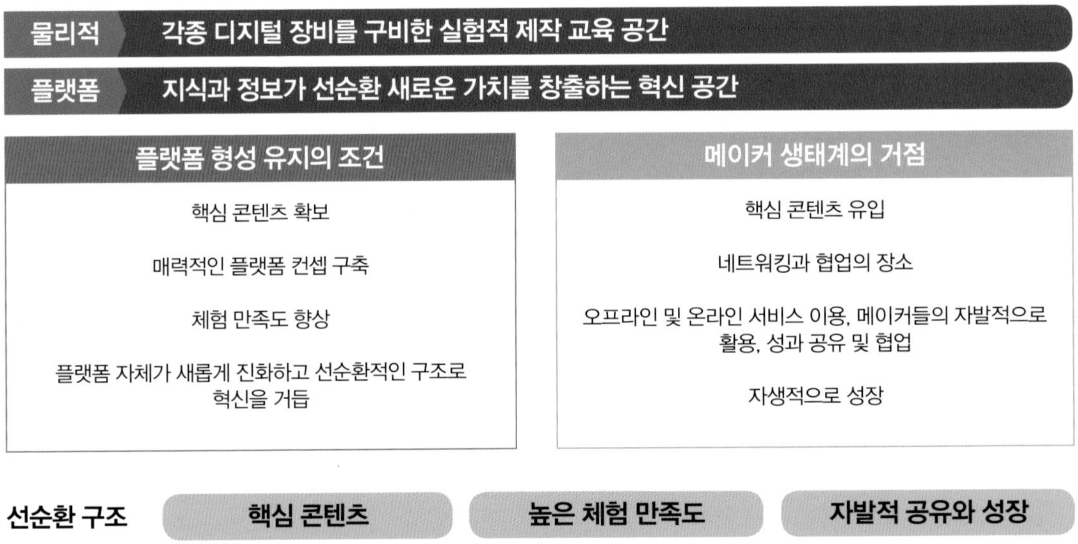

〈그림 9〉 메이커 스페이스 선순환 모형

가 메이커 생태계의 거점으로 활성화되기 위해서는 메이커들의 아이디어를 촉진하고 방문을 유도할 수 있는 핵심 콘텐츠가 있어야 하고, 네트워킹과 협업의 장소로서 언제나 열려 있어야 한다. 현재는 메이커들의 초기 아이디어를 구체화할 수 있는 무료 오픈 소스 소프트웨어가 제공되고 있기 때문에 어디서나 메이커들은 아이디어를 디자인 할 수 있다. 스케치라고만 검색하면 온라인에서 많은 디자인 도구들을 만나볼 수 있다. 구글 스케치업과 같은 도구를 활용할 수도 있고, 직접 스케치를 하여 초기 아이디어를 구체화하고, 온라인에서 필요한 부자재들을 결정하고 구매한 후 직접 제작을 할 수 있다. 국내 메이커 스페이스들은 대부분 다양한 소재의 3D 프린터, 레이저 커터, CNC 등을 의무적으로 설치하고 제작 공간을 확보하는 목적으로 설계되어 있다.

하지만 스탠포드 D 스쿨의 경우 아이디어를 디자인 하는데 가장 큰 목적을 두고 있다. 스탠포드 D 스쿨은 재학생들을 대상으로 운영되기 때문에, 외부인의 경우 매 월 격주 토요일에 방문할 수 있다. 스탠포드 D 스쿨에서 가장 중점을 두고 있는 것은 디자인적 사고, 결국 공감할 수 있는 아이디어의 산출이다. 방문할 당시에도 우리들에게 기자재 등은 촬영해도 아이디어가 적혀 있는 포스트잇은 촬영할 수 없다고 여러 번 당부했다. 그만큼 이들은 아이디어의 가치를 최우선으로 여기고 있었고, 개인이 보유한 아이디어가 제품으로 탄생하기 이전이라도 마땅히 보호받아야 한다고 생각하고 있었다. 미국의 메이커 스페이스는 스탠포드 D 스쿨과 같이 디자인 사고 중심, 생물학 연구, 소프트웨어 교육 중심, 목공 중심 등으로 콘텐츠에 특성화를 내세워 성장하고 활성화되고 있다. 특성화된 만큼 해당 영역에 대한 전문가가 상주하고 있거나, 핵심 프로그램을 담당하며 핵심 콘텐츠를 제공하고 있다.

국내에도 핵심 콘텐츠를 보유한 메이커 스페이스들이 설립되고 있다. 서울특별시 용산구에 위치한 디지털 대장간이나, 종로구 세운상가의 메이커스 큐브, 성수동의 가죽공예를 특성화 시킨 성수동 수제화 제작소가 대표적인 사례다. 최근에는 메이커 스페이스에서 플리마켓을 열거나, 실제로 오픈된 판매 공간을 제공하기도 한다. 제품 판매가 하나 둘 이루어지면 메이커들은 제품을 지속적으로 보완하며 제작 노하우를 기를 수 있고, 지속적인 판매가 이루어질수록 성취감과 만족감을 느낄 수 있게 된다. 또한 판매의 규모가 커지면 메이커 스스로 더 많은 수량을 생산할 필요성을 느끼게 되며, 마케팅을 담당할 사람을 찾기도 한다. 또한 제작을 대행할 수 있는 공

〈그림 10〉 스팬포드 D 스쿨 내부 모습

〈그림 11〉 인스타 그램을 통한 온라인 판매

장 등을 섭외하고 대량 생산에 들어가면서 적절한 유통 경로를 확보하게 된다. 이런 과정을 통해 프로슈머에서 창업자로 발돋움하며 경제 선순환의 주체로 나아간다. 결국 메이커는 스스로 생산자이면서 제조사로, 자발적인 창업자로 성장하게 된다. 이러한 과정은 과거의 제조사 창업 과정과 비슷하다. 단지 현대의 첨단기술과 연결되어, 진행이 효율적이 되고 속도가 빨라지게 된 것 뿐이다. 유통의 효율성을 극대화한 온라인 플랫폼의 발달은 메이커들의 제품과 소비자를 직접 연결해주었다. 메이커들은 처음에는 사업자등록을 하지 않고도 취미 활동 결과물만으로도 판매에 참여할 수 있다. 소비자를 통해서 직접 자신의 제품을 향상시킬 피드백도 받을 수 있다. 온라인 플랫폼의 발달은 제품의 탄생과 소멸 시기를 앞당겼다. 요즈음 신제품들은 빠르게 생산 확산되고 또 빠르게 소멸한다. 퍼스트 무버들이 새로운 제품을 출시하면 패스트 팔로워들은 유사 제품을 출시하고, 그러면 또 퍼스트 무버들이 새로운 제품을 출시하는 과정도 반복되고 있다. 게다가 최근 개인의 특성과 니즈를 반영한 개인 맞춤형 제품의 선호가 늘어나면서 소량 생산, 주문 생산 등을 통해서 재고가 없는 친환경 제품 생산도 가능해 졌다.

특히 개인의 개성을 살릴 수 있는 소량 생산 제품에 대해 가치를 부여하고 수요가 늘고 있다. 이러한 현상은 메이커들의 제조 창업의 성공을 지원하는 인프라로 작용하고 있다.

메이커 활동 결과물로 수입이 창출되면 메이커들은 만들기 활동에 대한 흥미가 높아져 본격적으로 전문 메이커의 길을 가는 동기가 된다. 한편 전문 메이커들은 본격적으로 부업, 직접 창업을 시작하게 된다. 과거에는 제작부터 유통까지가 모두 개별 회사를 거쳐서 가능했고, 사람의 힘으로 주로 진행되었다. 이제는 아이디어만 있으면 제작을 대행해주는 업체도 있고, 유통의 경우 온라인 홈쇼핑을 활용하면 가장 손쉽기 때문에 메이커들의 창업이 그 어느 때보다 쉬워졌다. 하지만 오프라인 매장을 운영하는 경우 기본 인테리어 외에도, 임대료, 관리비 전기료, 통신비, 냉난방비 등 운영비가 추가되고, 가장 큰 비중을 차지하는 매장 운영 인건비는 창업자에게는 부

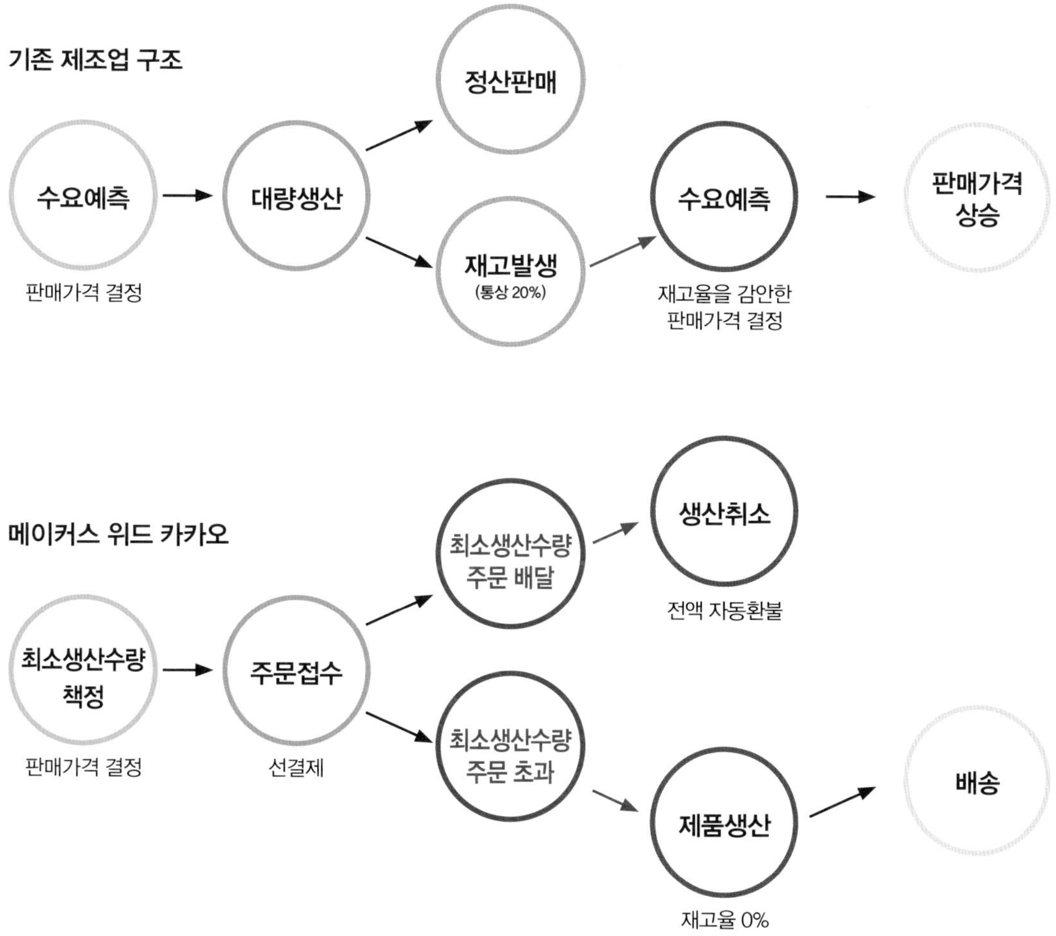

〈그림 12〉 메이커스 카카오 생산 방식 (자료=카카오)

〈그림 13〉 메이커들을 위한 전문 샵인 메이커스 위드 카카오

담이다.

이미 구축되어 있는 거대한 온라인 마켓은 메이커들이 창업하여 자신의 제품을 판매하기 위한 가장 효율적인 수단으로 활용된다. 국내에도 메이커스 위드 카카오처럼 메이커들을 위한 전문샵이 생겼다. 메이커의 경우 전문샵을 활용하면 자신의 제품에 대한 즉각적인 피드백을 받을 수 있고 판매량에 따라서 초기 수요를 빠르게 확인할 수 있다. 그리고 주문된 만큼만 생산할 수 있어, 불필요한 자원의 낭비를 줄이고 합리적인 생산과 소비를 가능하게 한다.

〈그림 14〉 생활 필수품, 지역 특산물을 판매하는 샌프란시스코 플리마켓

한국 메이커 운동의 실태는 어떠한가?

한국과학창의재단에서 시행한 2016년 메이커 실태 조사 결과 전체 응답자의 1.6%만이 창업 의향을 가지고 있었고, 그 외 대부분의 메이커는 취미라고 여기고 있었다. 메이커 활동의 경우 제품을 제작하여 판매가 이루어지더라도 지속적인 제품 생산을 위한 재료비나 제작, 유통비로 돈을 쓰게 되기 때문에 우리나라 사람들은 지원사업을 받지 않고서는 메이커 활동에 집중하기 어려운 구조라고 볼 수 있다. 이미 국가적으로 이러한 한계점을 인식하고 있어서, 메이커 지원 사업에 참여하면 재료비나 제작 공간 등을 지원받을 수 있고, 플랫폼을 활용하여 실시간으로 자신의 제품이나 산출물을 공유하고 피드백을 받을 수 있다. 아이디어만 있다면 제작비용에 대한 부담, 쇼핑몰 입점에 대한 부담을 국가가 대신 진다. 메이커들은 자신의 제품 제작과 더불어 플랫폼과 개인 네트워크, 동호회, SNS를 활용하여 자신의 제품을 확산하고 공유하는데 집중할 수 있다. 또한 현재 정부의 메이커 지원은 국내에 국한된 것이 아니다. 좋은 제품만 있다면 세계인과 공유하고 또 국경을 넘어 판매하는 것도 가능하다. 이렇게 메이커들은 첨단기술을 활용하여 자신이 가진 고유한 창의성을 투영한 메이커 활동 결과물로 세상과 상호작용하고 있다. 최근 정부에서 유래가 없는 메이커 운동 활성화 정책을 통해서 메이커들을 지원하고 있다는 점이 한국 메이커 운동의 밝은 미래를 예고하고 있다. 이렇게 정부 지원을 토대로 국내 메이커 운동의 활성화 전략을 제안하기 위해서는 한국형 메이커 생태계가 선순환 성장이 가능할 수 있도록 한국 메이커의 특성부터 구체화 시켜 볼 필요가 있다.

한국형 메이커

한국과학창의재단은 2016년 10월 전국적인 메이커스 네트워크(www.makeall.com)를 구성하였다.[13] 또한 국가적으로 사람들이 자신들이 하고 싶은 것, 만들고 싶은 것을 만들어 공유하고 부가가치를 창출하며 미래를 준비할 수 있게 가장 많은 지원을 하고 있다. 특히 2018년부터는 메이커에 대한 정부 지원이 급격히 확대될 전망이다.[14] 메이커 모임 지원, 메이커 창작 공간 지원 등이 강화되고 있으며, 전국에 설치된 메이커 스페이스에서도 메이커 운동의 확산을 위해 성인을 대상으로 한 메이커 양성 프로그램을 확대할 계획이다.[15]

과거 메이커 활동은 취미나 재능 계발 활동의 일환으로 여겨지기도 하였으나, 현재는 취업, 창업을 준비하는 과정에서 창의적인 아이디어 산출 및 문제 해결 능력을 발휘하여 시제품을 제작하고, 또 제품으로 연계할 수 있는 활동까지를 말한다. 따라서 한국 메이커들의 요구와 특성을 정부 정책에 반영하여 메이커 운동을 확산하기 위해 2015, 2016년 한국과학창의재단에서는 메이커 운동 실태 조사를 수행한 바 있다. 2016년 창의재단의 메이커 실태 조사 결과 취미로만 메이커 활동을 하고 있다는 응답이 85.6%, 판매 14.4%, 창업 5.7%를 차지하고 있었다.

한국형 메이커는 즐거움을 찾기 위해 만들기에 몰입하고 있으나, 취미나 일부 부업에 국한되어 활동하고 있다는 특성을 가지고 있다. 또한 개인이 필요를 느끼는 경우 메이커 활동에 대한 전문성을 높이기 위해 교육 프로그램에 참여하고 있으며, 생계유지가 가능한 상태에서만 메이커 활동에 집중할 수 있고 또 즐길 수 있다고 인식한다. 게다가 소득이 높을수록 메이커 활동에 취미로 참여하며 활동 자체를 즐기려고 하고 있었다. 대체적으로는 메이커 활동을 하되, 자녀와 함께 집에서 주로 활동하고 있으며 메이커 활동 결과물을 공유하기보다는 지극히 개인적인 활동에 국한되어 있었다. 따라서 우리나라의 메이커들은 메이커 활동에 참여하지 않는 것이 아니라, 메이커 활동을 하고 있으나 공유하고 남에게 평가받거나 판매하기를 꺼려하는 특성을 가지고 있다고도 설명할 수 있다. 공유하지 않는 가장 큰 이유로 메이커들의 43%가 자신이 없어서라고 응답했다. 대체로 수익을 창출할 의도로 메이커 활동을 한 것이 아니라 즐겁게 만들기를 한 것뿐이라는 응답이 많았다. 또한 협소한 시장성을 인식하여 판매를 하더라도 기대할 수 있는 수익이 낮다고 생각하고 있었다.

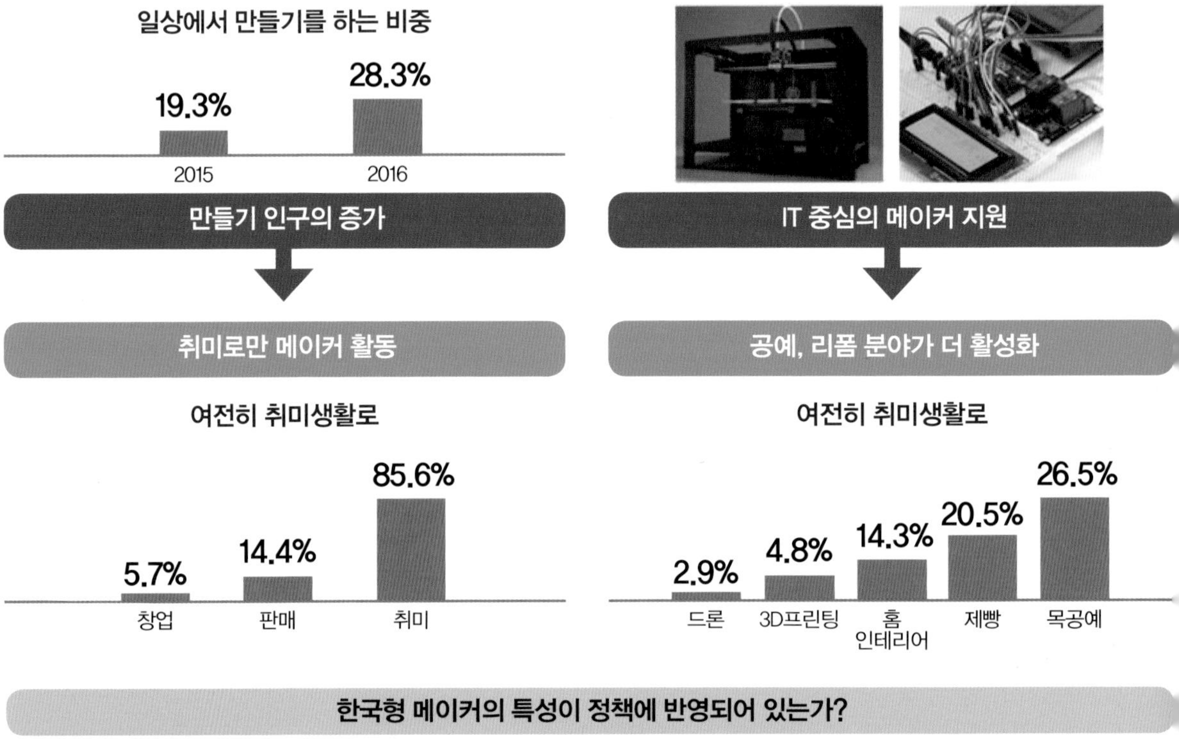

〈그림 15〉 한국의 메이커 특성

한국형 메이커 운동 현황과 한계점

국내에서는 일상에서 만들기를 하는 비중이 2015년 19.3%에서 2016년 28.3%로 증가하였다.[16)]

특히 IT 분야에서 활성화되고 있으므로 대체적으로 전문지식을 필요로 하게 되어, 점차 학제 간 융합과 통합을 통한 창의적인 산출물 제작으로 확산되는 추세이다.[17)] 한국과학창의재단에 서 발표한 메이커 운동 실태 조사에 따르면 국내에서는 메이커 스페이스를 중심으로 메이커 운동을 활성화하려는 노력이 정부 주도로 진행 중이라고 한다. 따라서 개인 및 집단의 창의성을 활용한 기술 경쟁과 다양한 신사업 창출을 통해 정책이 실효성을 거두는 중이며, 우선 일상에서 만들기를 하는 비중이 2015년 19.3%에서 2016년 28.3%로 유의미하게 증가하고 있음을 알 수 있다. 하지만 메이커 운동 활성화 정책은 IT 기업 중심의 메이커 교육, 메이커 톤 행사가 주류를 이루고 있다. 그로 인해 메이커는 아두이노를 활용하여 무엇인가 만들거나, 앱 개발을 하는 사람이라는 인식도 형성되어 있다. 또한 정부에서 실제로 중점 지원한 테크 메이커보다 공예 리폼 분야가 활성화되어 있다는 것을 볼 때 정부 정책과의 엇박자도 발생하고 있다는 것을 알 수 있다. 이에 한국형 메이커 운동의 현황과 한계점을 진단하고 발전 방향을 모색해 보면 다음과 같다.

한계점 1. 정부주도 및 창업 경진대회 중심

우리나라의 메이커 운동은 정부주도라는 특성이 두드러진다. 정부에서는 시설과 재료를 무료로 지원하고 메이커 스페이스를 확산하는 형태로 메이커 운동을 확산시키려고 한다. 따라서 메이커 운동의 확산과 직접적으로 연계되는 국가적인 지원은 우선 장비 지원, 메이커 장소 지원, 재료 지원 등이다. 따라서 메이커 활동을 물리적으로 지원하고 있기는 하지만, 사람들이 메이커 활동에 호기심을 갖게 하거나, 몰입하게 하고, 개인이 가진 아이디어를 확산시키고, 공유하며 성취감을 얻고 사회 안에서 존재감을 제고하는 맥락의 인지적 지원은 부족한 실정이다.

칙센트미하이 교수는 최적의 수행을 이야기 하면서 몰입이라는 용어를 "어떠한 일에 너무나 열중해 있는 상태라 다른 어떤 것도 중요하지 않은 것처럼 여겨지는 상태"라고 정의를 내렸다. 몰입은 현재의 정보의 장에서 허용되는 직접적이고 인식 가능한 진보를 일정 시간 동안 가능하게 해주는 어떤 목표를 갖는 경험이다. 채택된 목표들과 현재 상황의 어포던스[18]간의 결합이 긴밀하면 긴밀할수록 개인은 그 어떤 때보다 하나의 목표를 향한 지식-행위의 사이클에 빠져들게 되고 몰입을 경험하게 된다.[19]

하지만 창업 경진대회 성격의 메이커 지원 사업들은 메이커들이 메이커 활동에 몰입하고 즐기는 것을 오히려 방해하고 있는 경우가 많다. 초보 메이커의 메이커 활동 목표는 메이커 활동 자체, 새로운 지식을 습득하고 자신의 성취감을 즐기는 것이다. 그렇다면 창업 경진대회는 남에게 보이는 모습에 집착하게 하고 평가 결과에 일희일비하게 하여 메이커들의 성취감과 행복을 저해할 수 있는 요인을 가지고 있다. 따라서 메이커들은 자신의 활동에서 전문성을 확보하고 메이커 활동을 즐기는 일이 우선이며, 초보 메이커에게 창업을 목적으로 활동하기를 요구해서는 안 된다. 따라서 초보 메이커들에게 메이커 활동에 집중하고 즐길 수 있는 기회를 주어야 한다. 메이커 교육, 메이커 톤, 메이커 작품 전시회, 플리마켓 참여를 독려하며 작품에 대한 평가를 받지 않고 메이커 활동 자체를 즐길 수 있도록 해야 한다. 또한 전문 메이커라도 창업 대회에서 각자의 작품들을 평가받기보다는 다양한 채널을 통해서 피드백을 받아 제품을 발전시킬 수 있는 기회를 줄 필요가 있다.

한계점 2. 국내 성공사례의 부족으로 인한 진로 불투명

국내에는 메이커로 성공한 사례가 매우 부족하다. 메이커 창업이 잘 되면 대박이라는 것은 알고 있지만, 잘 되기는 어려운, 그래서 현실 감각이 없는 사람이나 뜬구름을 쫓는 사람으로 인식되기도 한다. 장인, 금손이라는 개념의 메이커의 이미지도 우수한 기술은 가졌지만 낮은 수입을 가지고 있고, 매일 매일을 제조 활동에 매달려야 하는 상황이 연상된다. 따라서 메이커 활동에 참여하라고 설득할 만한 논리적인 근거도 실제 부족한 상황이다. 또한 메이커 운동의 미래를 좌우하는 청소년 메이커들의 성장을 위협하는 것은 대입 위주의 교육 프로그램이다. 사회 시스템의 변화는 인재상의 변화에 따른 교육혁신을 요구하게 되었다.

하지만 변함없는 대입 위주의 프로그램은 그렇지 않아도 빈약한 메이커 운동의 저변을 약화시키는 요인이 되고 있다. 실제 우리나라 청소년들이 선호하는 직업은 전문직 또는 공무원이다. 탄탄한 정부, 기업의 월급을 받는 것이 가장 안정된 삶이라는 인식이 형성되어 있다. 이러한 인식은 청소년기부터 만들기 활동에 참여할 기회를 제한하고 있다. 실제 자녀가 뭔가를 만들어서 그 아이템으로 창업한다는 것을 지지하는 한국의 부모들은 별로 없을 것이다.

해외의 경우 청소년 메이커들의 성공 및 진학 사례가 풍부하다. 특히 비교과의 비중이 큰 입학사정관제가 오래전부터 실시된 미국에서는 학생들의 메이커 활동, 창업 경험을 대학 입학에 적극 활용하고 있다. 미국 캘리포니아 주 구글이 위치하고 있는 팔로알토 지역의 고등학교들은 실리콘 밸리에 있는 중소기업에 재학생들을 인턴으로 내보낸다. 기업 연계 활동을 통한 시제품 제작, 창업 활동을 고교에서 활발하게 운영하여 70% 이상이 IVY 리그 대학 및 주요 명문대에 진학하고 있다. 스탠포드 대학의 경우에도 재학생들의 아이템 개발, 창업, 산학활동을 통해 산출된 총 매출을 학교의 가장 큰 자랑으로 여길 정도이다. 우리나라의 경우에도 IT 분야의 메이커들은 SW 선도대학이나 특별 전형의 혜택이 주어지고 있지만, 아직 홍보도 덜 되고 있고, IT 분야를 지원할 수 있는 부모를 둔 극소수에게 주어지는 입학 특혜에 불과하다. 따라서 메이커들이 메이커 활동에 흥미를 가지고 있더라도, 메이커 활동에 참여하기에는 현실적인 동기를 부여할 수 있는 정책이 필요하다.

한계점 3. 한국의 협소한 경제 규모와 플랫폼

국내에서 활동하는 메이커들의 80%는 취미로 메이커 활동에 참여하고 있다. 그 이유는 중국과 같이 거대한 소비 시장을 가지고 있지 못하기 때문에, 국내 판매로는 생활이 어렵기 때문이다. 메이커들은 최근 메이커스 위드 카카오, 인스타그램, 네이버 쇼핑 등을 활용하여 자신의 제품을 판매하고 있고, 클라우드 펀딩에도 참여한다. 그럼에도 국내 메이커 문화 확산을 위한 사회, 경제적 기반이 미흡하므로 한국 실정에 맞는 정책 필요할 것이다. 예를 들어서 국가기관 또는 대기업에서 필요한 기념품, 사은품 등의 일부를 의무적으로 메이커의 제품으로 구입하도록 한다거나, 메이커 인증 기관에는 부가세를 면제 하는 등 국내의 협소한 내수 시장을 고려한 정책이 필요하다. 또한 온라인 해외시장을 공략할 수 있도록 아마존, 알리바바와 같은 글로벌 플랫폼에 한국의 메이커 제품을 소개하는 등 우리나라만의 메이커 지원, 메이커 문화 확산 정책이 필요할 것이다.

현재 IT를 지원했으나 공예 쪽이 활성화되는 점, 메이커 행사를 창업 대회와 함께 진행하는 일 등 메이커 특성에 어긋난 정책적인 엇박자가 만들어 지는 원인은 초기 해외 메이커 문화와 정책을 모방했기 때문이다. 미국의

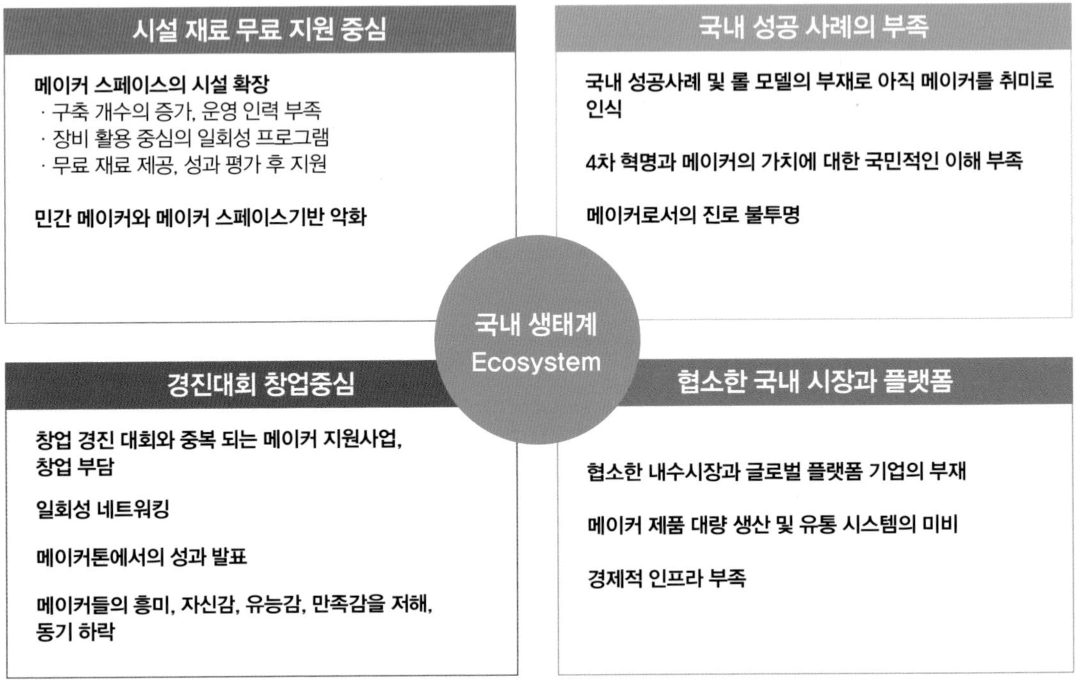

〈그림 16〉 한국의 메이커 생태계

경우 민간 중심의 메이커 문화가 정착되어 있고, DIY가 일상화되어 있으며 정부 주도가 아니더라도 기업, 민간 주도의 선순환 구조가 정립되어 있다. 중국과 인도는 젊은 인구에 비례한 거대한 소비 시장이 확보되어 있으며 기업 주도의 창업 지원, 창신 운동, 백성천교 운동으로 대변되는 메이커 운동이 확산 중이다. 거기에 정부적인 지원이 기폭제로 작용하여 린 스타트업(Lean Startup), 메이커 창업이 급속히 확산되고 있는 실정이다. 이탈리아의 경우에는 메이커 활동이 가업으로 이어지면서 가죽, 염색 등의 노하우를 전수하며 이미 생활의 일부로 자리 잡고 있다. 따라서 근본적인 인적, 물적 인프라가 약한 우리나라의 메이커 운동 활성화 정책은 분명한 차별점을 갖고 있어야 한다. 따라서 국내 메이커 문화의 사회, 경제적 상황에 대한 충분한 데이터 조사 결과를 해외 사례와 매칭하여 비교 분석할 필요가 있다. 또한 메이커 문화의 민간화, 메이커 기반 선순환 경제 성장 구조의 마련을 위한 지속 가능한 정책 제안 연구가 이루어져야 할 것이다. 무엇보다 우리나라 사람들이 가진 메이커 활동에 대한 인식이 취미에서 직업으로, 영세하고 빈곤한 사람에서 대박 성공의 아이콘으로 전환되는 것이 필요하다. 메이커에 대한 긍정적 인식의 전환은 행동으로 이어져 메이커 생태계의 성장 동력이 될 것이기 때문이다.

4차 산업 혁명의 시대와 메이커 운동의 연계

4차 산업 혁명의 시대 = 진정한 창의성의 시대

4차 산업 혁명의 시대는 빅데이터, 인공지능, IoT 등으로 대변된다. 사람이 하던 육체적 노동을 기계가 대신해 주는 수준을 넘어서서, 사람의 인지적인 노동까지 첨단기술이 대신하게 된 것이다.[20]

빅데이터를 학습한 인공지능은 인간이 하던 일들을 대신하기 시작했다. 음성 인식, 데이터 분석, 길 찾기, 번역, 스케줄 관리, 의료 진단과 처방 등 전문영역까지 인공지능이 활용되고 있다. 더구나 인공지능은 딥 러닝(Deep Learning)으로 스스로 학습하며 매일 진화한다. 학습을 하는데 인간처럼 동기가 필요하고 목표를 설정해야 하는 것도 아니다. 인공지능은 전기만 끊기지 않는다면 기계적으로 매뉴얼대로 24시간 학습을 진행한다. 그러다 보니 알파고의 하루 학습량이 인간의 35.7년의 학습량과 같다는 데이터는 충격적임과 동시에 인공지능의 진화 속도를 가늠할 수 있게 한다. 결국 현재보다 더 많은 인간 고유의 인지기능을 인공지능이 대신할 것이라는 예상이 가능하다. 첨단기술의 발전은 이제 인간의 편리한 생활을 돕는 수준을 뛰어넘어, 산업 사회 시스템의 변화까지도 예고하고 있다. 기술의 혁신은 혹자에게는 거대하고 새로운 기회이기도 하다. 하지만 일자리 구조가 급속도로 변화하고 있다. WEF(The World Economic Forum – 세계 경제 포럼)는 2016년 이후 5년 이내 사무관리 직종은 476만개, 제조, 생산 직종은 161만개가 줄어 들 것이라고 내다보고 있다. 또 혹자는 인간이 사회에서 획득한 권력을 잃게 됨으로써 삶을 유지하는 행복까지 잃게 되는 새로운 위험에 직면해 있기도 하다. 메이커 운동이 확산되는 시대적, 환경적 요인 중 하나는 역설적으로 인공지능의 발달이다. 어려운 역학 계산을 대신해

주는 소프트웨어, 스케줄을 관리하거나 일의 효율성을 높이는 작업 도구들은 저가 혹은 무료로 이미 보급되어 있다. 그리고 그 모든 것을 만든 원동력은 인간이 가지고 있는 만들기에 대한 본능이다.

브랜딩과 디지털 전환(Digital Transformation)

이태리 메이커의 경우도 4차 혁명 시대의 메이커로 도약하고 있는가? 한땀 한땀으로 우리 국민에게 인식되어 있는 이태리 메이커는 국보급 장인으로 칭송받으며, 고유의 기술과 감각, 재능을 토대로 가치를 인정받고, 충분한 급여와 휴식이 보장되며 정년이 보장되는 직업이다. 이태리 기업 Ratti의 경우 65세 이상 퇴직한 장인들이 기업 홍보관에서 활동을 하고 기업의 정통성과 차별화된 노하우를 강조한다. 이렇게 장인들은 기업 브랜딩의 주체로 활동하고 있었다. 또한 유럽은 메이커들의 노하우가 국가적인 자산이라고 인식하며, 이태리 메이커들은 국가 경제의 탄탄한 기반이었다. 하지만 역으로 이렇게 엄청난 메이커들을 보유하는 데도 불구하고 하청업체로 전락한 공방도 많고 경제 성장률은 낮은 편이다. 제조업의 부흥을 외치는 유럽국들에 비해 제조업이 강한 이태리가 가진 메이커 운동의 한계점은 무엇일까? 대부분의 이태리 공방형 제조 기업들은 프랑스에서 디자이너가 그려서 보낸 다자인의 프로토타입을 만들어 파리로 보낸다. 파리 디자이너들은 가장 만족스럽게 만들어진 프로토타입을 고르고 제작한 업체에 주문을 넣는다. 따라서 선택받지 못한 업체들은 프로토타입을 제작하는 수고를 들이고도 납품 계약을 성사시키지 못한다. 우수한 제품 생산 기술을 보유하고 있기는 하지만 프랑스가 이태리와 갑과 을의 관계를 지속하는 한은 이태리 장인과 장인이 운영하는 공방들은 4차 산업 혁명 시대에 경쟁력이 약하다. 이러한 문제를 인식한 이태리 장인들은 공방 나름의 브랜딩을 위해서 노력하고 있다.

공방의 브랜딩을 위해서 장인들은 디자인을 직접 하고 또 제작하여 합리적인 가격으로 판매하기 시작했다. 하지만 정작 매출은 명품 브랜드들의 하청일로 채워졌다. 이로 인해 장인들은 사람들이 구입하는 것이 에르메스나 구찌, 프라다와 같은 브랜드였음을 인지하게 된다고 했다. 아무리 가격이 싸고 좋은 제품이라 하더라도 그 자체가 소비자들에게 구매 동기가 되기는 어렵다. 특히 명품 제품들은 제품의 질보다도 브랜드를 구매하여 자

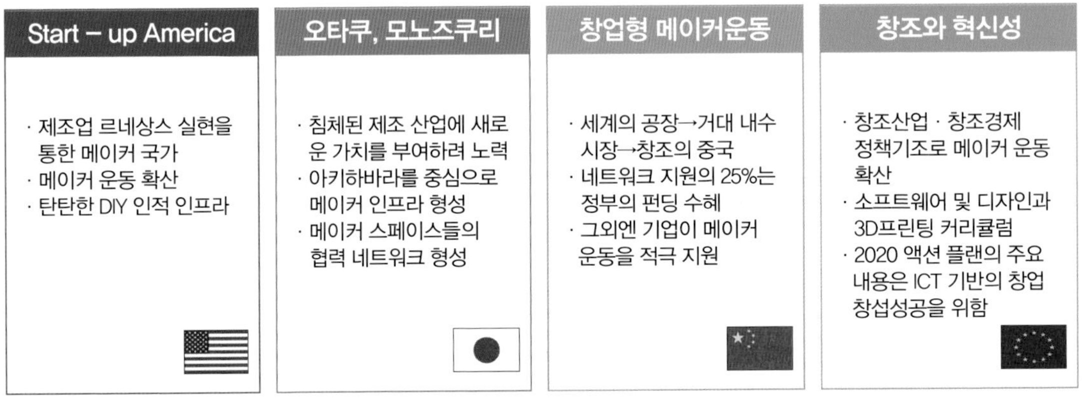

〈그림 17〉 세계의 메이커 운동

신의 가치를 높이려는 소비자에게 선택되기 때문이다. 파리나 영국 등은 이러한 브랜딩에 일찌감치 성공하여, 특허, 로열티, 디자인으로 막대한 수익을 창출하고 있다. 이태리는 세계적인 제조 기술과 장인을 보유하고 있지만, 브랜딩에 주력하지 못했다는 사실을 일부 인정하면서, 자신들의 장인 정신과 전통을 브랜드에 녹여낼 수 있는 전략을 강구 중이다. 전략 중 하나로 이태리 메이커들의 노하우를 디지털 전환(Digital Transformation)하는 작업이 수년전부터 추진되고 있다. 디지털 전환의 필요성을 인지하게 된 이유는 메이커들의 수공업 기술을 도제식으로 전수받기 원하는 사람들이 대다수 이태리 자국민보다는 중국, 태국 등 동남아계열이라는 것이다. 처음에는 공방형 공장에서 중국, 태국 사람들을 활용하면서 인건비 절감이라는 장점도 있었지만, 이들은 기술을 익히고 자국으로 돌아가 버렸다. 처음부터 기술만 배우고 돌아갈 목적이었다는 것이다. 그 사이 장인들도 나이가 들고, 또 명품의 대중화로 인해서 주문 물량이 일시적으로 늘어나는 시기도 있었다. 그래서 이태리 공방들은 손으로 작업하던 장인들의 일부 기술들을 적용하는 자신들 만의 기계를 제작하는데 투자하기 시작했다. 장인의 노하우를 그대로 재현하는 고유한 기계가 있는 한은 도제식 전수 교육도 필요 없다는 이태리 공방들은 디지털 전환(Digital Transformation)을 통해서 전통을 이어가며 브랜딩하고 또 4차 산업 혁명 시대를 살아갈 준비를 하고 있는 것이다.

이태리의 교훈은 한국 메이커 운동에 많은 시사점을 준다. 우리나라의 경우 제조업 부흥을 통해서 많은 일자리를 창출한다는 최근의 정부 발표가 있었다. 하지만 제조 기술을 익히도록 하여 현장에 파견한다는 취지라면, 일시적으로 긍정적인 경제 관련 지표(일자리 창출, 실업률 감소)를 만들어 내기 위한 임시방편에 지나지 않는다. 또한 한국 메이커 운동이 당장의 일자리 창출의 해답으로 제조 창업의 활성화를 목표로 해서는 선순환이 어려울 것이다. 시간이 걸리더라도 이태리의 교훈을 기억하며 브랜딩과 디지털 전환이 가능한 가장 한국적인 것을 세계화하는데 집중 할 수 있어야 한다. 예를 들어 한국의 전통 기술에 IT 기술을 융합하거나, 한국이 가진 콘텐츠를 가공하여 해외에 판매하는 등 한국이 가진 장점을 중심으로 세계 시장을 공략해야 한다. 때문에 전략적인 메이커 교육을 통해서 장기적으로 창의적 인재라는 인적 인프라를 구축하는 것이 필요하며, 브랜딩 기술과 스토리텔링, 첨단기술을 제품에 통합하는 디지털 전환이라는 전제 조건을 메이커 교육에서 내세울 필요가 있다.

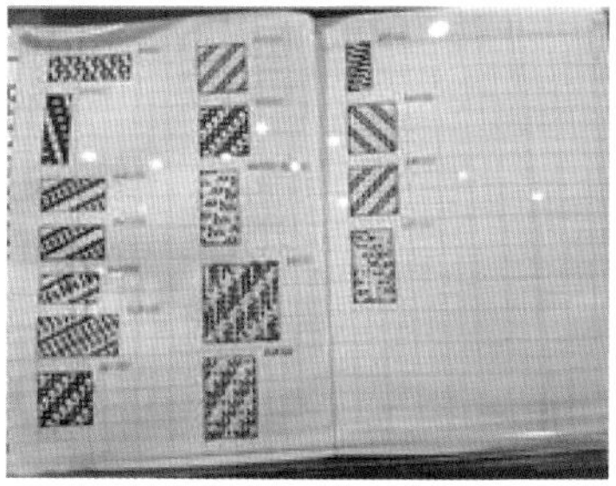
〈그림 18〉 장인의 노하우 도제식 전수

〈그림 19〉 직조 노하우도 디지털 전환

〈그림 20〉 염색 노하우도 디지털 전환

한국 메이커 생태계의 선순환 성장
창의성과 몰입

실제 예술과 과학에서 창의적인 성공을 거둔 사람들은 상상하는 것을 논리적으로 표현하여 현실화시킨 사람들이다.[21] 창의성은 사실 고대로부터 현재까지 가장 절대적인 가치를 가지고 있는 인간의 기능이다. 단 인간은 자신이 가진 상상력과 창의성을 내면에 그대로 둔 상태로는 가치를 인정받을 수 없다. 인간 고유의 기능을 활용하여 현실화에 성공하면 사회적으로도 창의성을 인정받을 수 있게 된다. 최인수 교수는 창의성을 일반적으로 실용적인 정의와 자아실현적인 정의 두 가지로 설명 한다.[22]

실용적인 정의는 역사적 창의성, 산출물이라고 할 수 있고, 새롭고 유용한 것을 만들어 낼 수 있는 개인의 능력이다. 산출물의 혁신 정도에 따라서 역사적으로 중요한 가치를 평가받을 수 있다. 하지만 메이커의 산출물들이 매번 사회적으로 가치를 평가받을 수 있는 것은 아니다. 따라서 창의성의 또 다른 관점으로 자아실현적인 정의는 개인의 특성 또는 개인 창의성이라고 설명할 수 있다. 따라서 우선 개인이 아이디어를 생성할 수 있는 환경이거나 혹은 아이디어를 생성하는 즐거움을 향유할 수 있는 창의적인 개인을 성장시키는 것이 필요하다. 이는 메이커 교육의 목적이 되어야 할 것이다.

창의성의 체계 모델과 메이커 운동

한국형 메이커는 즐거움을 찾기 위해 메이커 활동에 참여하고 있으나 부업에 국한되어 활동하고 있다.[23] 또한 필요를 느끼는 경우 해당 분야에 대한 전문성을 발전시키고 있으며, 생계유지가 가능한 상태에서만 메이커 활동에 집중할 수 있고 또 즐기게 된다.[24] 이러한 특성을 가진 한국형 메이커 교육의 방향성 또한 창의성의 핵심이론인 체계모델(Systems Model)에 맞추어 제시할 수 있다.[25]

체계모델은 창의성의 발현을 위해서는 세 가지 체계의 협응과 조화가 필수적이라는 전제하에 붙여진 이름이다. 여기에서 세 가지 체계는 첫째, 창의적인 능력과 내적 동기를 가진 개인(individual, 체계1), 둘째, 이러한 개인을 위해 교육을 하고, 개인이 창조한 창의적 산물이나 정보를 공유하며 다음 세대에 전달하는 체계(domain, 체계2), 이러한 과정이 원활히 이루어 질 수 있도록 평가하고 지원하고 사회문화적 시스템(field, 체계3)을 말한다.

먼저, 첫 번째 체계인 개인은 대부분 자신의 필요와 관심에 의해서 자기 주도적으로 정보와 장비를 학습하고 있었다. 즉 내적 참여 동기를 가지고 있었다는 것이다. 메이커 교육이나 메이커 운동 참여가 정부기관 주도나 기타 외적 요인으로 인한 참여라면 개인의 지속적인 참여로 연결되기 어렵다. 따라서 본인의 내적 필요, 내적 동기로 시작한 메이커 활동이 일순간의 취미활동으로 끝나지 않기 위해서는 몰입과 같은 심리적 즐거움을 지속적으로 경험할 수 있는 장치가 마련되는 것이 필요하다.[26]

이는 개인 몰입의 제 1조건인 '본인이 해결해야 하는 과제의 난이도

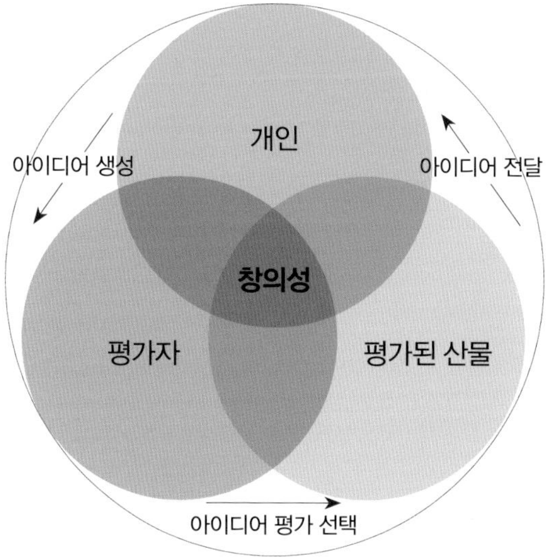

〈그림 21〉 칙센트미하이 교수의 창의성의 체계모델

(challenge)가 자신의 해결능력(skill)과 균형을 이루어야 몰입 경험을 할 수 있다'는 것을 뜻한다.

메이커들은 DIY나 일상생활에서의 소재 등 본인이 관심이 있을 뿐 아니라 어느 정도 기술을 가지고 있는 분야를 중심으로 메이커활동을 시작한다. 그리고 조금씩 관련된 영역으로 메이커 활동을 확장하며 난이도와 전문성(각각 몰입이론에서 skill과 challenge에 해당)을 확장시킬 수 있는 방향으로까지 활동이 연결된다. 메이커들이 몰입이론을 모른다고 하더라도 이들이 자기 주도적으로 선택한 메이커 활동을 즐기는 방법은 바로 위에 언급한 몰입의 제 1조건을 충족시키는 것이다. 즉 본인이 관심을 가지고 있고 어느 정도는 지식이 있으며, 관련된 재료나 장비를 다룰 능력이 있는 과제를 선택하여 지속적으로 과제의 난이도를 높이는 (전문성을 확장시키는) 노력을 자발적으로 하고 있다는 것이다.

이와 같은 사실을 고려하면 국내 메이커 교육은 메이커 활동에 대한 진입 장벽이 낮고, 메이커들의 흥미가 높은 영역, 예를 들어, DIY 공예 영역 등에서 메이커 육성에 집중한 후, 점차적으로 전문성을 향상시키는 방향, IT를 통합하는 방향으로 진행하는 것을 고려하여야 한다. 따라서 가죽공예, 목공예 등, 공예 작가들의 민간 메이커 스페이스를 지원하여, 메이커 운동을 활성화하고 국민적인 관심을 유도하는 것이 메이커 운동 확산의 시발점이 될 수 있다.

자유학기제 등의 도입으로 학생들이 메이커 활동을 참여하게 될 기회가 많아진 상황에서 메이커 스페이스는 학생들의 창의성을 향상시킬 좋은 플랫폼이 될 수 있다. 학생들이 호기심과 즐거움을 느낄 수 있는 작업공간으로의 이미지 변화도 필요하다. 그리고 이러한 학생들의 적극적인 참여활동이 다양한 온라인 미디어들을 통해서 공유될 때 사회 전반에서 메이커 스페이스에 대한 인식의 변화도 초래할 수 있을 것이다. 칙센트미하이 교수는 일찍이 창의성의 체계모델을 통해서 메이커 운동의 형성과 확산에 대한 해답을 제시하고 있었다. 결국 문명과 과학기술의 발달로 인간의 창의성을 제대로 발현할 수 있는 체계가 지금 마련된 것이다.

칙센트미하이 교수에 의하면 창의성은 한 개인의 아이디어가 뛰어나더라도 혁신적이고 제대로 평가받지 못하면 사장되어, 그 가치를 드러내지 못한다고 했다. 그러므로 창의성은 '무엇인가'의 문제보다, 창의성이 '어디에 존재하는가'라는 질문이 더 중요하다고 주장했다. 칙센트미하이 교수가 제안한 창의성의 체계모델은 창의성의 발현에 있어서 사회 및 문화의 중요성을 강조하고 있다. 창의성의 체계모델은 개인, 평가자, 평가된 산물 간의 순환적 상호작용이 일어나야 비로소 창의성이 존재할 수 있음을 설명한다. 개인이 아이디어를 생성하고, 평가자들은 아이디어를 제대로 평가하고, 또 그 산물이 물리적인 실체로 활용될 수 있어야 창의성이 발현된다는 것이다.

해외 메이커 교육은 STEM 및 예술 분야에서 그 가치가 인식되며 확산되고 있다.[27] 그러나 당장 STEM이나 예술 분야에서 직업이나 창조적 산물을 만들어내도록 강조할 필요는 없다. 급변하는 사회에서 자신들의 관심사와 새로운 요구 사항에 따라 자신만의 일자리와 산업을 스스로 만들어내도록 하는 것이 중요하다.[28]

메이커 교육의 가치는 직조 공예, 로봇 공학, 요리, 목공예, 전자 공학, 디지털 제작, 기계 등 다양한 활동에 포함된 DIY 마인드를 통해 창의성을 향상 시킬 수 있는 것이다.[29] 이렇게 향상된 창의적 잠재력을 토대로 전문적인 메이커, 더 나아가서 창업하는 메이커가 될 수 있도록 메이커의 전문성을 강화하는 심화 프로그램을 함께 운영하고 전문가와 기술적으로 협업할 수 있도록 지원하는 것이 바람직하다.

지금까지의 기존 메이커 교육 프로그램은 주로 메이커 스페이스에서 장비 활용 중심의 일회성 교육이 대부분이었다.[30] 따라서 체험에 그칠 뿐 메이커 스페이스 안에서 장비를 활용할 기회나 필요성을 얻지 못했을 뿐만 아니라 더 나아가서 메이커 활동의 산출물을 커머스화하거나 창업아이템으로 발전시키지 못하였다. 지금처럼 메이커 스페이스에 있는 장비 활용을 먼저 배우고 나중에 이를 어떻게 활용하는가를 생각하기보다, 먼저 메이커 스페이스에서 '무엇을 할 것인가'라는 뚜렷한 목표를 설정하도록 유도하고 그 이후 필요한 장비에 대해서 배울 수 있는 맞춤형 공간이 되는 것이 필요하다.

지금까지 메이커 스페이스가 활성화되지 못하는 이유의 하나가 메이커들이 제작한 결과에 대한 피드백을 충분히 그리고 즉각적으로 받지 못하는 데에서 찾을 수 있다. 이는 몰입의 제 3조건인 즉각적이고 명확한 피드백을 충족하지 못하였다는 것으로 해석할 수 있다. 이를 보완하기 위해서 전문 메이커와 멘토관계를 연결해 주거나 그 영역의 마스터를 통해 노하우를 전수 받을 수 있는 기회의 제공이 필요하다. 오랜 경험과 전문성(expertise)을 가지고 있는 멘토의 피드백은 메이커활동의 몰입도를 증가시킬 것이다. 체계2(domain)의 기능

중 하나가 창조된 산물과 관련된 정보를 후대에게 전하는 것이라고 하였다. 이 점을 감안하면 메이커 교육과 관련된, 또 창업과 관련되어 필요한 정보의 접근을 용이하게 하는 것이 매우 중요하다. 아울러 관련된 정보에 대한 통합 데이터베이스 구축도 중요하다. 지원창구가 과학기술정보통신부, 산업통상자원부나 중소벤처기업부 등 여러 곳이다 보니 중복투자 및 선정과 관련된 총괄기능이 원활히 이루어지지 못하고 있다.

마지막으로 메이커 교육이 원활히 이루어 질 수 있도록 지원하고 평가하는 기능을 하는 사회문화적 시스템(field, 체계3)과 관련된 제언을 하고자 한다.

메이커 운동을 선도하는 나라에서는 이미 정부의 적극적인 지원 하에 민간부분에서 자생적 생태계가 형성되면서 다양한 사업화 및 창업 성공사례들을 창출하고 있다.[31] 예를 들어 중국은 베이징, 상해, 심천을 주축으로 공장형 제조기업, IoT 연계 창업 공간, 하드웨어 판매업체, 커뮤니티 등 창업과 관련 메이커 활동이 활발하게 진행되고 있다.[32] 일본의 경우 오타쿠[33] , 모노즈쿠리[34] 문화를 기반으로 침체된 제조 산업에 새로운 가치와 기술혁신 등을 부여하며 혁신을 꾀하기 위한 기반으로 메이커 운동을 추진하고 있다. 물론 우리나라에서도 교육청, 중소기업벤처부, 콘텐츠 진흥원 등에서 적극적으로 메이커 운동을 확산하기 위한 계획을 추진 중이고 2018년부터는 정부의 메이커 육성정책이 더 확산될 예정이다. 이러한 정책에 한국 메이커들의 요구와 특성이 반영될 수 있도록 지속적인 노력이 이루어지기를 기대해 본다.

그러나 이러한 외적인 지원부처의 다양화뿐만 아니라 교육의 콘텐츠와 관련된 검토도 필요하다. 향후에는 기존 교육생들에게 심화 연계형 교육을 편성하여 메이커의 전문성을 강화하는 동시에, 기술 숙련을 위한 교육을 이수한 경우 취업 프로그램과 연계하는 정책적인 지원이 필요하다. 예를 들어 다양한 메이커 활동에 적극적으로 참여한 경험을 기업의 채용 시에 감안하는 방안도 있다.

국내 대부분의 메이커들은 메이커 활동에 적극적으로 참여할 경우 안정된 생활에 대한 기대를 하기가 어렵다고 하였다. 그러므로 메이커 교육은 일감과 연계될수록 메이커들의 지속적인 메이커 활동이 가능하므로 정부 지원 사업에서도 메이커들의 기초생활이 가능하도록 다양한 방안을 적극적으로 강구할 필요가 있다. 예를 들어 월급을 제공하지 않더라도 공간 임대료에 대한 부담을 줄여서 메이커 활동을 간접적으로 지원할 수 있다. 경북콘텐츠코리아랩의 경우 창작공간들은 원하는 시간과 날짜에 무료 대여가 가능하고, 인터넷으로 간단하게 신청 할 수 있어서 개인 창작 공간 또는 회의실로 제공하고 있다.

본격적인 커머스화와 창업을 목표로 하는 메이커들을 위해서는 시제품 제작비용을 지원받을 수 있는 것과 같은 정부 지원 사업을 통해 전문 메이커로 성장할 수 있도록 필요한 도움을 주는 것이 중요하다. 또한 메이커 운동의 정신이 공유되고 동기부여 될 수 있도록 성공적인 창업을 이룬 사례나 어려움 극복 과정에 대한 공유도 필요하다.

세계 최대의 메이커 지원 국가

실제 해외의 메이커 운동은 본래 존재하던 민간 메이커가 커뮤니티를 통해 자생적으로 확산, 전파되는 상향식(Bottom-Up)이다. 국내는 메이커 스페이스 구축, 메이커 행사 등 정부 주도적인 하향식(Top-Down) 활성화 정책이 대부분이다. 지금으로부터 20여 년 전에 벤처 열풍이 불었고 대규모의 창업자금이 지원된 적이 있었다. 당시에도 정부 주도적인 하향식 활성화 정책이 대부분이었다. 정부주도는 지원 자금의 규모는 크지만, 속도다 더디다. 또 민간 기업이 메이커에 대해 전폭적으로 지원한다면, 정부의 지원과 함께 시너지효과를 낼 수 있고, 기업의 특성을 살릴 수도 있을 것이다. 따라서 민간 메이커 지원의 확대는 단기적으로 메이커 생태계 선순환을 위한 기폭제가 될 것이다.

Why

메이커 교육인가?

현대는 자기가 좋아하는 것을 하기 위해 필요한 정보들을 쉽게 찾을 수 있고, 첨단기술을 활용하여 상상의 현실화 속도를 높일 수 있는 물리적 인프라도 마련되어 있다. 이를 통해 인류는 첨단기술이라는 조력자를 잘 활용할 수 있는 방향으로 교육해야 한다는 숙제를 안게 된 셈이기도 하다.

제대로 창의성을 발휘할 수 있도록 메이커를 교육하는 것은 메이커 운동의 지속적인 활성화 확산을 가능하게 하고, 4차 산업 혁명 시대의 인재를 육성한다는 매우 중요한 의미를 가진다. 특히 4차 산업 혁명의 시대에서는 일반적인 지식의 함양보다 창의적인 지식의 함양을 목적으로 교육해야 할 필요가 있다. 이에 미국의 새로운 국가 과학 표준에서는, 한 개 또는 그 이상의 앎(과학과 공학의 실행)의 방법을 가진 학문분야의 핵심 아이디어(Body of knowledge)와 관련되어 체계적으로 묶인 생각들(New emphasis on scientific knowledge)을 분류하고 있다. 미국의 2013년 교육 표준화 정책은 Body of knowledge와 Ways of knowing 둘 다를 포함하고 있고, 지식의 두 가지 타입을 통합하고 연결하는 것을 과학적 지식의 목표로 강조하고 있다. 따라서 지식을 가르치는 교육과정이 아닌 핵심적인 지식과 그에 연결할 수 있는 생각을 강조하는 교육과정의 개편도 이루어지고 있다. 메이커 교육의 목적도 핵심적인 지식과 그에 연결할 수 있는 생각을 강조해야 할 것이며, 교육의 결과로 개인에게 형성된 지식은 영역 특수적 지식을 지향해야 할 것이다.

현대 학생들에게 부족한 것은 영역 특수적 지식

인간은 언어와 논리로 학습하지만 그 중에서 텍스트와 언어에 의한 학습은 인간에게 일어나는 학습의 매우 작은 부분이다. 사실 인간 뇌는 오감을 통해서 받아들인 지식 기반 스키마를 형성한다. 인간의 뇌는 오감으로 생성된 빅데이터를 활용하여 끊임없이 딥러닝 하는 곳이라고도 할 수 있다. 하지만 인간의 스키마에서 일어나는 인지적 작용과 인공지능의 가장 큰 차이점은 빅데이터 안에서 알고리즘을 적용하여 프로그래밍 하지 않고도 주요 지식의 맥락을 찾고 또 새로운 지식을 발견할 수 있다는 것이다. 인간은 오감을 통해 현실이라는 우주에서 가장 큰 빅데이터를 경험하고 학습하며 지능을 얻은 만큼 지식을 확장해 나갈 수 있는 잠재력을 가지고 하루하루 발전하고 있다. 따라서 학생들은 주어진 자료를 배우고 익히는 단계를 넘어서서 개인의 영역 특수적 지식을 계발하고 그 안에서 창의적 지식을 생산할 수 있어야 한다. 이는 인간의 고유한 기능을 활용하여 인간의 가치를 높이게 될 것이다. 하지만 현대의 학생들 혹은 젊은 성인들은 주어진 과업을 수행하는 것에 익숙하고, 학습 훈련을 통해서 옳고 그름을 인지하는 메타인지만 발달되어 있다. 사회적인 시스템이 학생들을 자신에게 주어진 학습 과제를 성실히 수행하고, 평가 받는 수동적 학습자로 훈련시키고 있기 때문이다. 따라서 개인의 영역 특수적 지식들이 학생들마다 유사하기도 하며 그 안에서 생성된 아이디어도 비슷비슷하다. 게다가 기존에 있는 아이디어 인지 여부를 온라인 검색을 통해서 즉각적인 피드백을 받게 되면서, 자신감도 떨어지고 창의적 지식을 생성하는 것을 과거보다 더 어렵게 인식하고 있다.

정보화 사회가 되면서 한꺼번에 많은 지식이 쏟아졌고, 현대의 학습자들은 연령별로 필수로 성취해야 할 과업이 정해져 있다고 생각한다. 수학 선행 학습, 영어 학습 등이 주로 주어져 있고 특히 우수할수록 더 이를 얼마나 성실히 완벽하게 수행했는지, 누락된 영역은 없는지를 확인하면서 사회에서 특정 지위나 연봉을 보장받을 수 있는 성장 단계를 따라간다. 이러다 보니 학교 현장에서 학습자들은 점점 더 수동적이 될 수 있고, 성실성이 보장되지 않는 한 개인의 미래는 어둡다고 판단한다. 상위권이 아니면 하위권도, 중간도 없다. 지능이 발달하고 메타 인지가 개발된 학생들일수록 현실에 순응하며 묵묵히 창의적인 머리를 틀에 박힌 암기 활동에 허비한다. 유명한 뇌 공학자 정재승 교수는 "인공지능이 인간보다 뛰어난 것은 언어와 수학 능력이고 나머지 영역은 인간이 뛰어나다"며 언어와 수학 능력에 집중하고 있는 교육적 현실에 대한 우려를 표명했다. 인공지능의 시대에 여전히 암기 명인, 학습 기능인을 양성하는 교육으로는 창의적인 인재를 양성할 수 없다.[35) 알파고의 하루 학습량은 인간의 35.7년 학습량과 맞먹기 때문에 암기력에서는 이미 인간을 능가했다. 이러한 상황에서 인간이 마치 알파고와 동일한 방식으로 학습해서 인공지능을 이기려고 했을 때 인간의 지적 능력의 가치는 더 하락할 것이다.

몰입하는 유의미 학습자 양성

우리 학생들에게 만들기의 기회가 주어질 때, 특히 자신이 만들고 싶어 하는 것을 만들 수 있는 자유와 기회, 그리고 재료가 제공된다면 어떨까? 다수의 학습자들은 첨단기술을 활용하는 유의미한 경험을 좋아하고, 자신의 생각을 명확히 표현하고, 공유하고, 다른 사람의 아이디어에 대해 비평하는 활동에 자발적으로 참여하려는 욕구가 있다는 선행연구들이 있다. 또한 최인수 교수는 창의와 혁신을 위해서 구성원간의 소통과 몰입이 모두 필요하다고 설명한다.[36)]

무조건 브레인스토밍을 한다고 해서 좋은 아이디어가 나오는 건 아니다. 혼자 문제에 깊이 빠져들어 몰입할 수 있는 고독한 시간도 필요하다.[37)] 고독의 시간 이후에 창의성을 발현할 수 있고, 자신의 흥미를 따라 주의 집중하고 몰입할 수 있다. 따라서 청소년 메이커들이 메이커 활동에 몰입할 수 있는 기회를 주고 자발적이고 능동적인 학습을 유도하며, 노력의 결과가 미래와 연결될 수 있도록 교육해야 한다. 실제 청소년들에게 메이커에 대한 긍정적인 인식을 확산하여 메이커 운동의 아래로부터의 저변 확산을 도모하는 것은 메이커 운동 확산의 장기적 원동력으로 작용할 수 있을 것이다. 물론 메이커들에게 특별 전형 등의 진학 혜택을 부과하는 등의 제도적, 정책적 지원 정책이 수반되지 않는 한은 우수 청소년들의 메이커 활동 참여를 확산시키기는 어려울 것이다. 향후 메이커 활동이 청소년의 진로 탐색 활동에 연계하여 진행될 수 있어야 4차 산업 혁명 시대에서 개인, 민간 중심의 선순환 경제 성장의 인적 인프라가 마련될 수 있을 것이다.

메이커 교육의 가치

과학적인 탐구의 기법은 실행 사례에 대한 직접적인 전수 및 학습자의 관찰에 의해서 전승된다. 연구실에서 스승을 관찰하고 연구 방법과 노하우를 배우게 되는 경우도 있다. 요리사는 스승의 노하우를 배우기 위해서 접시닦이부터 시작한다. 스승의 행동 하나하나를 관찰하면, 요리재료를 손질하는 일부터, 요리를 하는 순서와 요리의 불을 조절하는 일까지, 재료별, 상황별로 다른 선택을 하는데, 요리사는 수년간의 경험을 통해서 요리에 대한 노하우를 체득할 수 있다. 가령 책으로 모든 노하우를 정리해 놓았다고 하더라도 그 외에 벌어지는 다양한 상황들은 제자 스스로 판단하여 해결해야 하는 문제로 다가 올 수 있는데, 이 때 제자는 자신이 관찰하고 또 스스로 요리를 하면서 경험했던 지식들을 활용하여 최고의 문제 해결을 위한 선택을 해야 한다. 한 번도 경험해 보지 못한 상황에서도 충분한 직관적인 문제 해결 전략의 마련이 가능하다. 만일 책으로만 배웠다면 레시피 이외의 재료나 상황에 대한 대처능력이 떨어질 것이지만 실습을 하고, Minds-on 하는 활동을 거쳤다면, 그가 내린 결론은 문제 해결이 가능한 수준이 될 수 있다. 메이커 교육의 가치는 이렇게 관찰하고, Hands-on 하고, Minds-on 하는 과정에서 깨달음의 즐거움을 얻으며 노하우나 원리를 체득하는 Hearts-on으로 귀결된다. 폴라니(Polanyi)는 어떤 단일한 실험적 탐구의 과정에서 실제로 부분의 시간이 결실 없는 노력에 소비되고, 그 노력은 몇 개월간 계속해서 패배에 실패를 거듭할 것이지만, 경험은 새로운 도전을 위한 희망을 분출하게 될 것이라고 설명한다.[38] 따라서 메이커 활동에 대한 경험의 모든 과정은 지식이 되며 메이커의 역량을 높이기 위한 성장 단계가 된다. 경험은 처음에 의식적으로 주목한 것 이상으로 훨씬 많은 의미를 가지게 만든다. 그것의 경험의 성격이다. 새로운 경험을 갖게 되는 것, 지적인 경험이라는 것은 인류 전체의 경험에서 나온 정련의 결과를 개인의 직접적인 경험에 연결시켜 준다. 따라서 우리나라의 경우 학생들에게 메이커 활동 경험을 부여하기 위해 각 시도 교육청에서 2018년부터 메이커 교육, SW 교육을 학교 정규 교육과정에 통합하여 창의성을 계발하며, 4차 산업 혁명의 시대를 대비하려고 하고 있다. 학생들은 메이커 스페이스에서 다양한 첨단기술을 활용하여 자신의 이해를 구성하는 과정에서 흥미를 느끼고 열정을 경험한다. 만들기 활동이 주는 성취감은 수동적인 학습의 결과물인 성적, 점수 이상의 인지적, 정신적 보상을 학생들의 인생 전반에서 제공할 수 있을 것이다. 낮은 가격의 도구들은 급속도로 가정에 보급되고 있지만, 한국의 경우에도 매우 가까운 곳에서 메이커 스페이스를 이용할 수 있다. 이미 전국 200여 곳에 공공, 민간 메이커 스페이스가 있고, 각 대학에도 설치되어 있으며, 발명교육센터도 2018년부터 메이커 센터로 지역 메이커 스페이스 기능을 수행할 수 있는 시설이 들어선다. 정 교수는 현재 한국 공교육이 언어와 수학 능력에만 집중하는 것을 가장 문제라고 꼽았다. 정 교수는 "인공지능이 인간보다 뛰어난 것은 언어와 수학 능력이고 나머지 영역은 인간이 뛰어나다"며 인간이 잘 할 수 있는 것을 찾으라고 말한다. 현재까지 인공지능은 과제를 수행하는 능력을 보이는 것일 뿐, 스스로 과제를 결정한다거나 하는 건 못한다. 인간이 인공지능에 본질적인 통제력까지 맡기는 일도 거의 없다.[39] 따라서 인공지능의 시대에 인간이 가진 고유한 가치를 발현하여 행복한 삶을 영위할 수 있는 방법이라는 점에서 메이커 교육은 가치를 갖는다.

메이커 교육에 적용 가능한 심리학 이론

메이커들은 자신의 참신한 아이디어로 시작된 결과물을 산출하기 위해서 새롭고 특이한 방법으로 생각을 조합하는 법을 스스로 터득한다. 이렇게 자신의 기술을 발전시키기 위해서는 충분히 몰입할 시간을 줘야 하고, 그 과정에서 자기결정성을 높이며, 흥미, 자신감, 자기유능감을 강화할 기회를 주어야 한다. 따라서 메이커들을 육성하기 위한 방법으로 자기주도성과 독창성을 북돋우고, 자율성을 최대한 부여하여 스스로 무엇을 배우고 어떻게 창조할지 결정할 수 있게 해야 한다. 또한 자신을 돌아보고, 공상하고, 내적 탐구에 몰입할 시간을 마련해 주어야 한다. 그래서 만들기 활동에 대해 자신만의 목적과 정체성을 찾아 키워나가도록 도와야 한다. 개인적인 메이커 활동에 매몰되지 않고 사회 안에서 상호작용하고 성장할 기회를 줘야 한다. 상호간에 시너지를 낼 수 있는 긍정적인 사회관계를 구축하도록 도와서 메이커로서 사회의 한 구성원이 되어 성취감을 느끼고, 존재감을 확대할 기회를 제공해야 한다. 그러기 위해서는 우선 메이커들이 자기가 메이커 활동에 집중할 수 있도록 자기결정성을 부여할 필요가 있는데, 자기 결정성에 대한 주요 이론으로 데시와 라이언(Deci&Ryan)의 자기결정성 이론이 있다.

자기결정성(Self-Determination) 이론

자기결정성은 인간의 기본적인 심리욕구에 대한 이론으로 사람은 누가 요청하거나 강제성을 행사하지 않아도 자신의 환경을 탐색, 이해, 동화하려는 기본적인 욕구를 가지고 있다는 전제에 기초한 이론이다.[40] 자기결정성 이론에서는 개인의 과제수행과 관련된 목표에 집중하며, 학습동기 분류체계는 무동기, 외재적 동기의 네 가지의 조절 유형 그리고 내재적 동기유형까지 총 여섯 가지 동기유형을 포함하고 있다.[41]

눈여겨 볼 것이 우선 자기 결정적인 상황이 아닌 상황에서는 무동기 상태를 보인다, 가치를 느끼지 못하기 때문에 의욕도 참여 의지도 없다는 것이다. 그 다음 외재적 동기로 메이커 활동에 참여하게 된 경우이다. 메이커들이 아닌 일반 학생이 정해진 학교 프로그램에 따라서 메이커 활동에 참여하게 되는 경우를 적용해 볼 수 있다. 스스로 결정해서 메이커 활동에 참여한 것은 아니라도 학생들은 의외로 흥미를 가지고 참여하여 자기와의 통합을 통해서 높은 내적 동기로 전이될 수 있다는 것이다. 그래서 적절한 교육적인 강화가 필요한 것이다. 따라서 자신이 결정할 수 있는 것이 많은 경우, 자기결정적인 환경에서 메이커들은 내재적 동기가 강화되고, 수월하게 자기조절이 이루어지며 흥미와 즐거움을 느끼며 내재적 만족감을 느낄 수 있다.

메이커 교육을 받아 본 적이 없는 학생에게 메이커 교육을 설명하고 자발적으로 참여할지 여부를 묻는다면, 학생들은 이전 메이커 교육 경험의 부재로 주저할 것이다. 따라서 자발적으로 메이커 활동에 참여하겠다고 하기 어려울 것이다. 따라서 메이커 교육은 우선 메이커 활동에 대한 흥미를 갖도록 하는 선 경험을 형성하는데서 출발해야 한다. 메이커 활동은 인간에게 성취감과 즐거움을 준다. 국내에서 최근 도시어부와 같은 프로그램이 인기를 끌고 있는 것은 사냥이 본질상 몰입의 모든 특성을 갖춘 몰입의 좋은 예가 되기 때문이다. 아주 오랜 옛날부터 사냥감을 추적하는 일은 인간의 주요 생산 활동이었다. 그런데 사냥이 주는 즐거움이 너무 컸기 때문에, 식량을 얻는다는 실제적인 목적이 사라졌지만, 아직도 많은 사람들이 취미로 사냥을 즐기고 있다. 사냥, 낚시는 누구나 즐길 수 있고 인간에게 성취감과 즐거움을 준다. 다시 원시로 돌아가면 낚시를 잘 하기 위해서, 혹은 더 쉽게 물고기를 낚기 위한 고민은 인간을 도구적인 인간으로 격상시켰다.

몰입(flow)과 최적 경험

메이커들은 만들기에서 행복함을 느낀다. 그리고 만들기에 몰입한다고 말한다. 몰입의 정의에 대해서 칙센트미하이 교수는 "거의 자동적이고 애쓸 필요도 없는, 그럼에도 아주 집중된 의식상태"라고 묘사했다. 메이커들은 메이커 활동에 참여할 때 놀이를 하는 것처럼 즐거움을 경험한다는 것을 알 수 있다. 이러한 활동에 몰입되면 그 시간 자체가 흥미롭고 즐거운 것이므로 자기 동기화(Self Motivation) 혹은 내재적 동기화가 진행된다. 몰입(flow)이란 칙센트미하이 교수가 제시한 개념으로, 어떤 일에 흠뻑 빠져 있는 상태를 가리킨다. 몰입이 일어나게 되면 몇 시간이 한 순간처럼 짧게 느껴지고 주변 환경, 나아가 자기 자신에 대한 의식도 사라진 채 일과 혼연일체가 된다. 과제가 적절하게 어렵고, 과제의 해결에 필요한 역량이 갖춰졌을 경우 몰입이 일어난다. 과제가 개인이 가진 역량에 비해 너무 쉽다면 권태감이, 반대로 어렵다면 불안감이 발생된다. 만약 메이커들이 만들기 활동에만 집중하여 행복과 만족감을 얻게 되면 긍정적인 정서가 형성된다. 또한 창의성을 발휘하여 실질적인 업무 향상을 꾀하면서 스스로 성취감과 행복감을 느끼게 되는 것이다. 인간이 창의성이라는 새로운 가치를 낳는다고 할 때, 그 새롭게 나타나는 창의성이라는 가치는 암묵적으로 생겨나는 것이다. 우리는 명시적으로 드러난 새로운 가치들을 선택하는 것이 아니라, 새로운 가치를 창조하거나 채택하는 행위를 통해서 그 가치를 받아들인다. 생존이라는 것은 우리가 생각한다는 가정하에서의 생존이다.[42)]

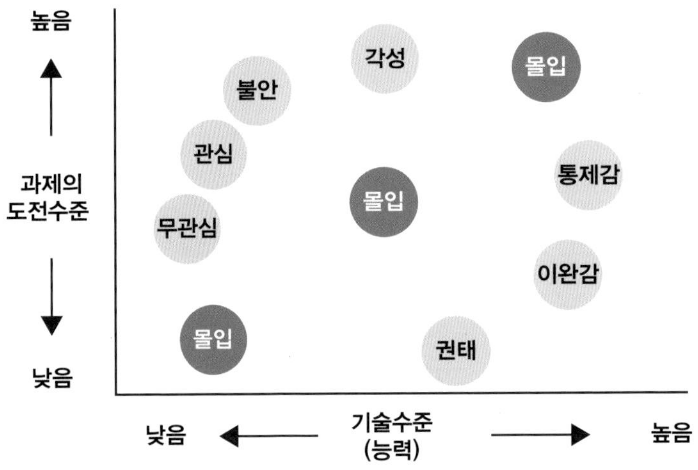

〈그림 22〉 몰입

창의성의 4C 모형

메이커들이 자신의 메이커 활동에 몰입하고 즐거움을 느끼며 발전하려면 일정한 수입도 필요하고, 사회적으로도 인정받는 과정도 필요할 것이다. 세상에 수많은 사람들이 일과 인생을 즐기고 몰입하는 일 대신에 남의 평가를 걱정하고 또 남에게 보여지는 모습에 집착하면서 즐거움을 잃는 경우가 많다. 따라서 메이커 활동이라는 것은 애초에 만들기를 함으로써 얻는 즐거움, 스스로의 성장이 목적이 될 수 있어야 하며, 이를 기반으로 전문 메이커로의 성장을 지향해야 한다. 메이커의 성장 과정을 설명할 수 있는 모델로 창의성을 4단계로 구별한 카우프만 박사의 4C 모형이 있다.[43] 이 모형에 따르면 창의성은 일기쓰기와 같은 일상적 창의성에서부터 비롯하여

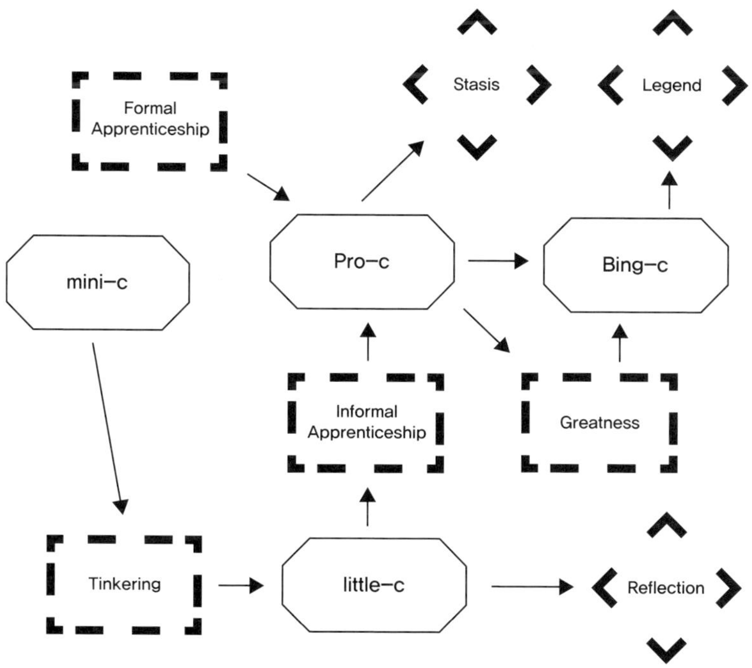

〈그림 23〉 카우프만 박사의 4C 모델

	Mini-C	Little-C	Pro-C	Big-C
단계별 창의성	내재적 창의성	일상적 창의성	전문적 창의성	혁신적 창의성
범위	배움의 과정에서 생겨나는 인간의 내재적 창의성	생활에서 드러나는 일상적 창의성	차별적 창의성	해당 분야의 마스터 단계에서 전설로 불리우는 창의성
양성 기간	일상에서	일정 기간의 학습	우수한 학습 및 사회에 적용기간이 확보된 경우	7~10년 이상

〈표 1〉 4C 모델을 기반으로 본 메이커의 성장 과정

(Mini or Little-C), 나중에는 프로급의 경쟁력을 갖춘 차별적 창의력(Pro-C), 더 나아가서는 분야와 영역을 뛰어넘는 혁신적 창의성(Big-C)으로 구별할 수 있다는 것이다. 이 이론을 메이커 교육에 적용한다면, 자연스럽게 시작한 초보 또는 일반 메이커를 일정기간 양성하는 기간을 거쳐 프로메이커 또는 전문 메이커로 육성하고, 이 과정에서 혁신적 메이커를 기대하는 것으로 교육의 목표를 삼을 수 있을 것이다.

창의력의 단계로 본다면 Mini-C 〈 Little-C 〈 Pro-C 〈 Big-C로 볼 수 있다. 그리고 각 단계로 도약하기 위해서는 개인이 자신의 기능을 수련하는 시기가 필요하다. 요즘 같으면 유투브에 개인의 노하우를 공유해 놓은 동영상도 많고, 비슷한 관심사를 가진 사람들이 온, 오프라인 카페, 동호회를 만들어 지식을 공유하고 기능의 수련을 격려하기도 한다. 창의력의 단계에서 최종목표는 〈표 1〉에서도 볼 수 있듯이 Big-C이다. 이는 전설적인 특정 분야의 대가를 지칭할 수 있는데, 스티브 잡스, 레오나르도 다빈치, 피카소, 아인슈타인 등이 해당될 것이다. 우리나라의 경우 과거 세종대왕, 장영실, 정약용 등을 들 수 있다. 현대로 보면 카카오톡 김범수 의장, 바

이러스 백신의 안철수, 리니지를 만든 김택진, 피겨 스케이팅의 김연아 등이 Big-C에 해당 될 것이다. Pro-C는 Big-C에 못 미치는 전문가 집단들을 의미한다. 자신의 분야에선 전문성을 갖고 있으며, 책을 출판하고 강연에 나가는 등 안정적인 사회생활을 영위하지만 해당 분야의 전설이 되거나, 결과물을 대대손손 전파할 수 없는 수준까지가 Pro-C이다. Little-C는 일상적 창의성이 발현되는 것으로 재능을 취미로 연관시킨 사람들이 포함된다. 소설을 쓰거나, 발명품을 만들거나, 사진을 찍거나 하는 것들이 이러한 부류에 속한다. 하지만 이들의 작업은 매우 아마추어적이거나 전문성이 결여되어 있는 경우가 많다. 창의적인 산물이 전문성을 갖게 되는 경우 Pro-C로 상승한다. 마지막으로 Mini-C는 가장 낮은 수준의 창의성 단계로, 개인에게 내재된 상태로 아직 발현되지 않은 상태의 창의성을 의미한다. 어떻게 훈련하느냐, 어떻게 교육하느냐에 따라서 세상에 드러날 수도 있고, 또 아닐 수도 있다. 일반적으로 Pro-C나 Big-C로 가기 위해서는 물론 개인차가 있지만 Mini-C 또는 Little-C 단계에서 7~10년 정도의 숙련 기간이 필요하다. 이것은 말콤 글래드웰의 1만 시간의 법칙과 같은 맥락일 것이다.[44] 이러한 숙련 기간이 시작되기 전에 필요한 것은 재능 영역에 대한 자가 진단이다. 초기에 개인이 재능이 없다면 숙련 기간도 길뿐더러 노력에 비해, 성취감을 느끼는 일이 적어 행복감과 몰입으로 이어지기 어렵기 때문이다.

이제 우리는 우리가 좋아하는 것 잘하는 것을 선택하고 충분히 몰입하며 한 분야의 마스터[45]가 되는, 아웃라이어를 지향해야 한다.[46] 아웃라이어라는 개념은 결국 카우프만 교수의 Pro-C, Big-C를 지향해야 한다는 것이며 이는 선택과 몰입의 경험이 누적될수록 근접할 수 있을 것이다. 이러한 의미에서 메이커 교육은 개인이 즐길 수 있고, 마스터를 지향하며 발전하는 개인의 기능 성장이 가능하다고 할 수 있다. 또 유아부터 성인까지 전 연령에 걸쳐 개인의 고유한 재능을 찾아 계발하는 유의미한 교육의 기회를 제공하여 창의성을 기를 수 있다는 점에서 미래 인재 양성에 가장 적합한 교육이라고 할 수 있다.

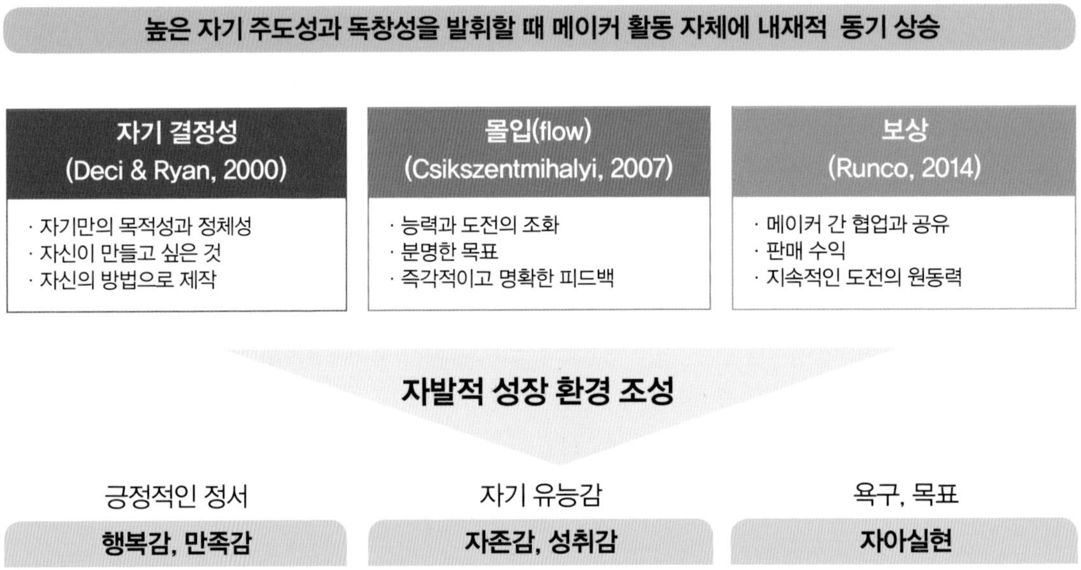

〈그림 24〉 메이커 활동에 대한 내재적 동기 형성

참고자료 및 문헌

01) 아리스토텔레스(2004), 니코마코스 윤리학, 김남두 역, 서울 : 서울대학교 철학사상연구소.

02) 유발하라리 (2014). 사피엔스. 조현욱 역, 파주: 김영사.

03) 칙센트미하이 (2004). 몰입: 미치도록 행복한 나를 만난다. 최인수 역). 서울: 한울림.(원저 1990 년).

04), 05) 최인수 (2014). 창의성의 발견. 서울: 쌤앤파커스.

06) Hatch, M. (2013). The maker movement manifesto: rules for innovation in the new world of crafters, hackers, and tinkerers. New York: McGraw Hill.

07) 2016년 메이커 실태 조사 결과 목공예 26.5%, 홈베이킹 20.5%., 홈인테리어 14.3%, SW제작 4.8%, 3D프린팅 제작 2.9%, 드론제작 1.7% 순서로 메이커 활동에 참여하고 있었다.

08) 김윤정(2016). 메이커 운동 활성화 방안 연구, 서울: 한국과학창의재단.

09) 박한구, 송형권, 장원중, 이순열, 임채성(2017). 4차 산업혁명, 새로운 제조업의 시대 스마트 공장, 이렇게 구축하라! 경기 : 호이테북스.

10) Lave, J., & Wenger, E. (1991). Situated learning: Legitimate peripheral participation. Cambridge university press.

11) Jonassen, D., & Land, S.(Eds.).(2012). Theoretical foundations of learning environments. London: Routledge.

12) Kaufman, J., Beghetto, R.(2009), "Beyond Big and Little: The Four C Model of Creativity," American Psychological Association, 13(1), 1-12.

13), 14), 15) 한국과학창의재단(2017. 11. 1) 메이크올, 서울: 한국과학창의재단.

16) 김윤정(2015). 한국형 메이커 운동 활성화 3개년 수립을 위한 정책 연구, 서울: 한국과학창의재단.
김윤정(2016). 메이커 운동 활성화 방안 연구, 서울: 한국과학창의재단.

17) Akgun, O. E. (2013). Technology in STEM project-based learning. In STEM Project-Based Learning. The Netherlands: Sense Publishers.

18) 신동희 (2014). 인간과 컴퓨터의 어울림 [Human computer interaction]. 서울: 커뮤니케이션 북스

19) Jonassen, D., & Land, S. (Eds.). (2012). Theoretical foundations of learning environments. London; Routledge.

20) 유발하라리 (2014). 사피엔스. 조현욱 역, 파주: 김영사.

21) Root-Bernstein, R. S., & Root-Bernstein, M. M. (2013). Sparks of genius: The thirteen thinking tools of the world's most creative people. New York: Houghton Mifflin Harcourt.

22) 정범모, 최인수, 이광형 외 (2014). 엉뚱한 생각. 서울 : 학지사.

23), 24), 26) 변문경, 최인수 (2018) 4차 산업혁명 시대 한국형 메이커 교육의 방향성 탐색, 21(2), 공학교육연구, 17-28.

25) Csikszentmihalyi, M. (1996). The creative personality. Psychology today, 29(4), 36-40.

27) Martinez, S. L., & Stager, G. (2013). Invent to learn: Making, tinkering, and engineering in the classroom. Torrance, CA: Constructing modern knowledge press.

28) Martin, L. (2015). The promise of the Maker Movement for education. Journal of Pre-College Engineering Education Research (J-PEER), 5(1), 4.

29) Chu, S. L., Quek, F., Bhangaonkar, S., Ging, A. B., & Sridharamurthy, K. (2015). Making the Maker: A Means-to-an-Ends approach to nurturing the Maker mindset in elementary-aged children. International Journal of Child-Computer Interaction, 5, 11-19.

Halverson, E. R., & Sheridan, K. (2014). The maker movement in education. Harvard Educational Review, 84(4), 495-504.
30) 김윤정(2016). 메이커 운동 활성화 방안 연구, 서울: 한국과학창의재단.
31) 박기영(2017). 제 4차 산업혁명과 과학기술 경쟁력, 경기: 한울.
32) 정지선(2016). 산업교육센터의 역할과 설치 · 운영 방안, 세종: 한국직업능력개발원.
33) 한 분야에 열중하는 사람
34) 제조업 장인
35) 정재승(2016. 3. 3.). 창의적인 뇌는 무엇이 다른가? https://www.youtube.com/watch?v=yq458E4vaGg
36) 최인수 (2014). 창의성의 발견. 서울: 쌤앤파커스.
37) 정재승. (2014). 신경건축학, 대안인가 보안인가?. 건축, 58(9), 12-15.
38) Polanyi, M. (2015). Personal knowledge: Towards a post-critical philosophy. Chicago: University of Chicago Press.
39) 정재승 (2016. 7. 21). 인공지능 시대에 언어 · 수학 집중 교육이 웬말, http://m.jejusori.net/?mod=news&act=articleView&idxno=180206
40) 양미경(2012). 내재적 학습동기 연구의 동향과 과제. 열린교육연구, 20(4), 187-209.
41) Deci, E. L., & Ryan, R. M. (2008). Self-determination theory: A macrotheory of human motivation, development, and health. Canadian psychology/Psychologie canadienne, 49(3), 182.
42) Polanyi, M. (1981). The creative imagination. In The concept of creativity in science and art (pp. 91-108). Springer Netherlands.
43) Kaufman, J., Beghetto, R.(2009), "Beyond Big and Little: The Four C Model of Creativity," American Psychological Association, 13(1), 1-12.
44) Csikszentmihalyi, M.(1996). Creativity: Flow and the psychology of discovery and invention. New York: HarperCollins.
45) 어떤 기술이나 내용을 배워서 충분히 익히는 일. '숙달'이라고 함
46) Gladwell, M. (2008). Outliers: The story of success. Hachette UK.

PART
01

미래의 나의 동상 제작하기

주제선정이유

위 그림은 수업 시간을 활용하여 아이들과 함께 제작한 가상현실입니다. 학생 개개인의 사후라는 가정 하에 자신이 목표하는 바를 이루어서 위인이 되었다면 혹은 유명인이 되었다면 어떨까? 라는 상상을 해보았습니다. 그래서 '나만의 동상 만들기'를 해보자는 주제로 프로젝트 학습을 진행하였습니다. 아이들 스스로 자신의 꿈을 생각해볼 수 있는 시간을 갖고 이를 구상하는 과정을 통해서 자신이 이루었으면 하는 목표들을 생각해보았습니다. 그리고 마지막에 가상현실 속으로 불러들이는 과정을 수업으로 진행하였습니다.

수업의 과정은 크게 3단계로 진행하였습니다.

첫째, 자기 모습 스캔하기

둘째, 동상 모델링하기

셋째, 가상현실 제작하기

첫 번째 단계를 위해서는 스캔하는 과정이 필요합니다. 일반적으로 3D 스캐너는 고가의 장비이기 때문에 학교 현장에서 사용하기 쉽지 않습니다. 그래서 저비용 고효율을 목표로 스캔하는 과정을 담았습니다.

두 번째 단계를 위해서는 틴커캐드를 이용하였습니다. 간단한 모델링 과정을 통하여 자신의 동상을 제작하였습니다.

세 번째 단계를 위해서 코스페이시스를 사용하였습니다. 코스페이시스는 가상현실을 제작할 수 있는 아주 유용한 툴입니다. 앞에서 제작한 파일을 코스페이시스에 불러와서 그 안에 스토리를 입히는 과정을 진행하였습니다.

Chapter 01 가상현실(VR)이란?

일반적으로 3D 스캔을 하기 위해서는 고가의 장비가 필요합니다. 왼쪽 아래 그림은 국내 포털 사이트에서 3D 스캐너를 검색한 결과입니다. 몇 십 만 원대의 기기는 많지 않고 대부분은 수백 만 원을 호가합니다. 그렇지 않으면 3D 스캔의 결과물이 완성도가 떨어집니다. 하지만 학교 현장에서는 3D 스캔 결과물의 완성도가 그렇게 중요하지는 않습니다. 그래서 저희는 저가의 3D 스캐너를 사용하도록 합니다. 사실 스캐너라기보다는 적외선 센서를 통해서 스캔 프로그램을 활용한다는 것이 적절하다고 할 수 있습니다.

오른쪽 아래 그림은 XBOX360 등에 쓰였던 키넥트 센서입니다. 버전은 V1으로 지금은 구형버전이지만, 3D 스캔을 하기 위해서는 이 버전의 키넥트 센서가 필요합니다. 정식 명칭은 'kinect v1 for window'입니다. 중고 사이트 등에서도 많이 팔고 있으며 가격도 어댑터 포함 가격으로 저렴한 편입니다. 우리는 이 센서를 활용하여 3D 스캔을 진행하도록 합니다.

'kinect V1 for window'를 이용하기 위해서는 반드시 전력을 공급해

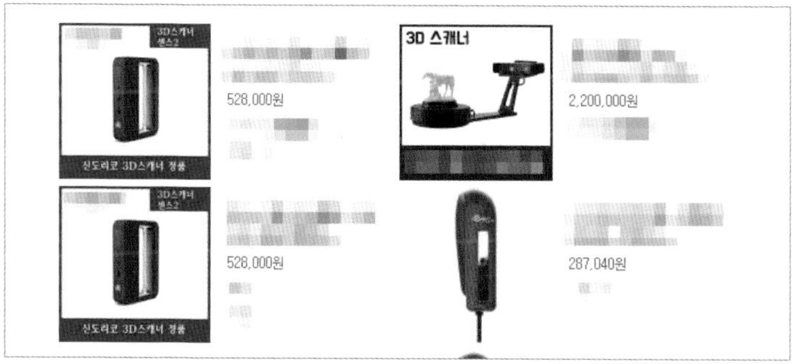

〈그림 1〉 3D 스캐너 가격 (http://pc.shopping2.naver.com/)

〈그림 2〉 kinect v1 for windows 가격 (http://pc.shopping2.naver.com/)

〈그림 3〉 kinect v1 for windows 어댑터 및 케이블

〈그림 4〉 kinect v2
(https://www.xbox.com/en-US/xbox-one/accessories/kinect)

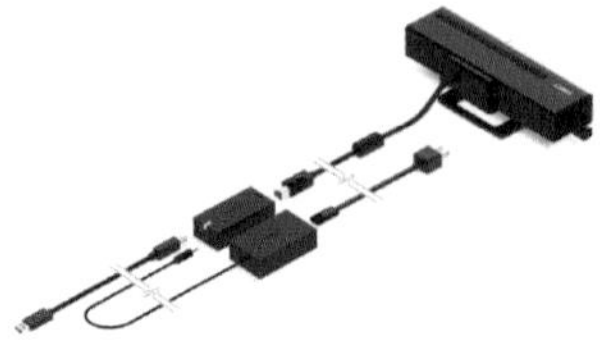
〈그림 5〉 kinect v2 for windows 어댑터
(https://www.amazon.com/Xbox-Kinect-Adapter-One-Windows-10/dp/B01GVE4YB4)

주고 컴퓨터와 연결해주는 어댑터와 케이블이 있어야 합니다. 이를 주의하여 구매하도록 합니다. 참고로 'Kinect v2' 버전으로도 3D 스캔은 가능합니다. 하지만 'Kinect v2'를 사용하기 위해서는 단순히 'Kinect v2' 센서뿐만 아니랑 어댑터도 필요합니다. 대부분 가정용 게임기로 사용하는 경우 windows 사용을 위한 어댑터가 없기 때문에 따로 구매해야 하며 이 어댑터의 경우 가격이 'kinect v1 for windows' 중고 가격보다 훨씬 비싸기 때문에 가성비 대비 별로 추천할 만한 사항이 아니라고 할 수 있습니다. 그러나 혹시 가정에 'Kinect v2' 센서가 있다면 어댑터만 구입하여 사용할 수 있습니다. 아무래도 버전이 높다보니 센서의 성능이 더 뛰어난 것도 사실이기 때문입니다.

'Kinect v2' 버전을 이용한 3D 스캔의 단계를 요약하면 다음과 같습니다.

- 마이크로소프트 홈페이지에 접속하여 Kinect SDK 2.0. 버전을 다운받은 후 설치합니다.
- SDK 브라우저를 실행시킵니다. 그리고 스크롤을 내려서 Kinect Fusion Studio을 찾습니다.
- Kinect Fusion Explorer를 설치합니다. 이 과정에서 D2D와 WPF 모두 설치합니다.
- Kinect Fusion Explorer를 실행시키는데 이 과정에서 D2D와 WPF중에서 하나를 선택합니다.
- 장치를 연결한 상태에서 3D 스캔을 진행합니다.

비용적인 면에서 'Kinect v2' 버전을 이용하는 것은 비효율적입니다. 따라서 이번 과정에서는 'kinect V1 for window'을 이용하여 수업을 진행하였습니다. 중고 사이트 등을 이용하면 10만원보다 적은 가격으로 3D 스캔을 진행할 수 있습니다.

Chapter 02

3D 스캔 프로그램 설치하기-(1)

01 'kinect v1 for windows'를 이용하여 3D 스캔을 하기 위해서는 몇 가지 프로그램을 설치해야 합니다.

첫 번째, 'kinect SDK' 입니다. kinect를 윈도우즈에서 사용하기 위한 드라이버입니다. 1.8 버전과 2.0 버전이 있습니다. 1.8 버전을 설치하도록 합니다.

먼저 마이크로소프트 홈페이지에 접속합니다.

02 'Kinect for Windows SDK v1.8'을 검색합니다. 그리고 '다운로드'를 클릭해서 다운로드 합니다.

03 다운로드 받은 버전이 1.8인지 확인합니다. 2.0 버전의 경우 windows 8과 windows 8.1에 맞춰져 있습니다.

04 다운로드 받은 파일을 설치합니다. 라이선스 사용 약관에 동의합니다.

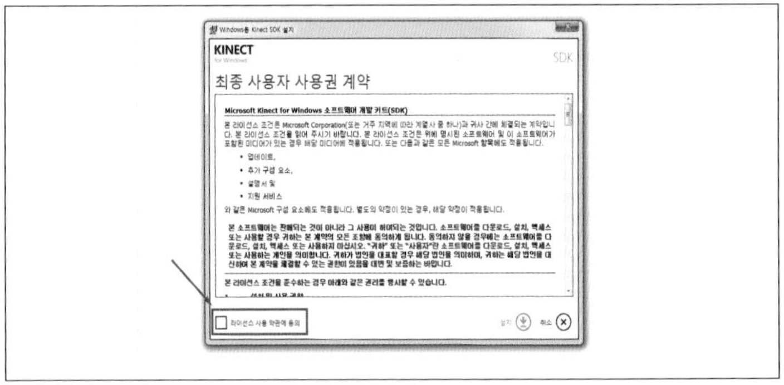

05 설치를 클릭합니다.

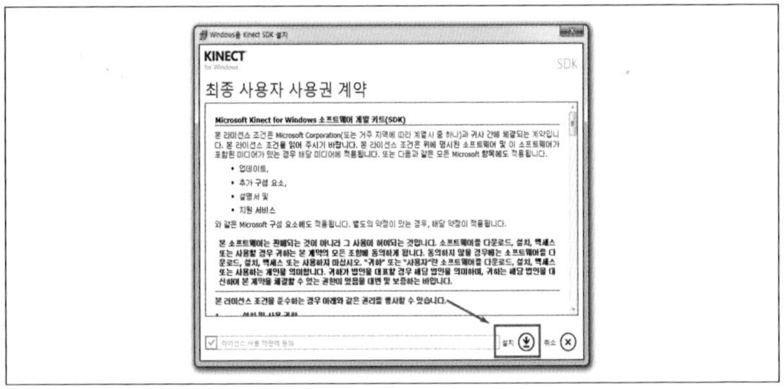

06 그러면 설치가 진행됩니다.

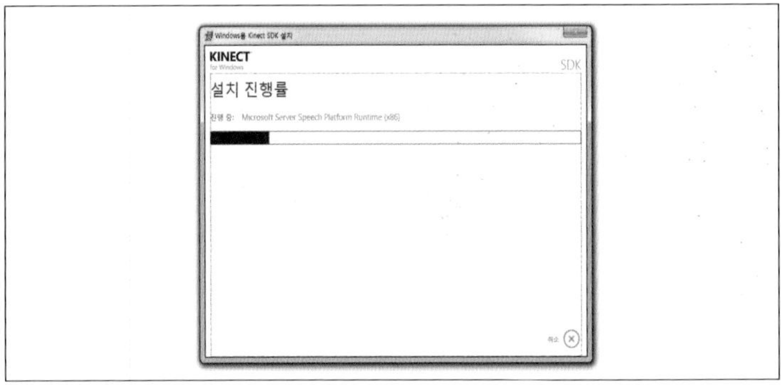

07 설치가 완료 되면 '개발자 툴킷 다운로드'가 나옵니다. 우리는 개발자 툴킷은 다운로드 하지 않습니다.

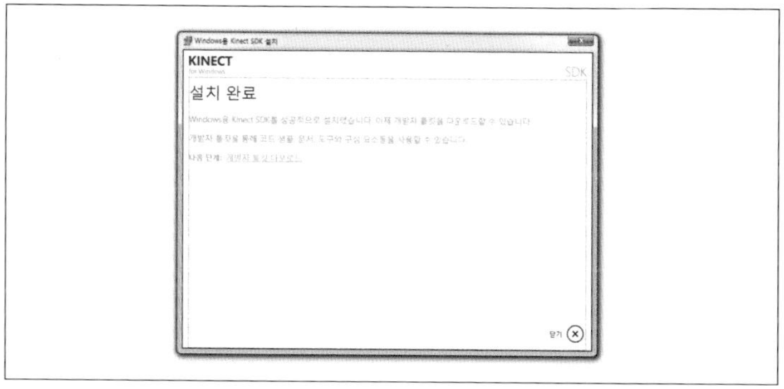

08 닫기를 클릭해서 설치를 마무리합니다.

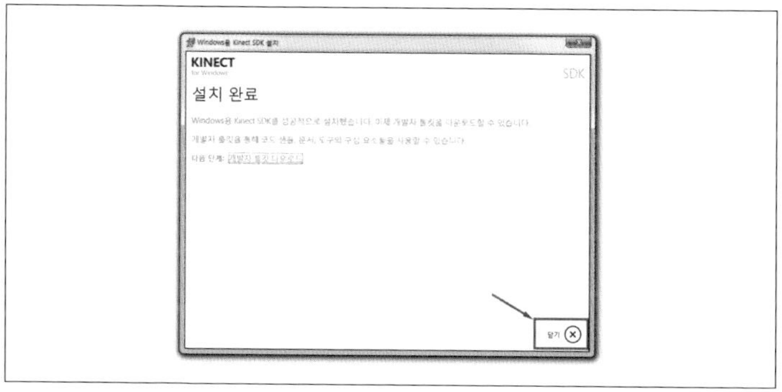

3D 스캔 프로그램 설치하기-(2)

01 'kinect v1 for windows'를 이용하기 위해서 설치해야 할 또 다른 프로그램은 'openni 2.2' 와 'nite 2.2' 입니다.

해당 프로그램을 설치하기 위해서 http://openni.ru/index.html 에 접속합니다.

그리고 검색을 통해 'openni 2.2' 와 'nite 2.2'를 다운로드 합니다.

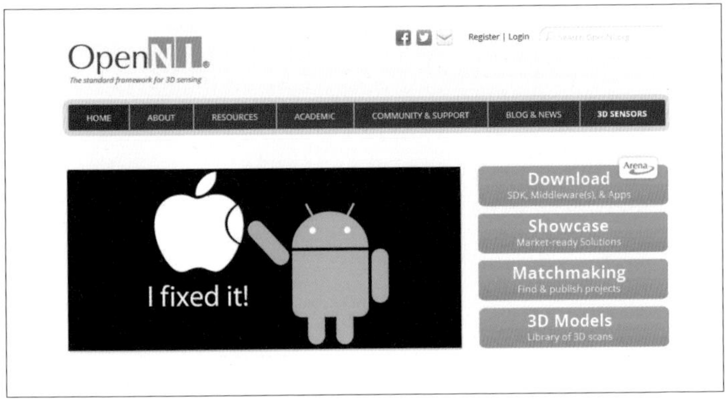

02 다운로드 받은 'openni 2.2' 파일을 설치합니다.

03 폴더 지정은 별도로 하지 않고 'Install'을 클릭합니다.

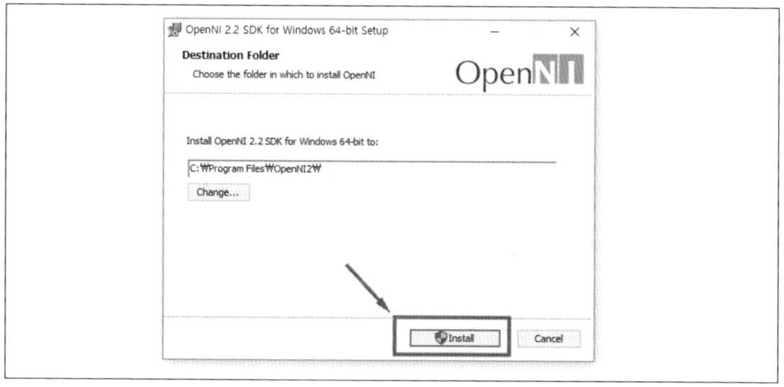

04 '설치'를 클릭합니다.

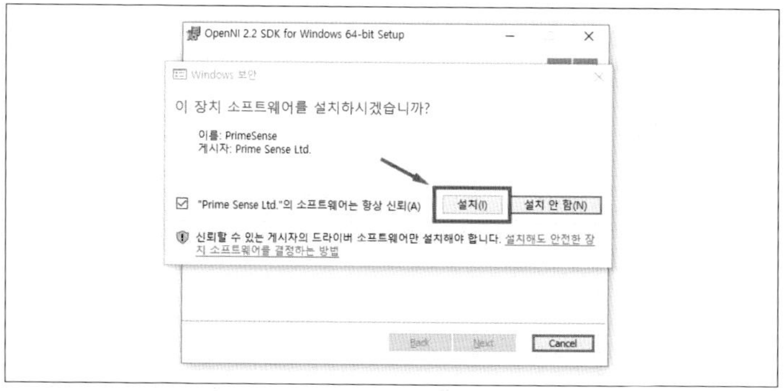

05 그러면 설치가 진행됩니다.

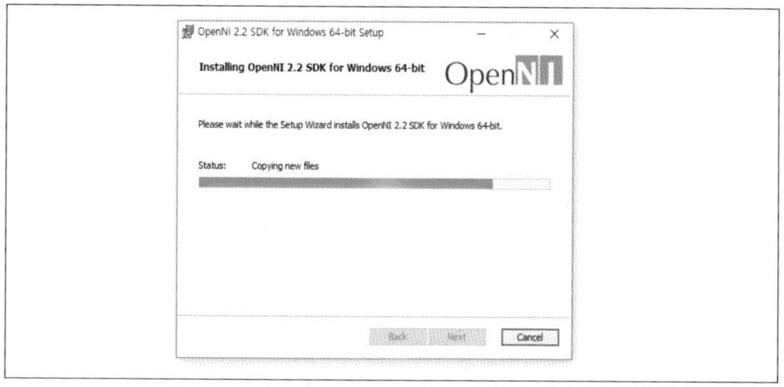

06 'Finish'를 클릭하여 설치를 마무리합니다.

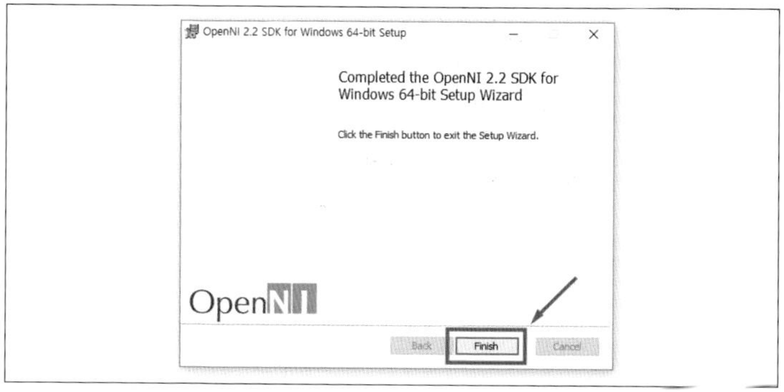

07 마찬가지로 'nite2.2'를 설치합니다.

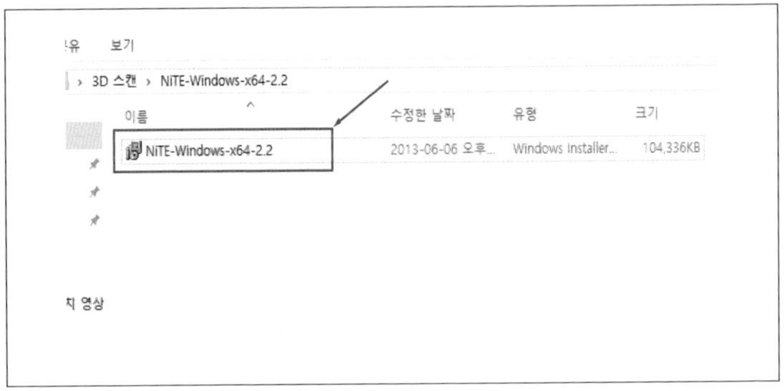

08 라이선스 약관에 동의를 체크합니다.

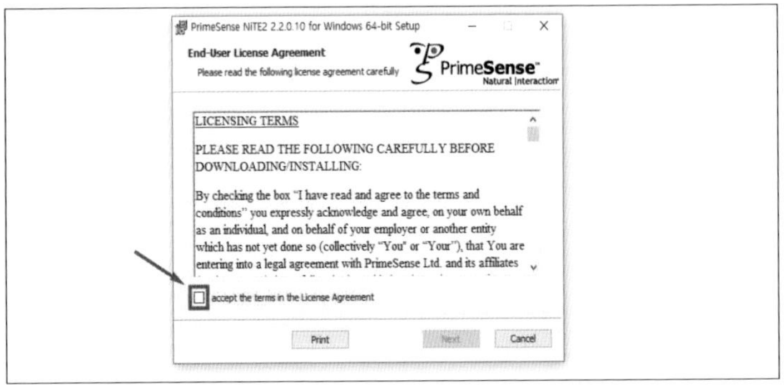

09 'Next'를 클릭해서 설치를 시작합니다.

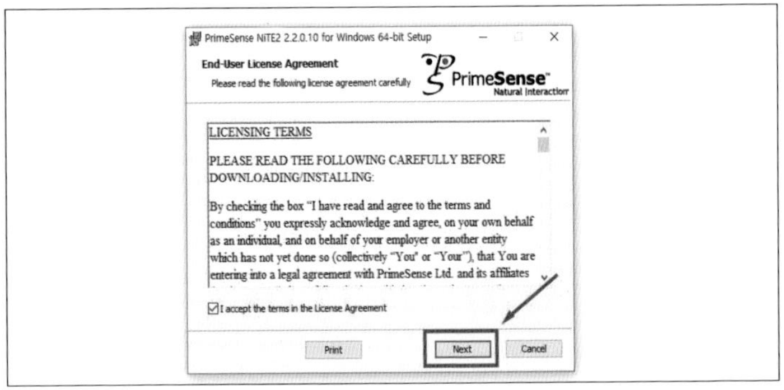

10 'Install'을 클릭하면 설치가 시작됩니다.

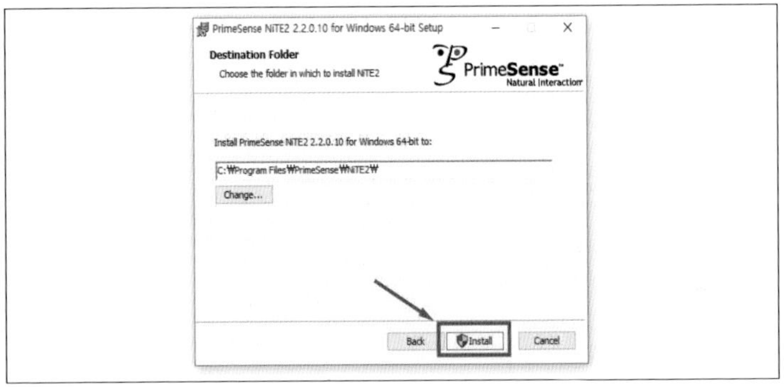

11 그러면 설치가 진행됩니다.

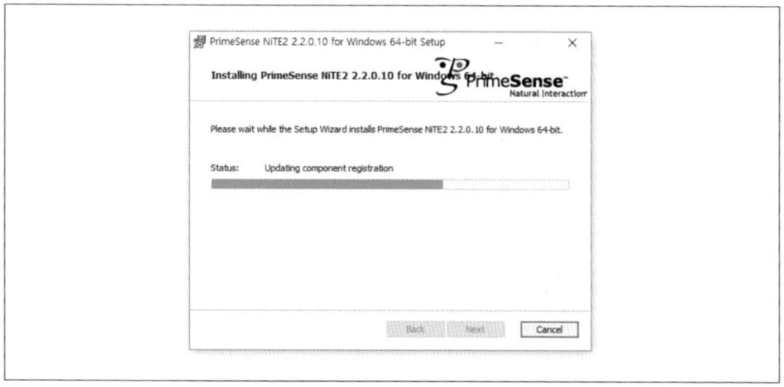

12 'Finish'를 클릭하여 설치를 마무리합니다.

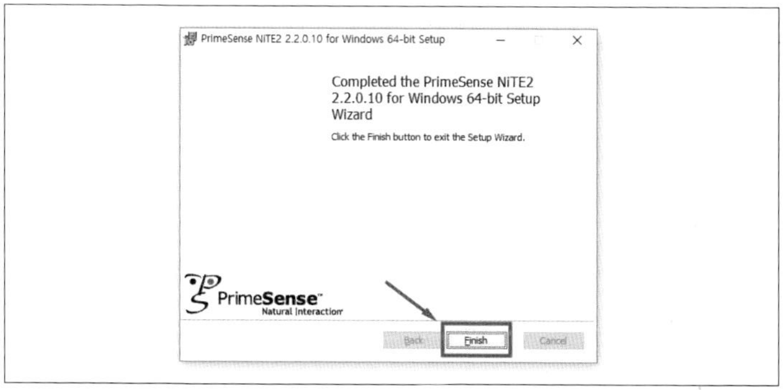

3D 스캔 프로그램 설치하기-(3)

01 일반적으로 3D 스캔을 진행하는 프로그램으로 크게 두 가지를 많이 사용합니다.

첫 번째는 'skanect'라는 프로그램입니다. 학생들과 프로젝트 수업을 위해 사용한 프로그램은 'skanect' 입니다. 여러 가지 프로그램들이 있으니 사용자의 편의에 따라 선택하시면 됩니다.

02 'skanect'라는 프로그램과 마찬가지로 'Reconstruct Me'라는 프로그램이 있습니다. 이 프로그램 또한 무료로 사용할 수 있으며 해당 컴퓨터의 사양에 따라 설치를 진행하면 됩니다.

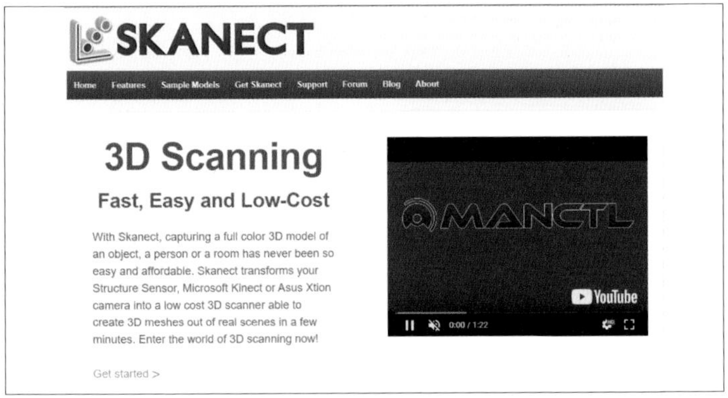

03 Skanect 홈페이지에서 'Get Skanect'를 클릭합니다.

04 무료 버전을 선택합니다.

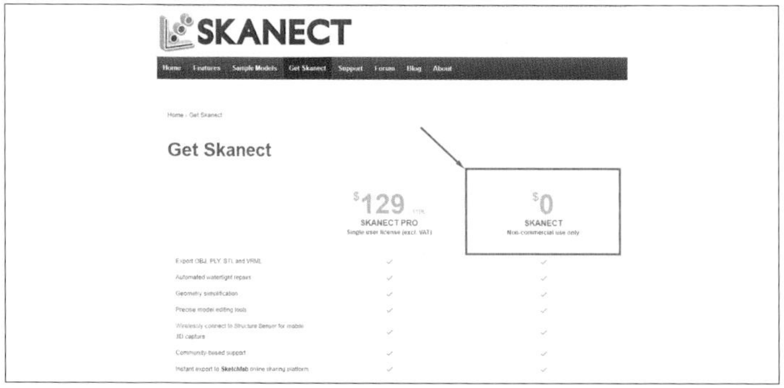

05 무료 버전 아래를 보면 컴퓨터 사양에 따라 선택하여 다운로드 할 수 있도록 되어 있습니다. 컴퓨터 사양에 맞는 프로그램을 다운로드 합니다.

06 페이지 아래 부분에는 키넥트 사용을 위한 'SDK' 파일을 다운로드 할 수 있도록 되어 있습니다. 이것 역시 컴퓨터 사양에 맞는 프로그램을 다운로드 합니다.

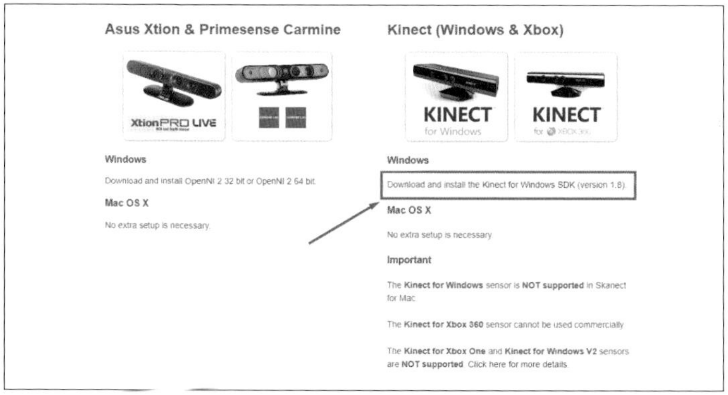

07 다운로드 받은 버전이 해당 컴퓨터의 사양과 맞는지 확인합니다.

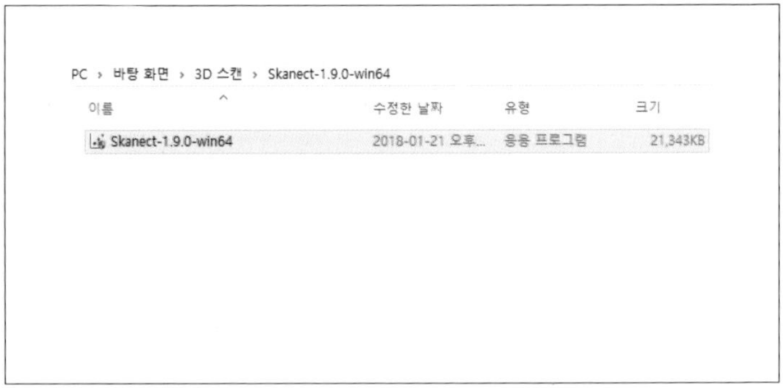

08 다운로드 받은 프로그램을 더블 클릭하여 설치를 시작합니다. 특별히 선택할 항목이 없으므로 '다음'을 클릭합니다.

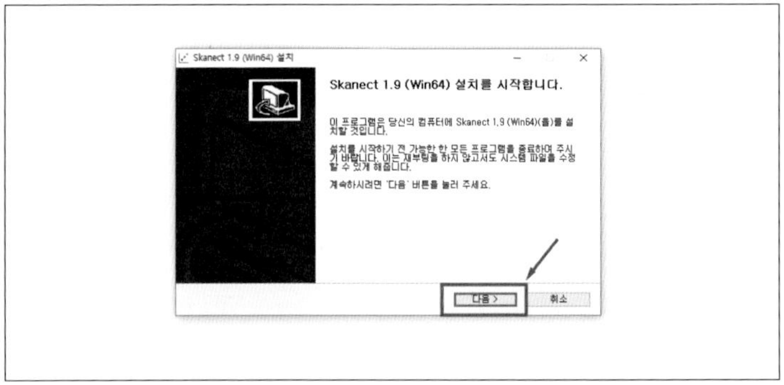

09 '동의함'을 클릭하여 설치를 진행합니다.

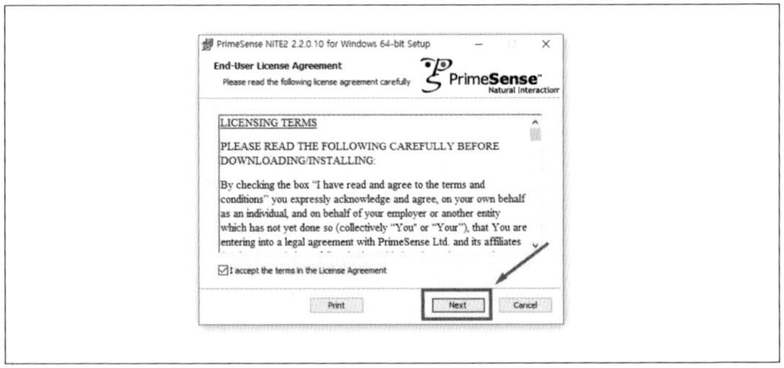

10 폴더 위치를 지정합니다. 특별한 경우가 아니라면 그냥 '다음'을 클릭해서 설치를 진행합니다.

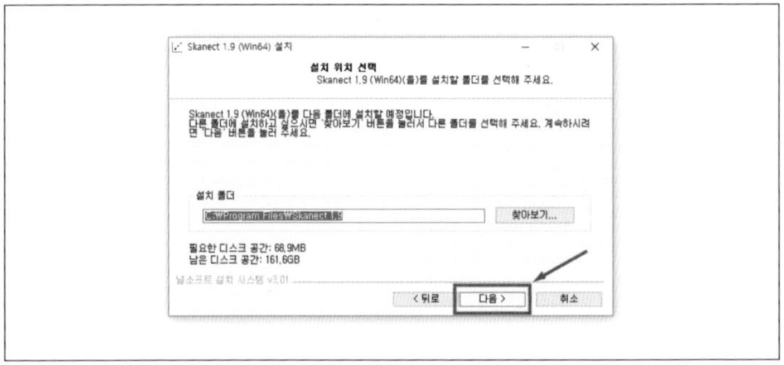

11 '설치'를 클릭하면 설치가 진행됩니다.

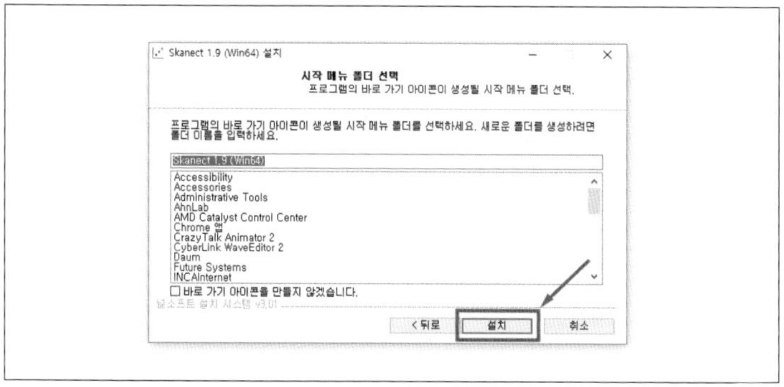

12 설치가 진행 중입니다.

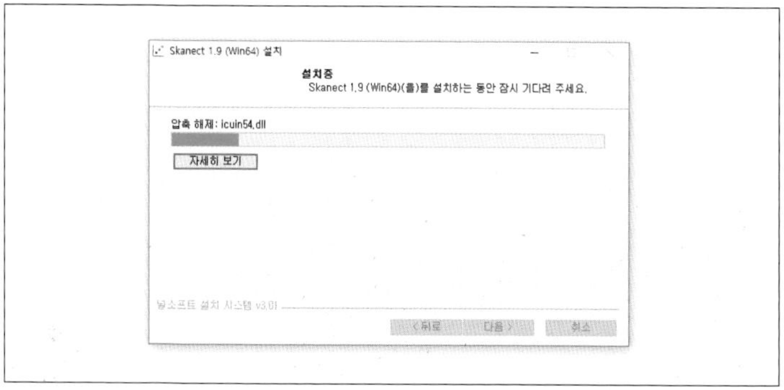

13 '마침'을 클릭해 설치를 완료합니다.

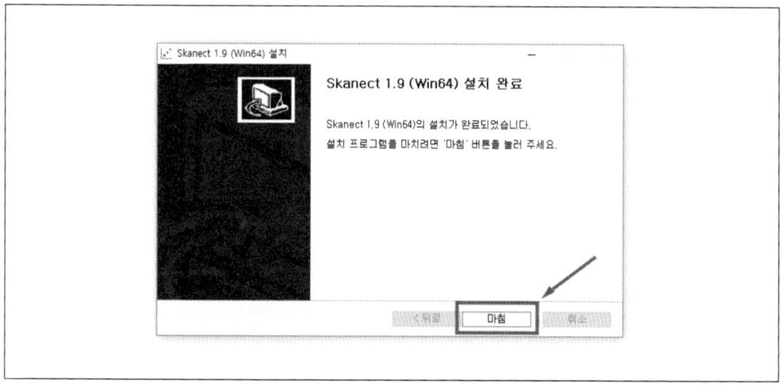

14 바탕화면에 해당 아이콘이 생겼습니다. 설치가 잘 되었습니다.

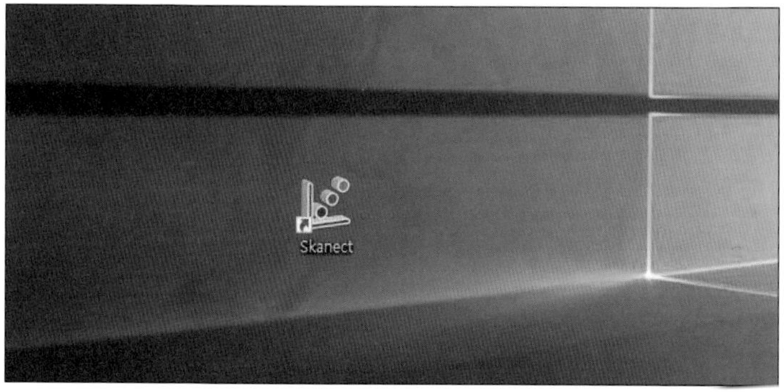

15 프로그램을 실행했을 때 나타나는 화면입니다. 'kinect v1 for windows'를 컴퓨터와 연결한 뒤 프로그램을 실행하여 스캔을 진행합니다.

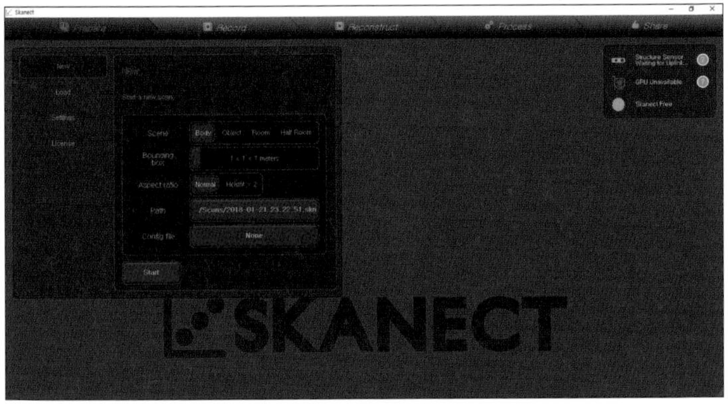

Chapter 03

3D 스캔하기

01 'kinect v1 for windows'를 컴퓨터와 연결한 후 'Skanect'를 실행하면 다음과 같은 화면이 나타납니다.

센서가 프로그램과 연결되었다면 오른쪽 상단처럼 센서 표시가 초록색으로 변합니다. 초록색으로 변했다면 센서가 잘 연결이 된 것입니다. 이 프로그램은 무료로 사용하기 때문에 모든 작업이 완료 되었을 경우 가공 전의 작업 내용을 따로 저장할 수는 없습니다. 단, 'obj' 파일이나 'stl' 파일의 형태로는 저장이 가능하기 때문에 그렇게 사용하면 됩니다. 학생을 스캔할 예정이기 때문에 Scene에서는 body를 선택하도록 합니다. Bounding box는 대상이 되는 학생의 위치라고 생각하면 됩니다. 학생의 위치가 키넥트 센서에서 얼마나 떨어져 있는지 생각하여 정하도록 합니다. Aspect ratio는 일반적으로 가로 세로의 비율을 의미합니다. 따라서 특별한 경우가 아닌 이상 normal을 선택합니다. 기본적인 설정이 끝났다면 Start를 클릭합니다. 무료로 사용하는 가벼운 프로그램이기 때문에 스캔이 끝나고 난 뒤 간단하게 보정하는 작업이 필요합니다.

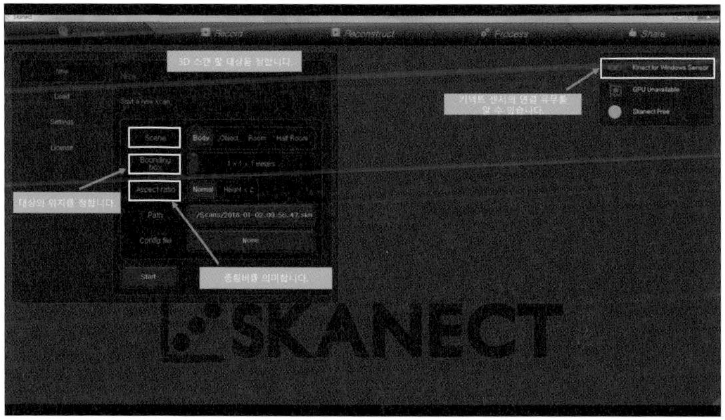

02 Skanect 무료 버전은 저장한 파일을 다시 불러올 수 없기 때문에 처음에 저장을 잘해야 합니다. Share 탭에서 Export Model을 클릭하면 파일 포맷을 정하여 저장할 수 있습니다.

03 Start를 클릭하면 위와 같은 화면이 나옵니다. 스캔할 시간은 일반적으로 'Limit None'으로 하는 것이 좋습니다. 화면을 봤을 때 학생의 모습이 오른쪽 그림에서 붉게 변할수록 스캔이 잘됩니다. 따라서 학생의 거리를 조정하여 가장 붉을 때 스캔을 시작하도록 합니다.

04 'Next'를 클릭해서 설치를 시작합니다.

05 처음 스캔할 때는 학생이 움직이지 않도록 하는 것이 좋습니다. 전체적으로 표면이 매끈하게 변하고 초록색으로 된 부분이 많아지게 되면 스캔이 잘 되고 있는 것입니다. 부분별로 확인하면서 학생이 그리고 난 뒤에서 서서히 움직일 수 있도록 안내합니다. 초록색 부분이 많아질수록 스캔이 잘되고 있는 것입니다.

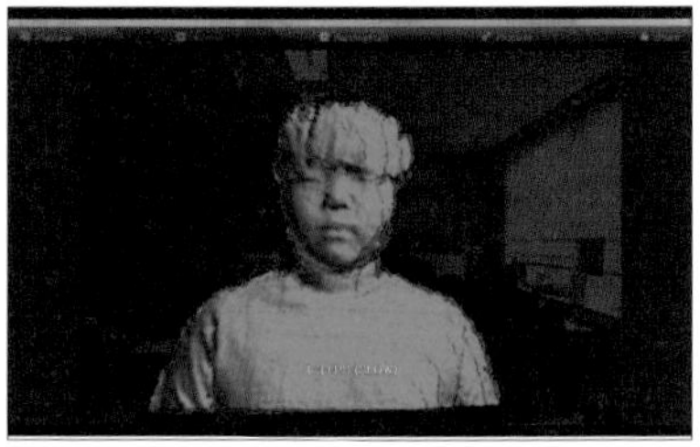

06 서서히 움직이도록 합니다. 움직이는 과정에서 붉은 부분이 많아지면 잠시 멈추도록 합니다.

07 어느 정도 스캔이 완료가 되면 왼쪽 위 버튼을 눌러서 스캔을 종료합니다.

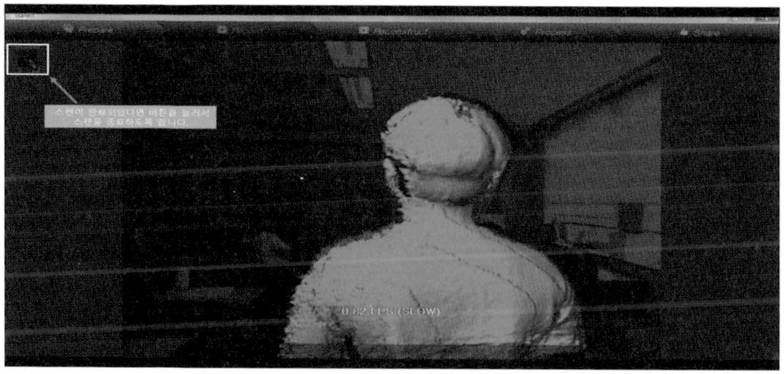

08 스캔이 종료되면서 작업 내용을 구성하고 있습니다.

09 화면을 보면 머리 윗부분의 스캔이 잘 되지 않았음을 알 수 있습니

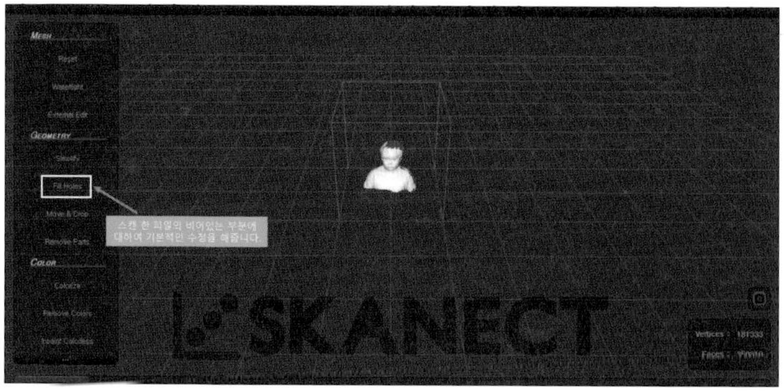

10 비어있는 부분이 어느 정도 채워진 것을 확인할 수 있습니다.

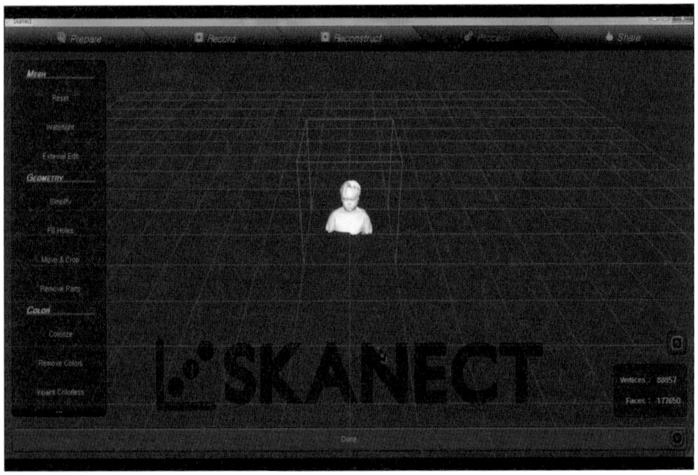

11 Move & Crop을 클릭하여 방향에 따라 불필요한 부분을 삭제한 모습입니다. 무료 버전이라도 간단하게 사용할 수 있는 기능들이 많이 있습니다. 필요에 따라 이용하면 유용합니다. 파일은 'stl' 포맷으로 저장합니다.

Chapter 04 스캔 파일 보정하기

01 일반적으로 3D 파일들을 보정할 수 있는 프로그램들은 다양하게 있습니다. 이번 과정에서 사용할 프로그램은 meshmixer 입니다. 포털에 meshmixer를 검색하거나 www.meshmixer.com에 접속합니다.

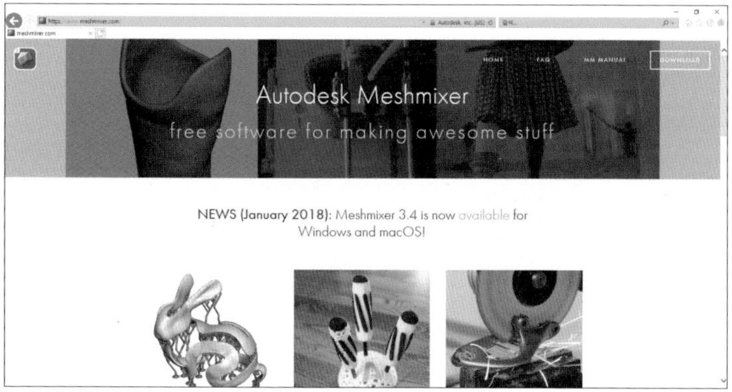

02 컴퓨터 사양에 맞추어 프로그램을 다운로드 합니다.

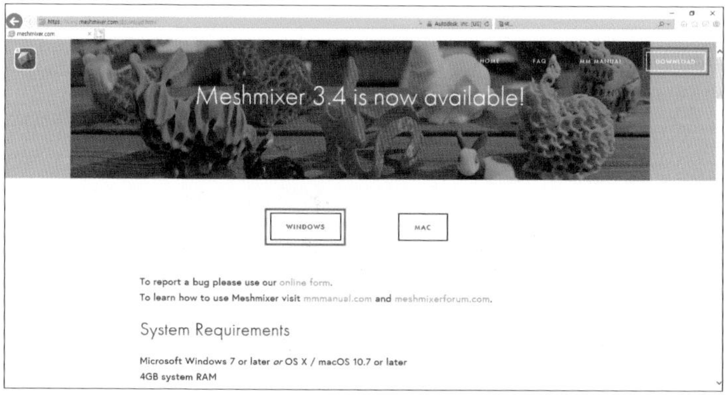

03 설치 파일을 제대로 받았는지 확인합니다.

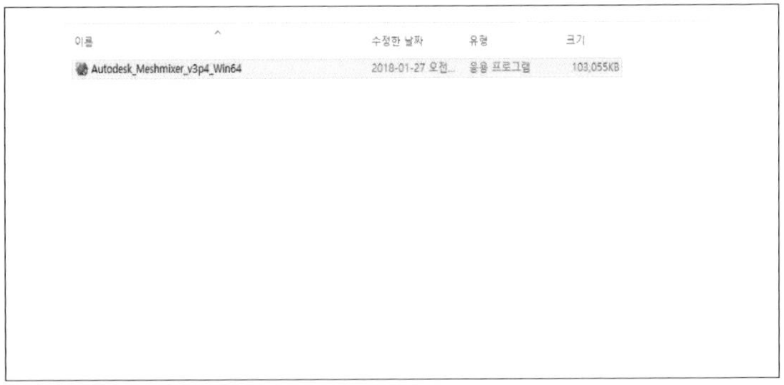

04 Associate STL files with Meshmixer를 체크하고 Accept & Install을 클릭하여 설치를 진행합니다.

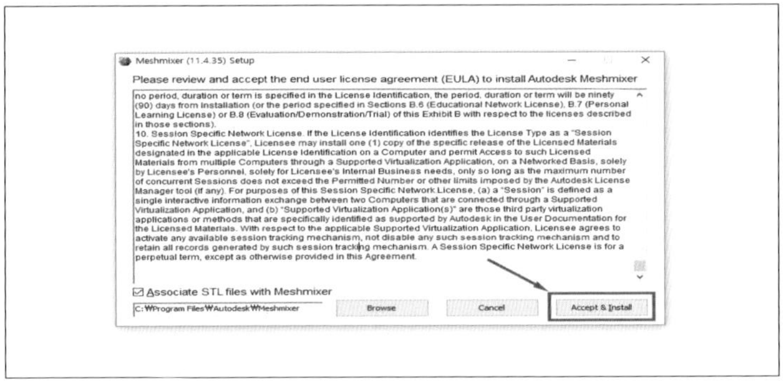

05 설치가 진행되고 있습니다.

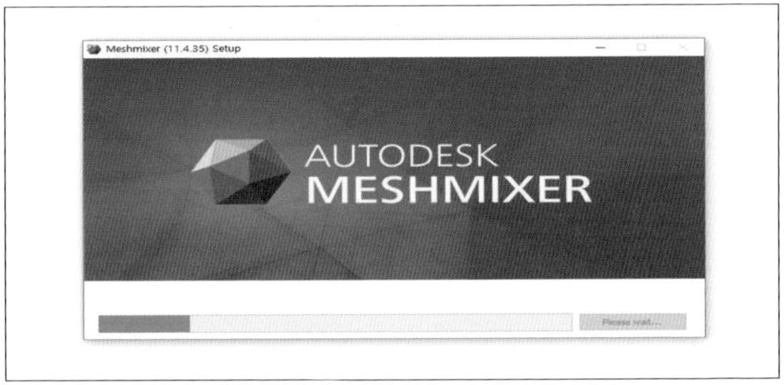

06 Done을 클릭하여 설치를 마무리합니다.

07 체크된 상태로 Accept를 클릭하면 바탕화면에 아이콘이 생깁니다.

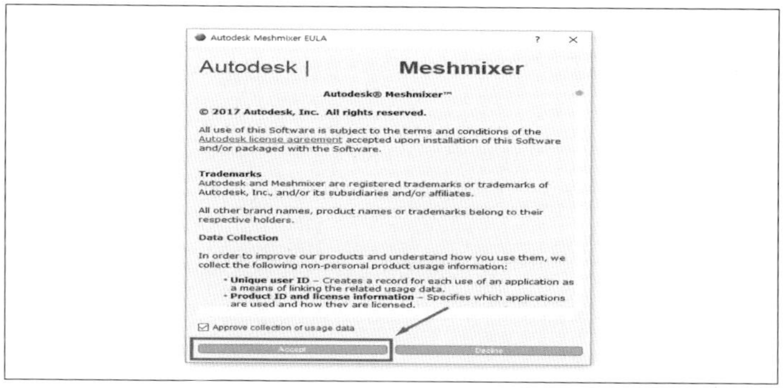

08 Meshmixer 아이콘이 생긴 모습입니다.

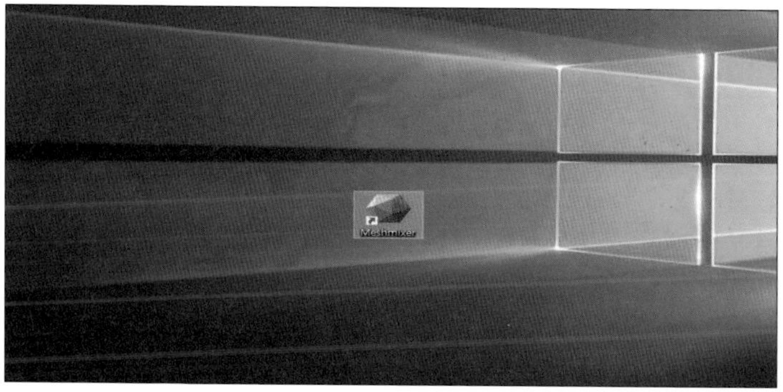

09 실행한 후 Import를 클릭하여 앞에서 스캔했던 STL 파일을 불러옵니다.

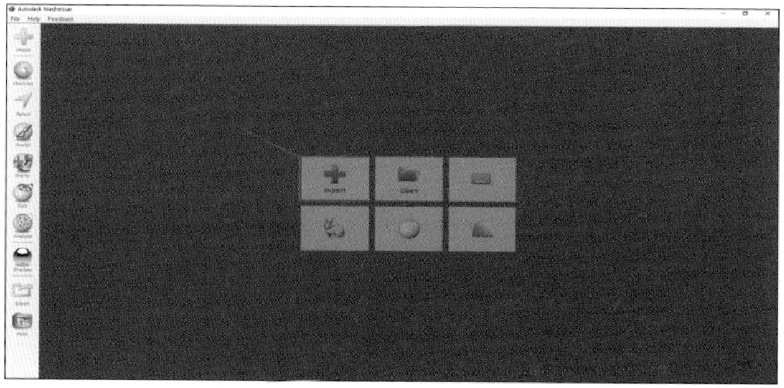

10 STL파일을 불러오는 화면입니다.

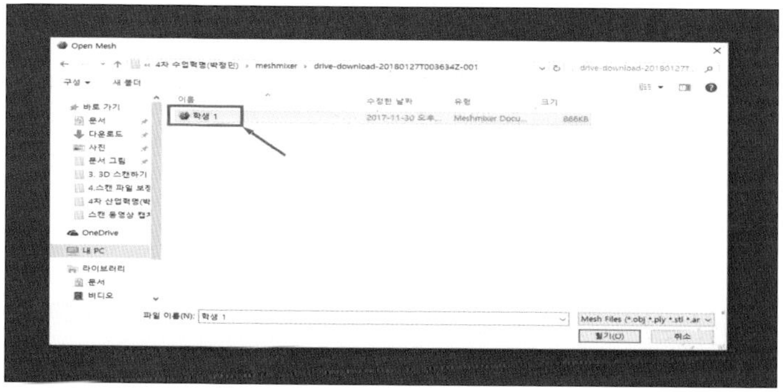

11 스캔한 파일을 확인해보면 머리 윗부분이 파여 있는 모습입니다.

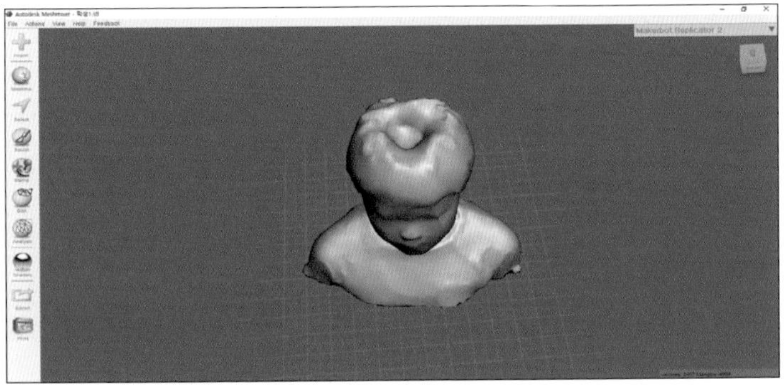

12 Brushes를 보면 해당 모양에 따라 보정을 할 수 있습니다. Size를 눌러서 보정하는 도구의 크기를 설정할 수 있습니다. 이 부분을 수정하기 위해 Sculpt를 클릭하여 보정하도록 합니다.

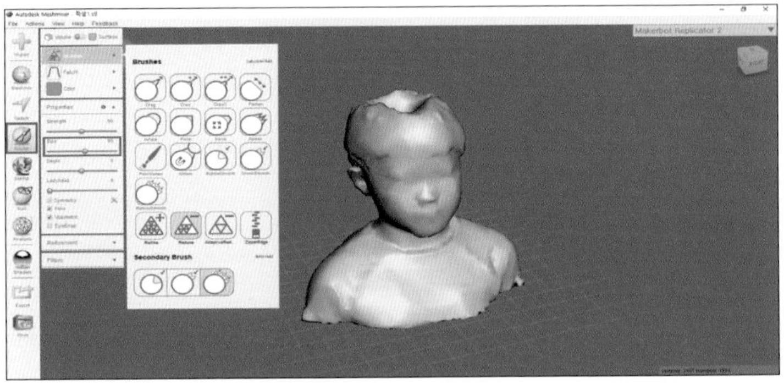

13 Brushes를 사용해서 보정한 모습입니다.

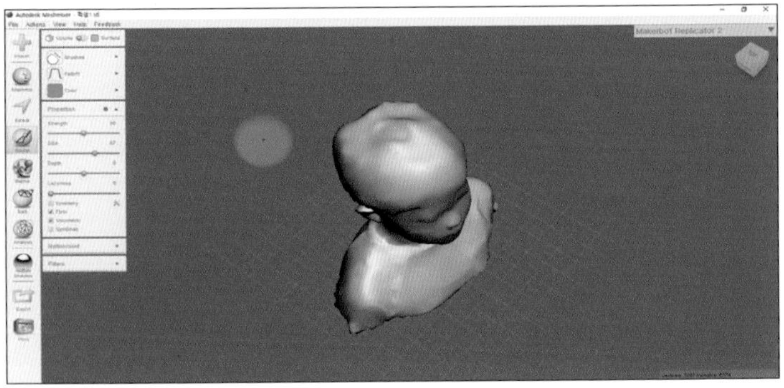

14 Edit에서 Make Solid를 클릭하여 보정을 마무리합니다.

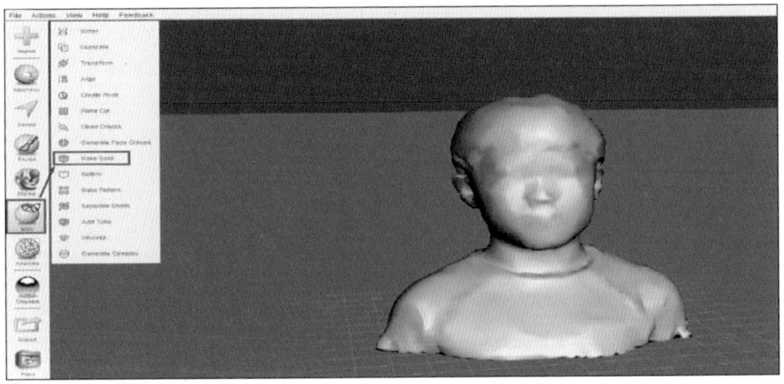

15 Make Solid를 통해서 보정된 모습입니다.

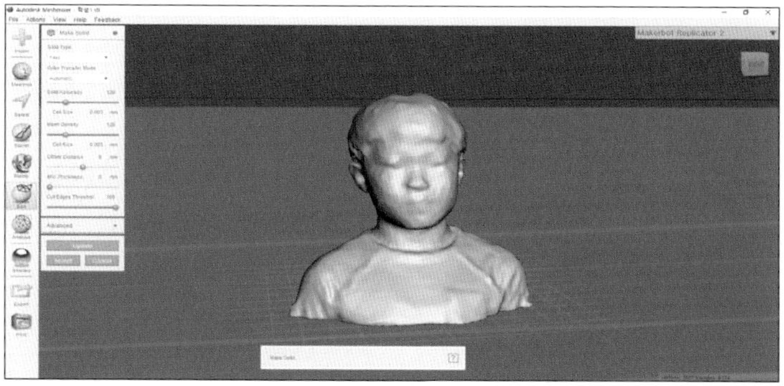

16 Export를 눌러서 보정한 파일을 'stl'로 파일 형식을 지정해서 해당 폴더에 저장하도록 합니다.

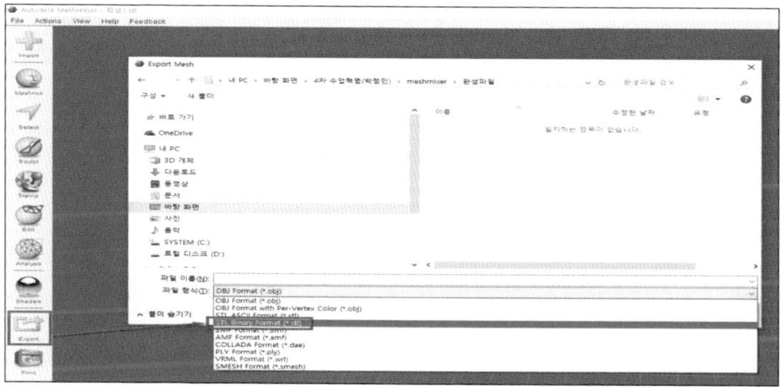

Chapter 05 미래의 나의 동상 모델링하기

01 나의 미래 동상 만들기를 모델링하기 위해서 틴커캐드를 이용합니다. www.tinkercad.com에 접속하여 등록을 클릭하여 계정을 만듭니다. 계정은 하나의 계정을 만들어서 학생들과 공유하여 사용합니다. 그래야 관리가 쉽고 진행 상황을 파악하기 좋습니다.

참고로 틴커캐드 작업은 익스플로러보다는 크롬 브라우저로 하는 것을 권장합니다.

02 국가와 생일을 입력하고 다음을 클릭합니다.

03 계정 정보를 입력하고 계정 작성을 클릭합니다.

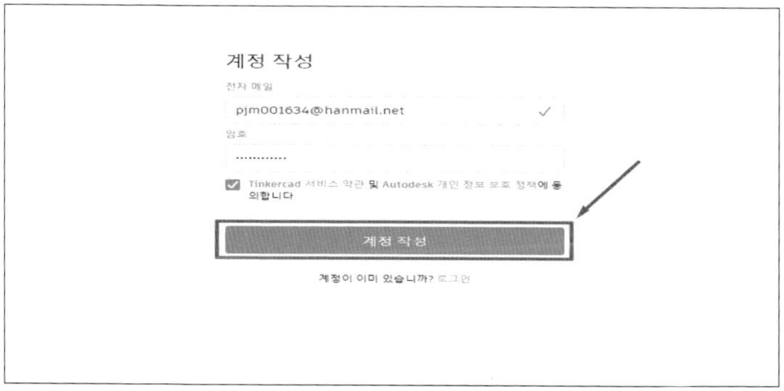

04 완료를 클릭하면 계정이 만들어집니다.

05 대쉬보드 창에서 새 디자인 작성을 클릭하여 새 작업을 시작합니다.

대쉬보드에서는 이전에 작업 했던 정보들을 모두 확인할 수 있습니다.

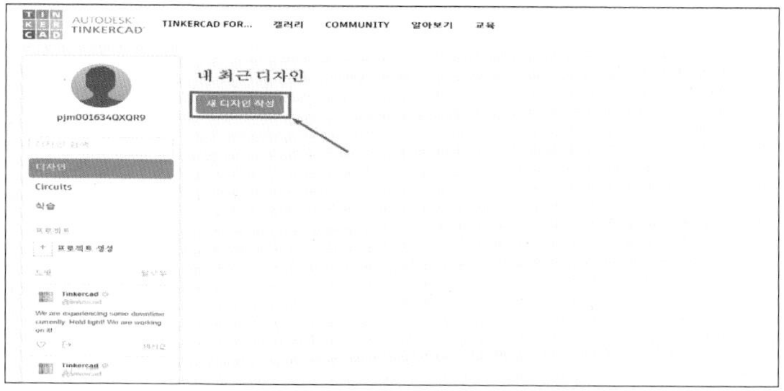

06 새 디자인 작성을 클릭하면 왼쪽 화면과 같은 인터페이스가 나타나게 됩니다. 미래의 자신을 위인으로 만들어 동상을 제작함에 있어 중요한 점은 작업 파일을 부분 별로 나눠놓아야 한다는 것입니다. 왜냐하면 이후에 사용할 코스페이시스에서는 부분별로 작업해도 작업 파일이 하나일 경우 전체로 인식하기 때문입니다. 왼쪽 윗부분에서 이름을 부분 별로 바꿔주도록 합니다.

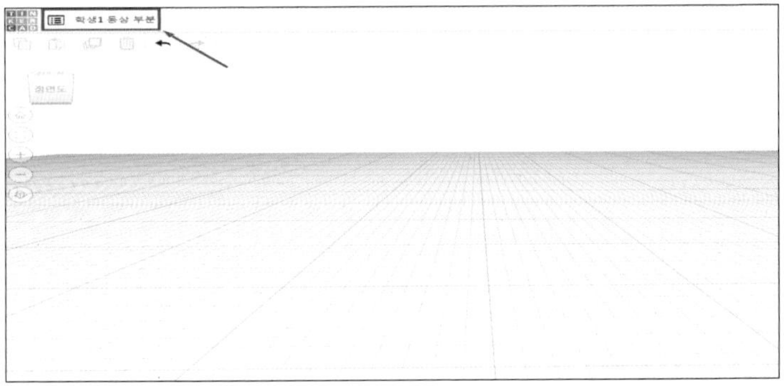

07 Meshmixer에서 작업한 파일을 불러오기 위해 오른쪽 상단에 있는 가져오기를 클릭합니다.

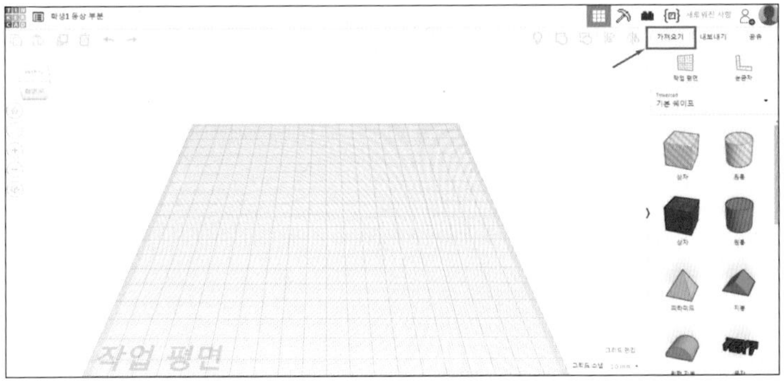

08 작업한 파일이 있는 폴더를 열어서 쉐이프 가져오기 창으로 드래그 앤 드롭을 합니다.

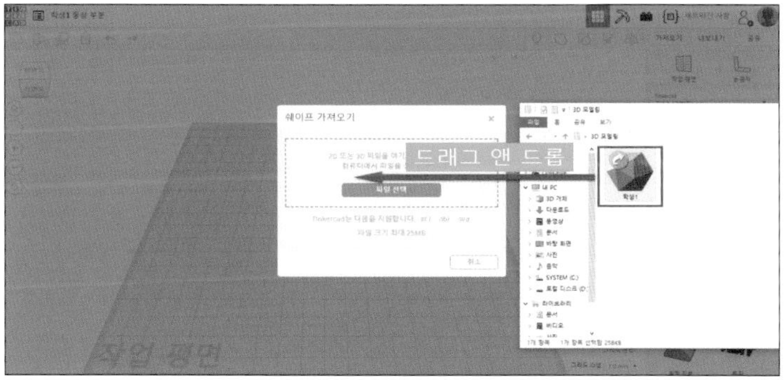

09 처음에 치수는 디폴트 값으로 들어오게 됩니다. 이럴 경우 스캔한 파일의 크기가 너무 작아지기 때문에 수치를 조정해 줍니다. 길이, 폭, 높이 중 한 가지를 조정하면 그 수치에 비례해서 나머지 치수들이 변하게 됩니다.

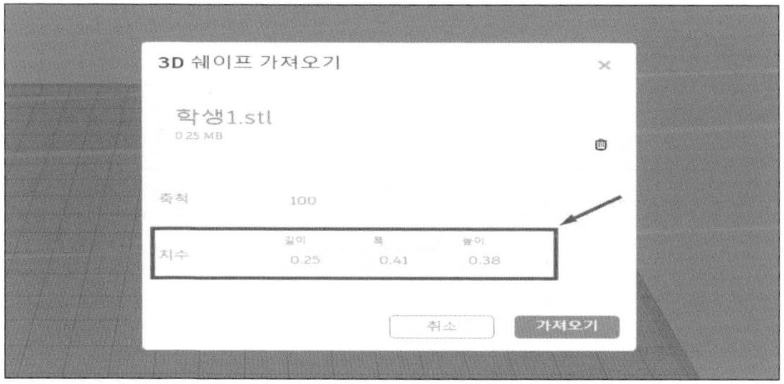

10 길이, 폭, 높이 중 한 가지를 조정하면 그 수치에 비례해서 나머지 치수들이 변하게 됩니다. 길이를 조정했더니 폭과 높이가 달라진 것을 확인할 수 있습니다.

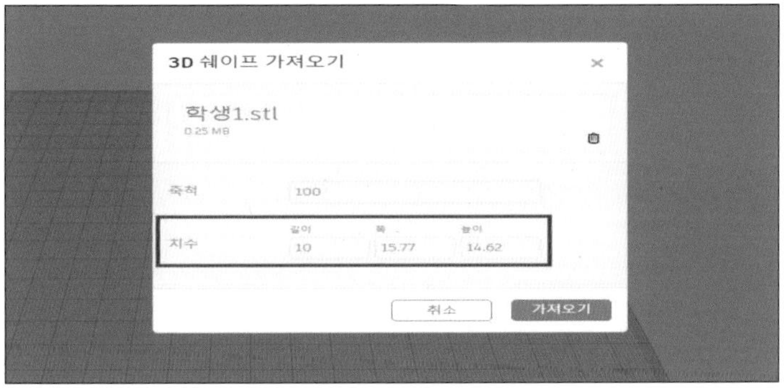

11 실제로 가져온 모습입니다.

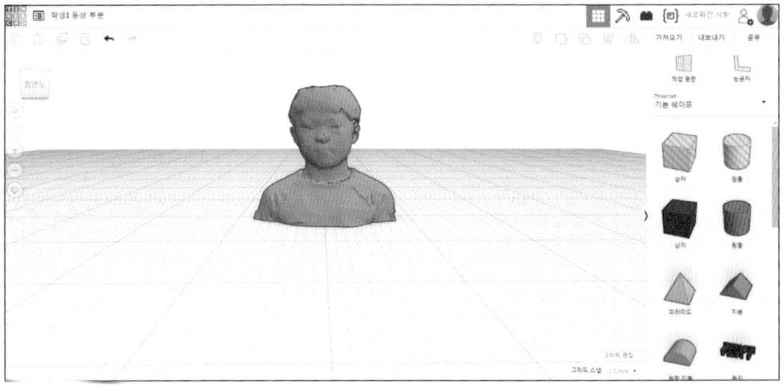

12 틴커캐드 홈페이지에서 알아보기를 누르면 3D 모델링 작업에 유용한 단축키 메뉴를 확인할 수 있습니다. 학생들에게 안내를 통해 활용할 수 있도록 합니다.

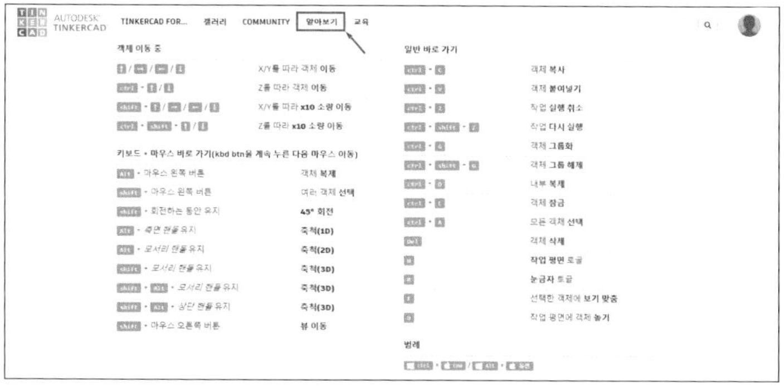

13 왼쪽 화면의 경우 동상을 놓기 위한 받침대만 작업한 장면입니다.

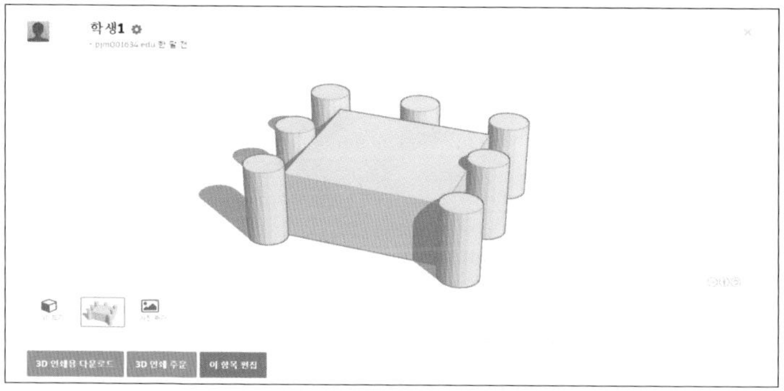

14 대쉬보드 화면을 보면 부분 별로 학생들이 작업한 내용을 확인할 수 있습니다. 부분 별로 작업한 내용을 각각 stl 파일로 저장합니다.

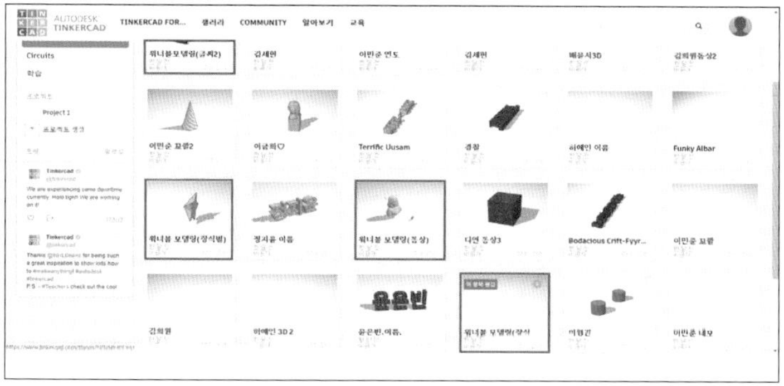

15 작업 화면에서 내보내기를 클릭하면 3dFormats의 파일 형식을 선택할 수 있습니다. slt파일로 저장합니다.

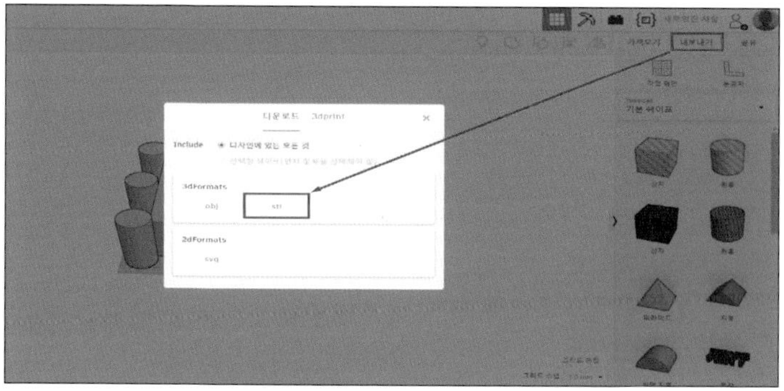

16 파일이 잘 저장되었습니다.

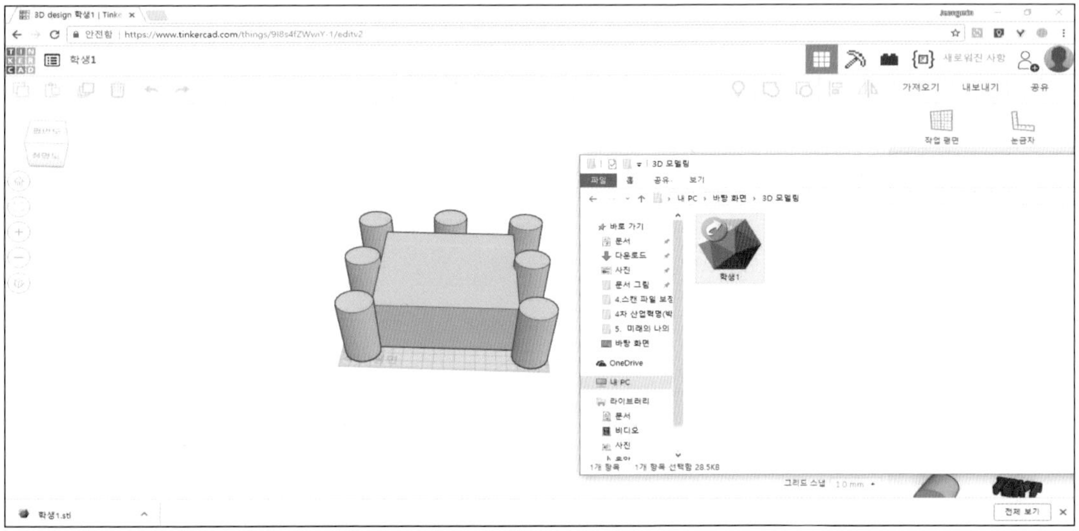

Chapter 06

가상현실 세상에 스토리 입히기

01 가상현실을 만들기 위해서 코스페이시스를 이용합니다. 코스페이시스는 온라인 기반의 가상현실 제작 프로그램이라고 할 수 있습니다. 'edu' 는 basic 과 pro 버전이 있는데 기능의 차이가 있습니다. 목적에 맞게 선택해서 사용하시면 됩니다.
cospaces.io/edu 를 입력합니다. 그리고 난 뒤 Sign up을 클릭해서 계정을 만들기 위한 절차를 진행합니다.

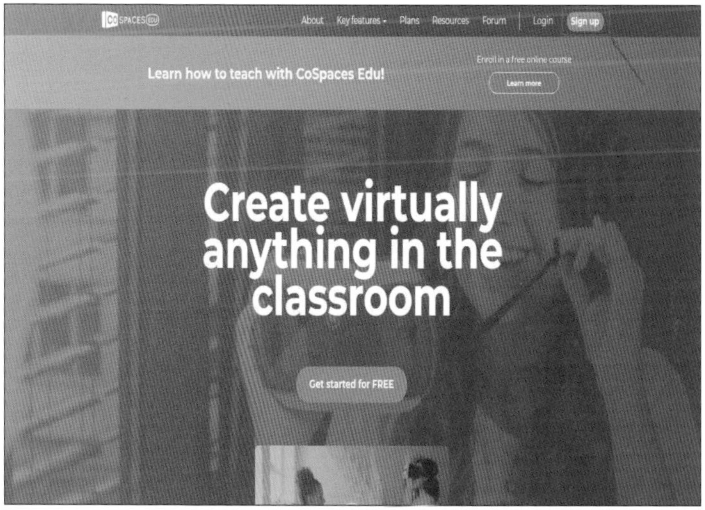

02 교사를 선택하도록 합니다. 학생은 학생을 선택하도록 합니다.

03 가입에 필요한 정보를 입력한 후에 새 계정 만들기를 누르도록 합니다.

04 아직 이메일 확인이 되지 않았기 때문에 왼쪽과 같은 메시지가 나옵니다. 계정 정보에 입력한 이메일로 접속하여 계정 확인을 하도록 합니다.

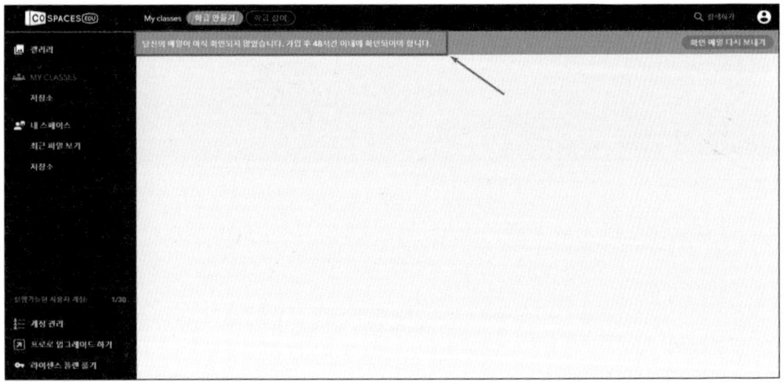

05 메일이 확인된 모습입니다.

06 스페이스 만들기를 클릭해서 새로운 프로젝트의 작업을 시작하도록 합니다.

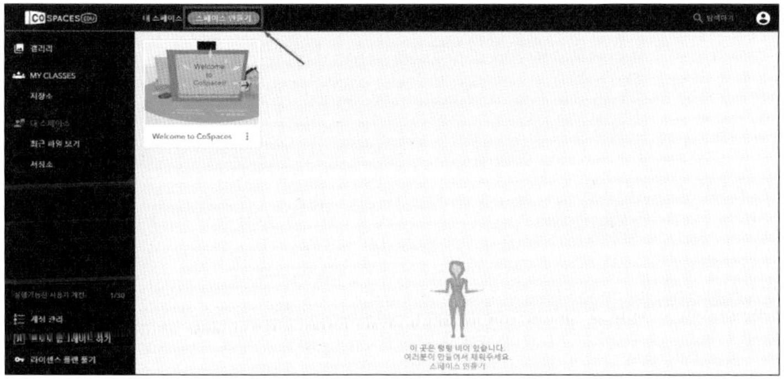

07 학생 개개인이 위인이나 유명인이 되었다는 가정 하에 미래에 자신의 동상을 제작하는 것이기 때문에 파일 이름을 본인 이름으로 바꿀 수 있도록 합니다. 왼쪽 표시된 부분을 눌러서 이름을 변경하도록 합니다.

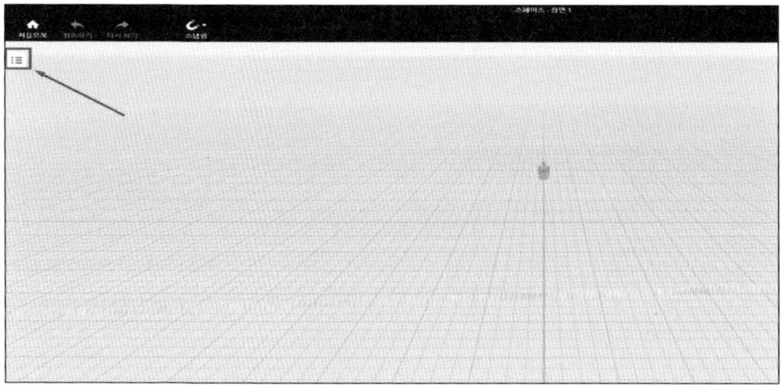

08 이름이 변경되었습니다.

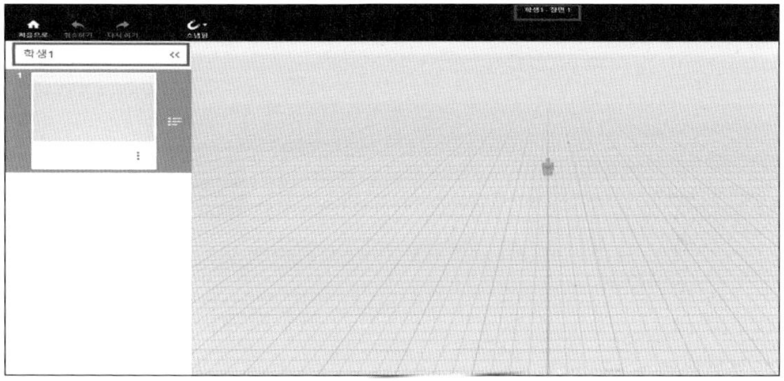

09 배경을 바꿔주기 위해서 화면 아래 메뉴에서 환경을 클릭해서 배경을 바꿔주도록 합니다.

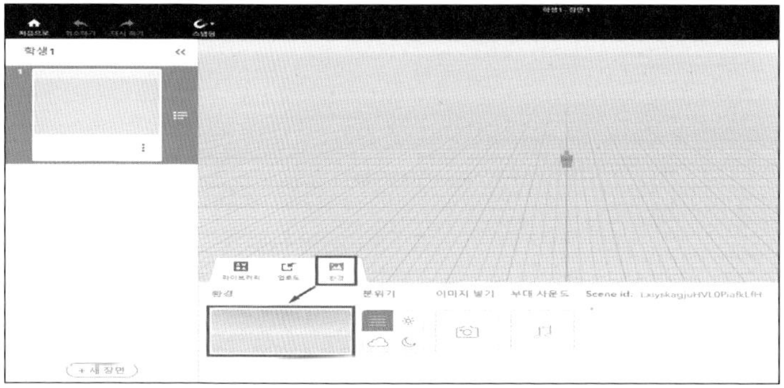

10 마음에 드는 환경을 선택합니다.

11 배경이 바뀌었습니다.

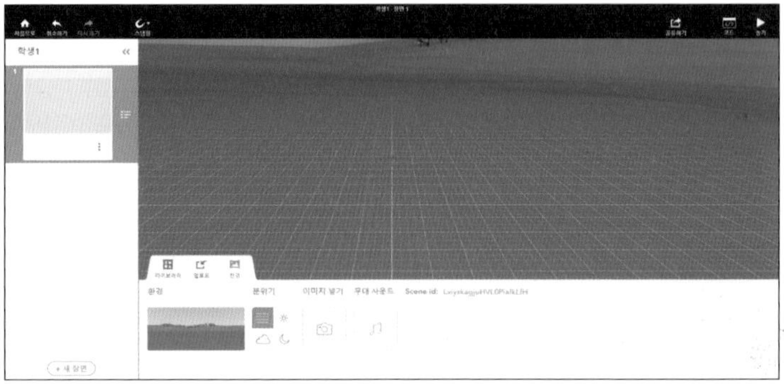

12 틴커캐드와 마찬가지로 작업한 stl파일을 드래그 앤 드롭으로 가져올 수 있습니다.

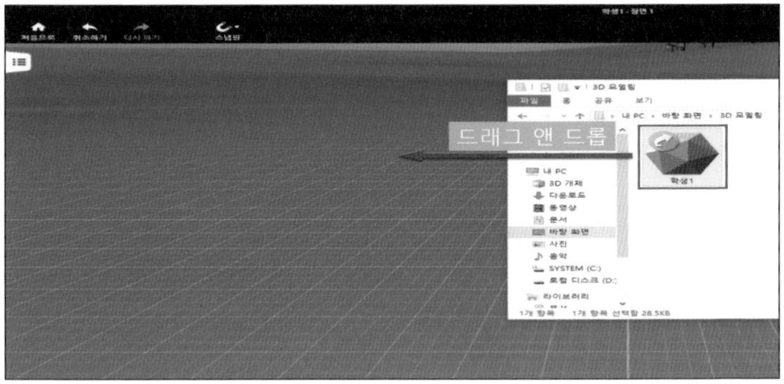

13 stl파일을 가져오고 있습니다.

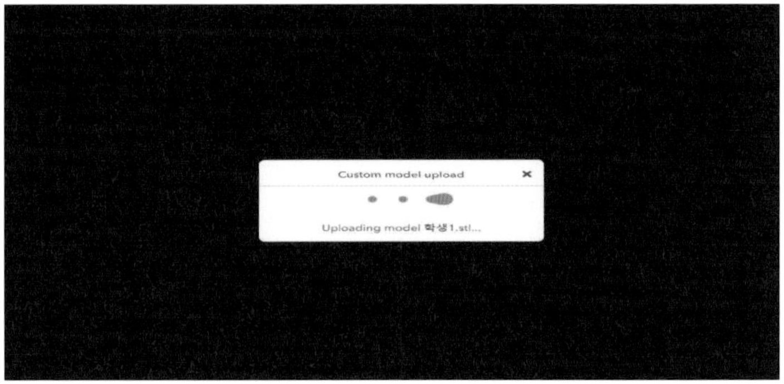

14 완료되었다면 Got it을 클릭합니다.

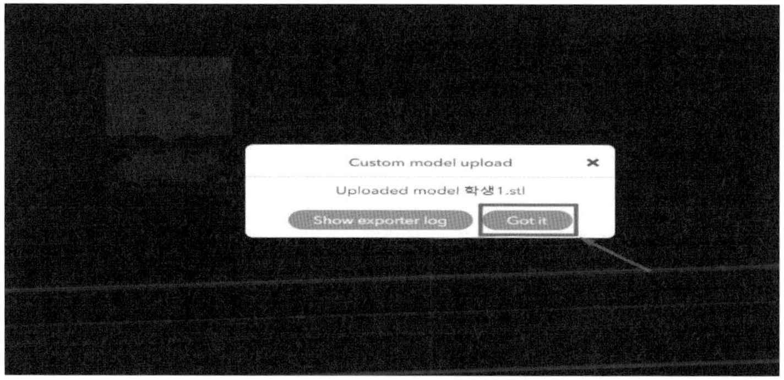

15 작업한 부분을 가져온 모습입니다. 동상의 아래 부분을 가져왔습니다.

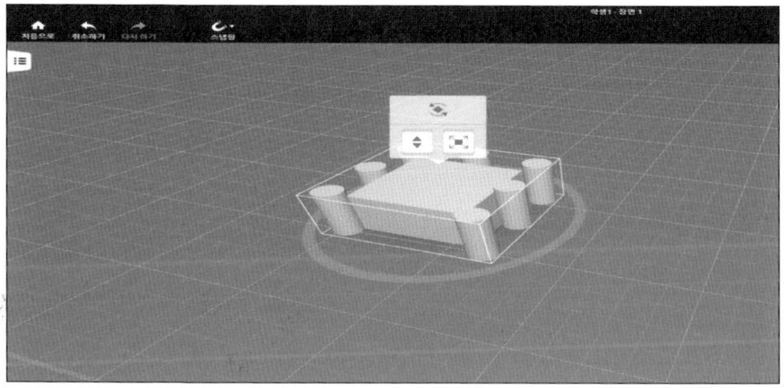

16 해당 오브젝트를 더블 클릭하면 오브젝트의 설정 내용을 바꿔줄 수 있습니다.

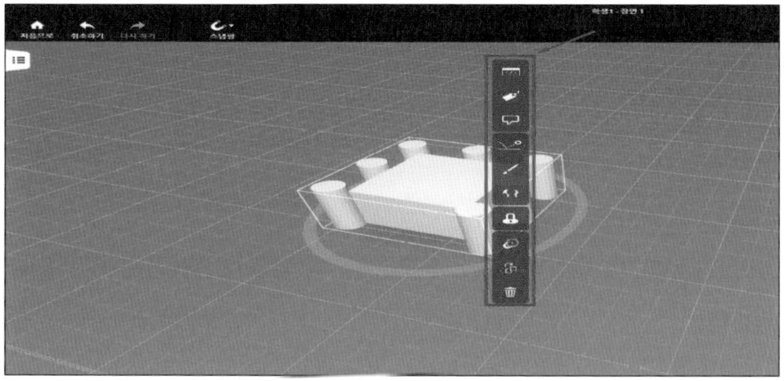

17 작업한 파일을 불러온 후 오브젝트의 색을 바꾼 모습입니다. 이런 식으로 부분 부분을 가져오면서 작업을 진행하도록 합니다.

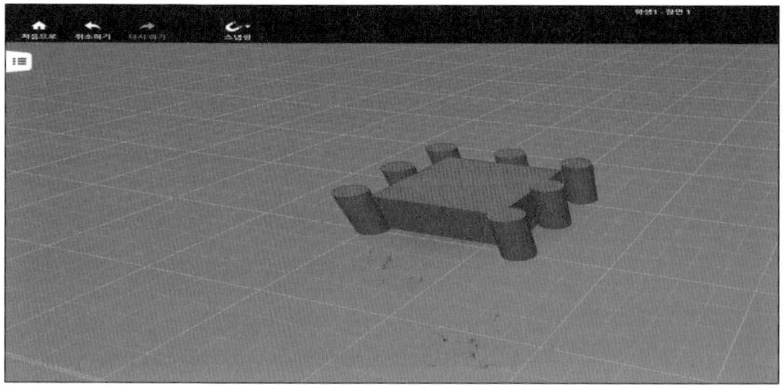

18 실제로 작업한 학생의 작품입니다.

19 모바일에서 확인한 모습입니다.

20 카드보드 표시를 눌렀을 때 왼쪽과 같은 화면으로 나오게 됩니다. 자신이 만든 가상현실 속에 동상이 세워진 모습입니다. 그 안에 스토리를 입히는 것은 학생들의 몫입니다.

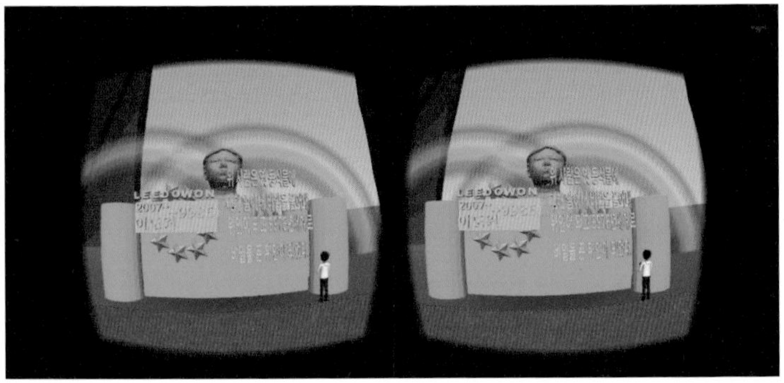

PART
02

신도시와 자율주행버스

주제선정이유

도시는 많은 사람들이 살며 생활하는 공간입니다. 최근 들어 거주지와 환경에 대한 관심이 높아지면서 거시적인 안목을 통해 자연친화적이고 편리한 도시 건설이 주목받고 있으며 산업구조의 변화나 신도시 · 신시가지 중심의 도시 확장으로 낙후되고 있는 기존 도시에 새로운 기능을 도입하려는 도시재생이 각광을 받고 있습니다.

신도시 건설 프로젝트를 통해 학생들이 자신이 살고 싶은 도시를 상상하면서 좀 더 편안하고 쾌적하며 효율적인 도시를 만들기 위해 필요한 요소가 무엇인지 고민해보도록 하였습니다. 또한 신도시 건설이 혼자만의 생각과 역량으로 할 수 없다는 부족함을 느끼고 여러 사람과 의사소통을 통해 생각과 능력을 공유하여 함께하는 것의 가치를 깨닫도록 하였습니다.

4차 산업 혁명 시대 관심 받는 영역 중의 하나가 자율주행차입니다. 세계 산업계가 선점경쟁에 나선 자율주행차가 대중교통에까지 발전하고 있다는 증거가 바로 자율주행버스입니다. 노선을 따라 스스로 운행하는 자율주행버스 활동을 통해 미래 사회에 대한 경험을 해 보도록 하였습니다. 또한 이런 경험을 통해 메이커로서의 역량을 향상시키기 위해 코딩을 쉽고 재미있게 접할 수 있도록 하여 미래 우리 마을을 상상해보면서 과학기술이 바꿀 우리의 생활을 상상해보도록 하였습니다.

Chapter 01 세계의 신도시 살펴보기

1. 브라질의 쿠리치바 (꿈의 생태도시 브라질 쿠리치바)

(http://www.edunet.net/nsearch/search/search.do?kwd=쿠리치바)

1) 쿠리치바의 변화

도시에는 많은 사람들이 모여서 살고 있기 때문에 교통혼잡, 주차문제, 대기오염, 수질오염, 쓰레기문제와 같은 도시문제들이 많이 발생하고 있습니다. 이런 문제들을 해결하기 위해 다양한 노력을 기울이고 있습니다. 이러한 이유로 도시의 환경을 중요하게 여기는 친환경 도시들이 관심을 받고 있습니다. 친환경 도시는 주민들에게 건강과 정서적 안정감을 줄 뿐 아니라 도시의 이미지를 좋게 하여 많은 관광객까지 유치하고 있습니다.

브라질에는 세계가 부러워하는 생태도시인 쿠리치바가 있습니다. 쿠리치바 시민들은 쿠리치바를 '거대한 숲 속에 묻혀있는 녹색 도시'라며 자랑스러워하고 있습니다. 쿠리치바는 2차 세계 대전이 끝나고 공업화가 되면서 브라질의 경제 중심지가 되어 많은 사람들이 몰려왔습니다. 급속한 인구 증가는 많은 교통, 대기, 수질 등의 도시문제를 일으키게 되었습니다.

〈그림 1〉 쿠리치바
(https://namu.wiki/w/%EC%BF%A0%EB%A6%AC%EC%B9%98%EB%B0%94)

도시문제가 많았던 쿠리치바를 교통문제가 없는 도로시스템, 자전거 도로, 굴절버스, 녹색교환 프로그램의 생태도시로 바꾼 것은 건축가이자 쿠리치바의 시장이었던 자이메 레이네르의 정책 때문이었습니다. 레이네르 시장은 도시 중심가의 교통 혼잡을 줄이고 역사적인 건물들을 보존하는 등의 도시계획을 실시하였습니다.

2) 쿠리치바의 특징

■ 교통시스템

쿠리치바에는 굴절형 버스와 원통형 버스 승강장이 있습니다. 굴절형 버스는 버스 3대를 연결한 형태로 계단이 없고 바닥이 낮아 장애인이나 노약자도 오르내리기 쉬운 구조로 되어 있으며 5개의 옆문을 통해 270명의 승객을 한 번에 수송할 수도 있습니다. 원통형 버스 승강장은 장애인도 쉽게 이용할 수 있는 곳입니다.

〈그림 2〉 쿠리치바 굴절형 버스(출처 : 에듀넷)
(https://namu.wiki/w/%EC%BF%A0%EB%A6%AC%EC%B9%98%EB%B0%94)

■ 환경친화적 도시

도심지가 아닌 곳에서 건물을 지을 때 도로로부터 5미터의 공간을 확보하고 나무를 심었습니다. 또한 홍수 문제를 해결하는 한 방안으로 하천과 인접한 지역에 공원을 개발하였습니다. 그 결과 쿠리치바에는 브라질의 도시공원 중에 가장 큰 이과수 공원과 동물원, 그리고 자연림, 조깅 코스, 자전거도로 등을 골고루 갖춘 공원들이 탄생했고, 많은 시민들의 쉼터가 되고 있습니다.

〈그림 3〉 쿠리치바 바리귀공원
(http://news.chosun.com/site/data/html_dir/2014/06/02/2014060201391.html?rsMobile=false)

2. 프랑스의 라데팡스

1) 라데팡스 건설 필요

제2차 세계대전 이후 파리는 인구 과밀과 경제 과속화에 따른 개발의 한계에 부닥치게 됩니다. 소외된 지역의 활성화, 도로망의 재구축, 주거단지 건설 및 사무실로 포화 상태인 파리의 상황을 완화 시켜 줄 수 있는 신도시가 필요하게 되었습니다. 이에 따라 인구와 업무 기능의 계획적인 분산을 위해 신도시를 계획하게 됩니다.

2) 라데팡스의 특징

신도시 라데팡스는 고속철도, 자가용, 버스나 지하철 등 모든 교통은 지상과 철저히 분리해 지하에 배치했습니다. 보행자 중심의 거리를 조성해서 모든 자동차가 라데팡스 광장 지하를 통해 지나가기 때문에 보행자들은 넓은 거리를 자유롭게 걸을 수 있습니다.

라데팡스 거리는 최첨단 고층빌딩이 늘어서 있음에도 불구하고 삭막한 느낌이 들지 않습니다. 현대 미술가들의 야외조각들이 있어 거리의 아름다움을 더해줍니다.

〈그림 4〉 라데팡스 전경
(https://commons.wikimedia.org/wiki/File:Looking_at_La_Grand_Arche_de_la_D%C3%A9fense.jpg)

〈그림 5〉 보행자중심의 교통시스템
(http://niceguytiger.tistory.com/m/67)

Chapter 02

신도시 계획하기

▪ 도시의 이름은?

학생들에게 자신들이 만들 신도시의 이름을 짓도록 합니다. 신도시의 이름은 자신이 만들 신도시의 특징을 대변하고 이미지화할 수 있습니다. 그러므로 처음에 도시의 이름을 정할 때 그 도시의 특징과 슬로건, 시설물과 자랑거리를 일맥상통하게 대표할 수 있도록 정하는 것이 필요합니다.

▪ 도시의 특징은?

학생들이 만들 신도시의 특징을 정리해보도록 합니다. 예를 들어 환경문제를 해결하기 위한 생태환경신도시인지, 또는 여가나 관광을 위한 신도시, 주변 대도시의 주택, 인구문제를 해결하기 위한 신도시인지를 정해보도록 합니다.

▪ 도시 슬로건

최근 들어 도시의 브랜드화가 진행되고 있습니다. 어떤 도시를 떠올리면서 그 도시의 특징을 이해할 수 있도록 슬로건을 제작해보도록 합니다.

I ♥ NY
I amsterdam.
I·SEOUL·U
Dynamic BUSAN

▪ 도시에 꼭 필요한 건물이나 시설

새로 만들 신도시에 꼭 있으면 좋을 건물이나 시설물을 신도시의 특징과 부합해서 정해보도록 합니다.

▪ 도시의 자랑거리

자신들의 신도시만이 가지고 있는 특징 혹은 자랑거리를 만들어 봅니다. 그래서 신도시 제작 활동 마무리 단계인 '도시홍보' 단계에서 활용할 수 있도록 합니다.

〈그림 6〉 신도시 개발 계획서 작성을 위한 토의모습

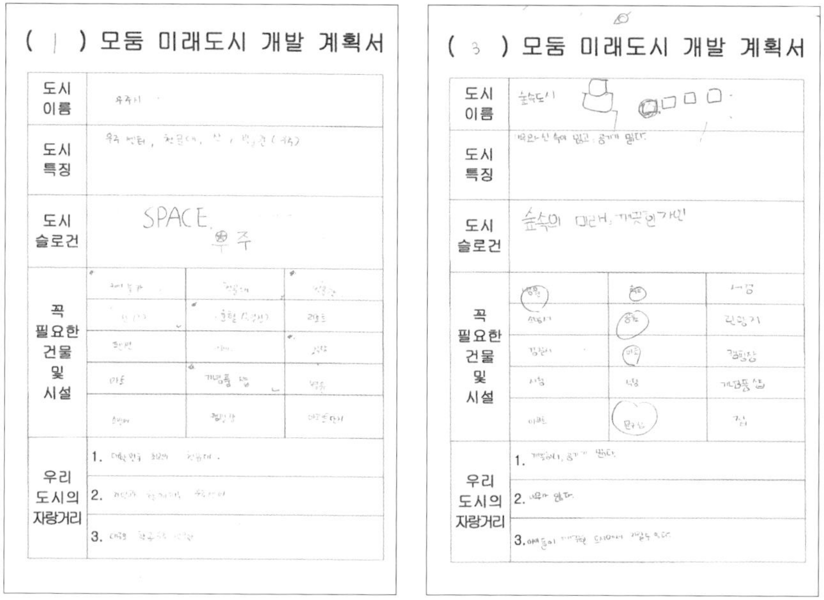

(1) 모둠 미래도시 개발 계획서

도시 이름	우주시		
도시 특징	우주 센터, 천문대, 산, 박물관 (우주)		
도시 슬로건	SPACE, 우주		
꼭 필요한 건물 및 시설	[illegible]	[illegible]	[illegible]
	[illegible]	[illegible]	[illegible]
	[illegible]	[illegible]	[illegible]
	[illegible]	[illegible]	[illegible]
	[illegible]	[illegible]	[illegible]
우리 도시의 자랑거리	1. [illegible]		
	2. [illegible]		
	3. [illegible]		

(3) 모둠 미래도시 개발 계획서

도시 이름	숲속도시		
도시 특징	[illegible]		
도시 슬로건	[illegible]		
꼭 필요한 건물 및 시설	[illegible]	[illegible]	[illegible]
	[illegible]	[illegible]	[illegible]
	[illegible]	[illegible]	[illegible]
	[illegible]	[illegible]	[illegible]
	[illegible]	[illegible]	[illegible]
우리 도시의 자랑거리	1. [illegible]		
	2. [illegible]		
	3. [illegible]		

〈그림 7〉 신도시 개발 계획서 사례

Chapter 03 신도시 건물 모델링

신도시에 들어갈 건물을 3D 모델링 하기 위해 틴커캐드(https://www.tinkercad.com/)를 활용하였습니다. 학생들이 3D 건물을 모델링하기 이전에 전형적인 단층 집을 친구들과 함께 모델링해보게 합니다. 그리고 신도시나 미래도시에 어울릴만한 사진들을 제시하면 학생들이 자신만의 디자인을 할 수 있습니다. 집을 모델링해보는 이유는 기본 쉐이프의 그룹화로 모양을 합치거나 잘라내는 기능을 배우면 다양한 모양을 디자인할 수 있는 능력이 생기기 때문입니다.

TIP

틴커캐드를 활용할 때에는 익스플로어보다 크롬에서 작업하는 것이 좋습니다.

집 모델링하기

01 틴커캐드 빈 화면에 기본쉐이프 상자를 드래그해서 가져옵니다.

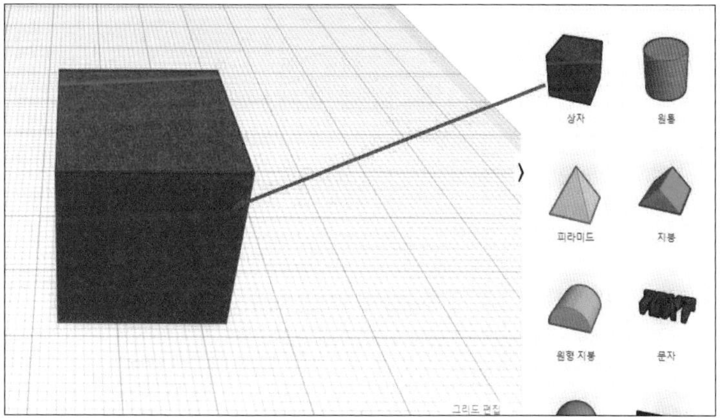

02 상자모양을 클릭하여 밑면을 30mm, 20mm로 크기를 변형시킵니다.

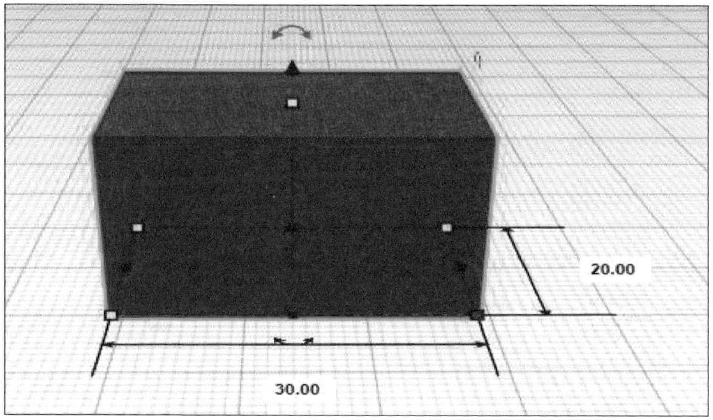

03 기본 쉐이프에서 지붕을 드래그하여 가져옵니다.

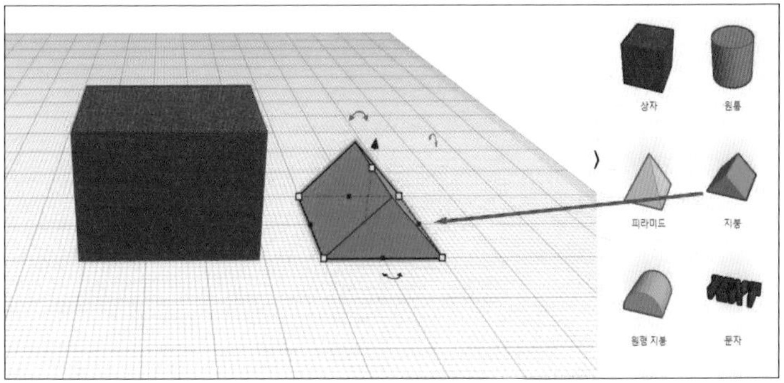

04 지붕을 90도 회전시킵니다.

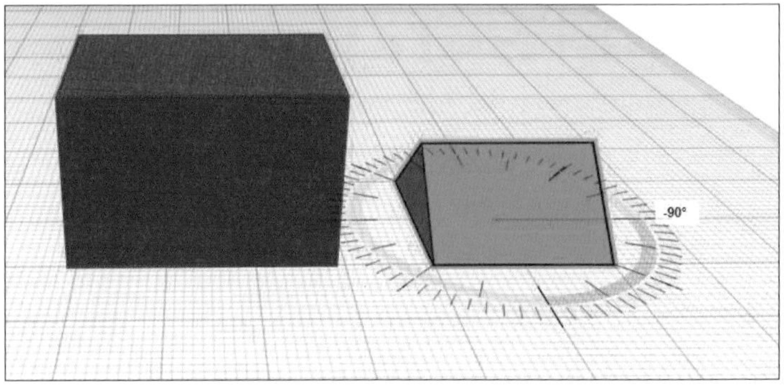

05 지붕의 밑변을 상자의 밑변과 같은 크기인 30mm, 20mm로 크기를 변형시킵니다.

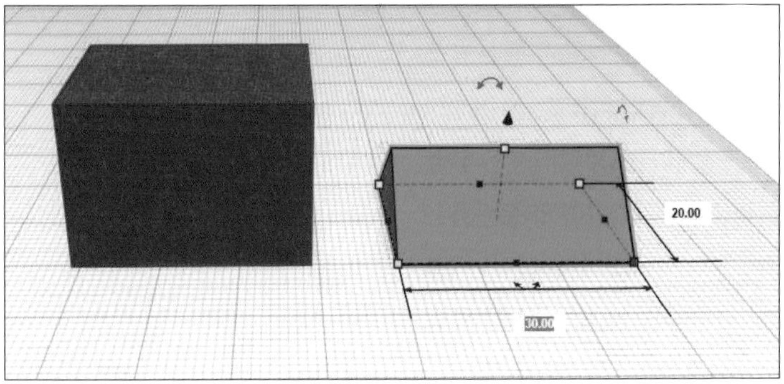

06 지붕을 선택하여 상자 방향으로 드래그하여 밑변을 일치시킵니다.

Tip. 두 상자를 모두 선택한 후 그룹해제 메뉴 옆의 정렬메뉴를 사용하면 편하게 배치를 조정할 수 있습니다.

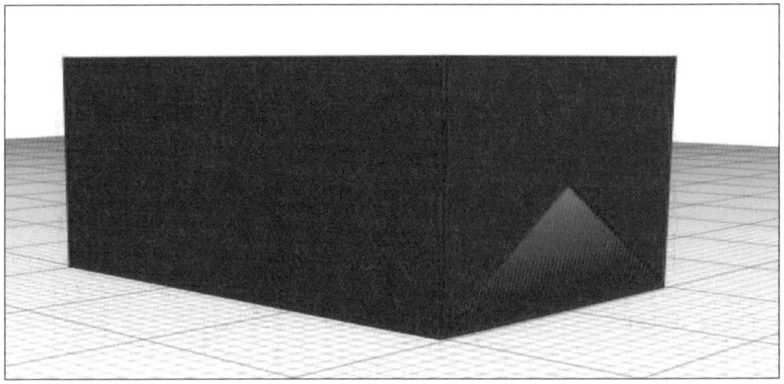

07 지붕을 선택하고 위쪽 화살표를 선택하여 위쪽으로 20mm 이동시킵니다.

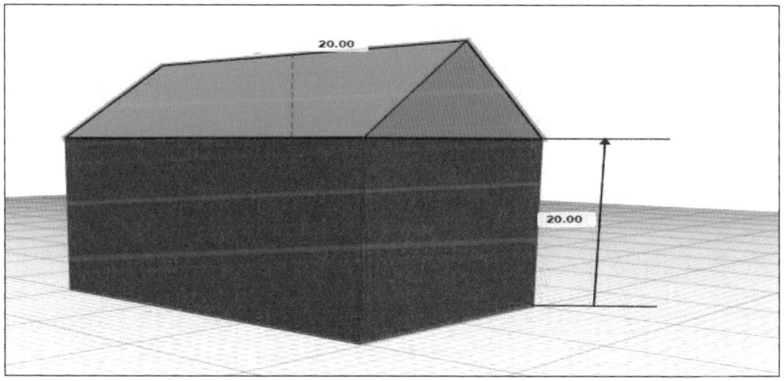

08 지붕과 상자를 Shift를 누른 상태에서 선택하여 그룹만들기를 통해 그룹화시킵니다. 그룹화되면 두 개체가 합쳐지면서 하나의 색으로 통일됩니다. 이 때 솔리드를 선택하고 여러 색을 클릭하면 처음 색으로 표시됩니다.

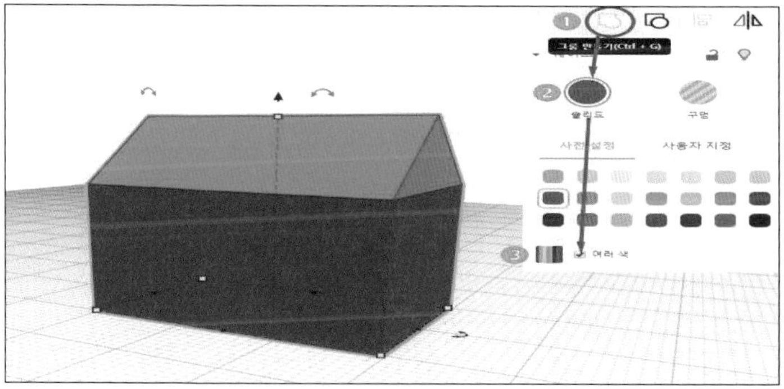

09 문을 만들기 위해 기본 쉐이프에서 상자를 드래그하여 가져옵니다.

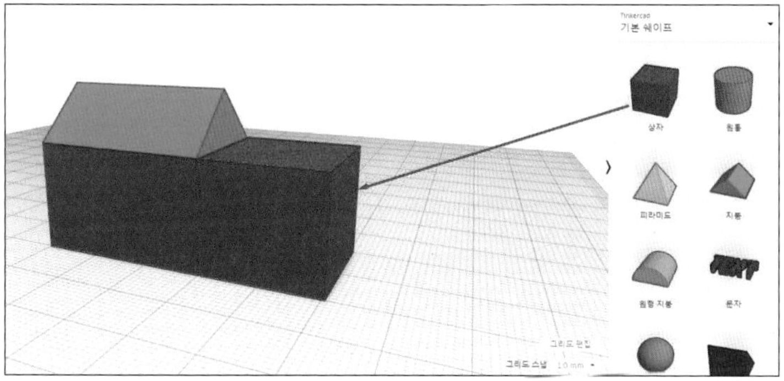

10 기본 쉐이프에서 원형지붕을 드래그하여 가져옵니다.

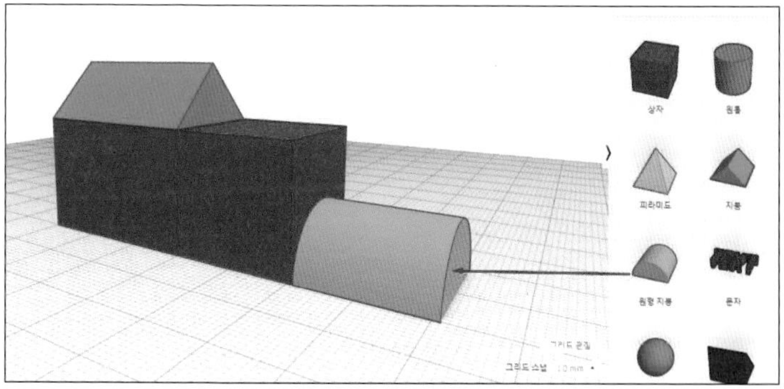

11 아치형을 선택하여 박스의 밑변에 일치시키고 위쪽 화살표를 선택하여 위쪽으로 20mm 이동시킵니다.

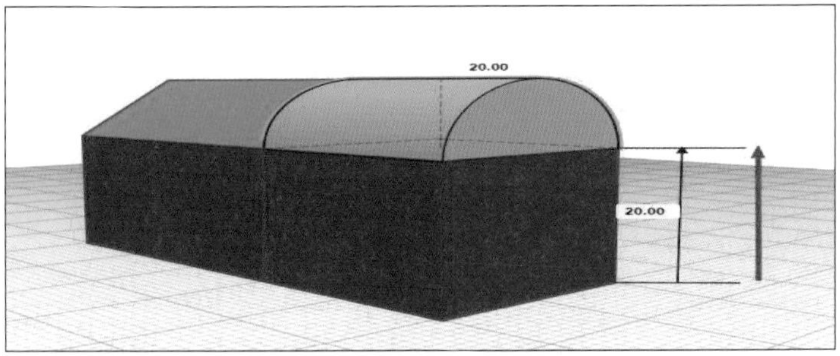

12 원형지붕과 상자를 선택하여 그룹만들기를 통해 그룹화합니다.

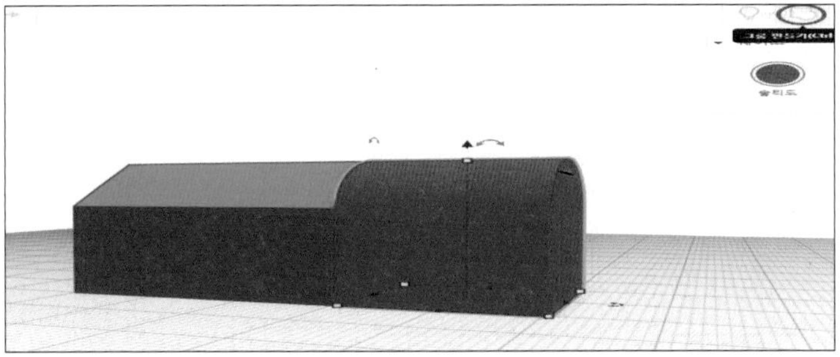

13 원형지붕상자 덩어리를 선택하고 Shift키와 Alt키를 누르면서 크기를 줄입니다. 이 때 밑변의 크기를 5mm, 5mm 크기로 변형시킵니다. Shift키와 Alt키를 누르면서 크기를 줄이면 중앙을 기점으로 균일한 비율로 축소되는 기능이 있습니다.

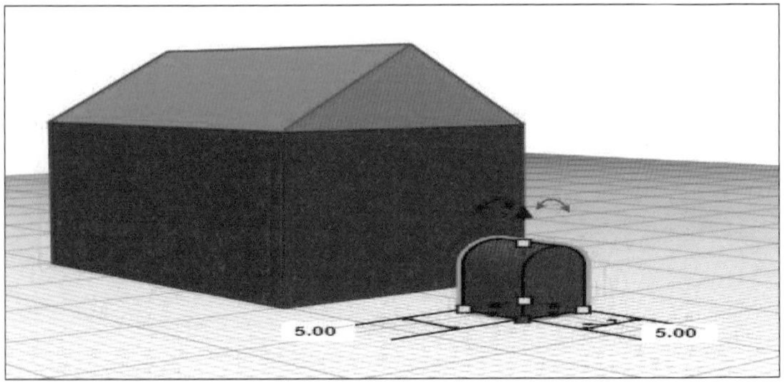

14 집의 몸체 부분과 원형지붕 넝어리의 색을 구별하기 위해 원형지붕덩어리의 색을 노란색으로 바꿔줍니다. 학생들에게 확인을 위해 색을 바꾸는 것이기 때문에 어떤 색을 선택해도 상관없습니다.

15 원형지붕 덩어리를 선택하고 화살표 방향으로 드래그하여 10mm 이동시킵니다. 원형지붕 덩어리가 집 덩어리에 들어간 만큼 파입니다.

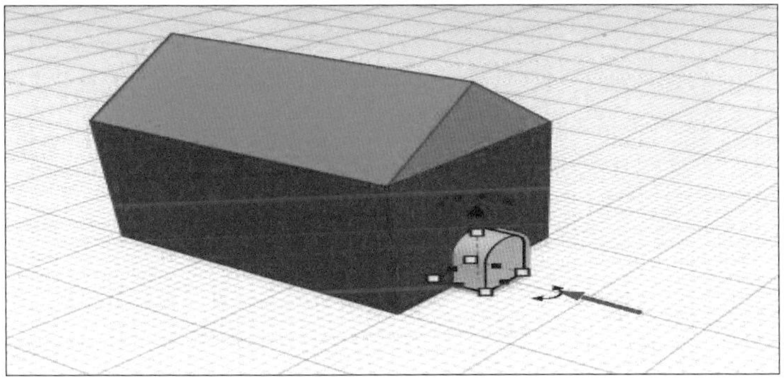

16 원형지붕 덩어리를 선택한 후에 구멍(hole)을 선택합니다.

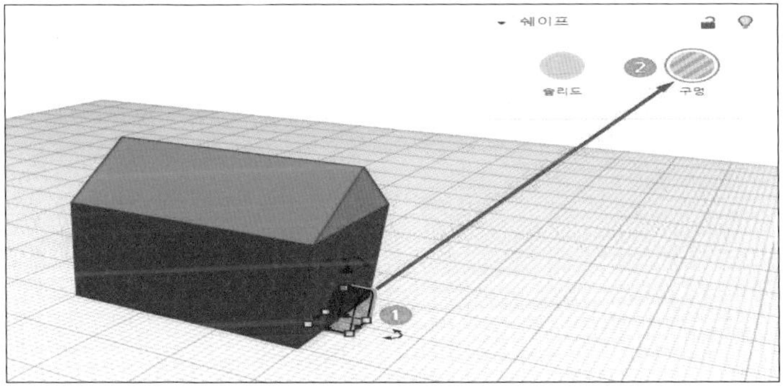

17 원형지붕 덩어리와 집 덩어리를 Shift를 누른 상태로 선택한 후 그룹만들기로 그룹화시킵니다. 그러면 집 덩어리에서 원형지붕 덩어리가 겹쳐진 만큼 제거되어 문과 같은 모양이 완성됩니다.

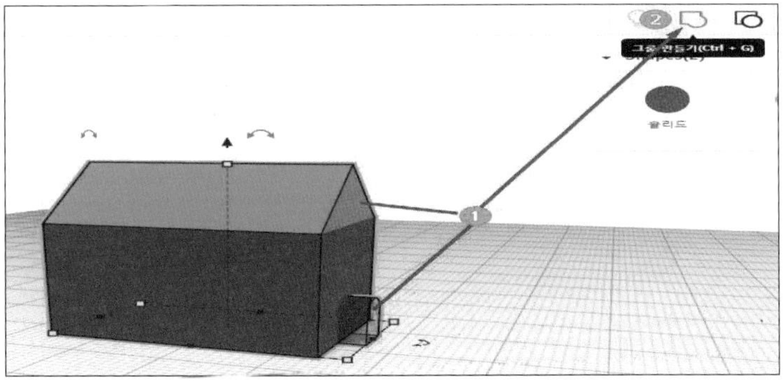

18 집 덩어리에서 원형지붕 덩어리가 겹쳐진 만큼 제거되어 문과 같은 모양이 완성됩니다.

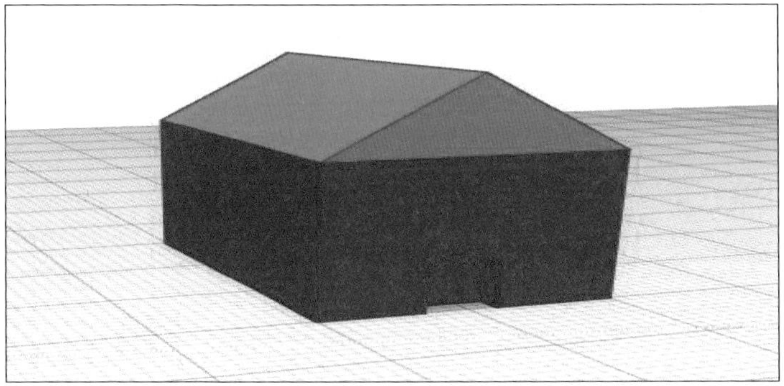

19 굴뚝을 만들기 위해 기본 쉐이프에서 상자를 드래그하여 가져옵니다.

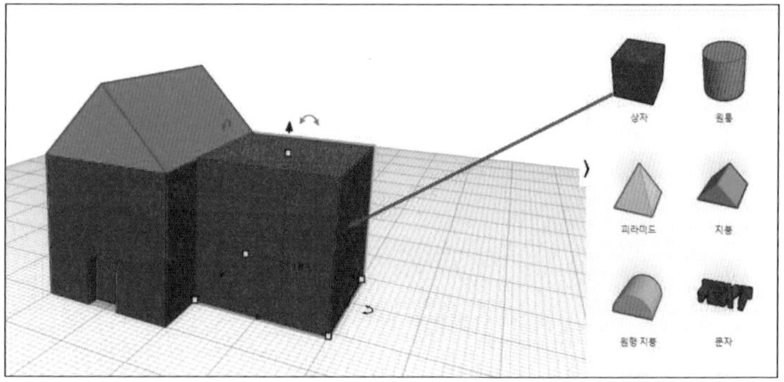

20 상자의 밑변을 5mm, 5mm 크기로 변형합니다.

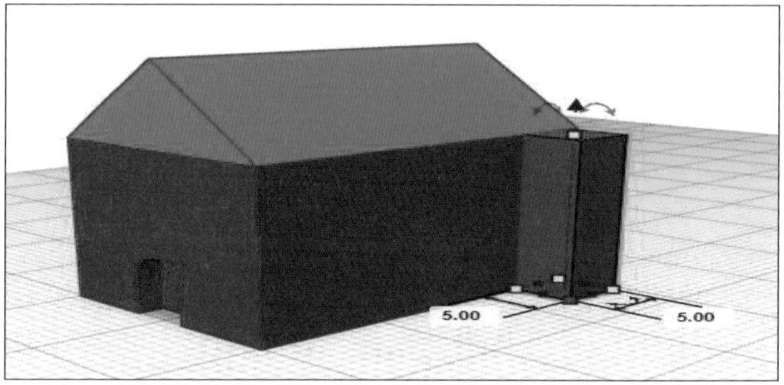

21 박스를 선택하고 위쪽 화살표를 화살표 방향으로 드래그하여 10mm 이동시킵니다.

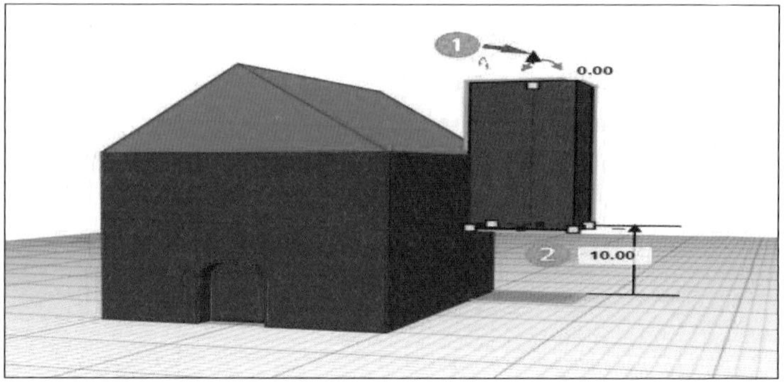

22 지붕을 만들 상자를 지붕 위에 적당한 곳으로 위치시킵니다.

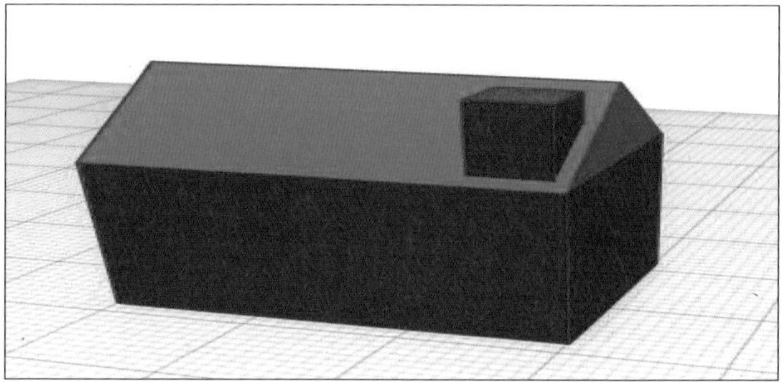

23 집과 굴뚝상자를 Shift를 누른 상태에서 선택하고 그룹화를 시킵니다.

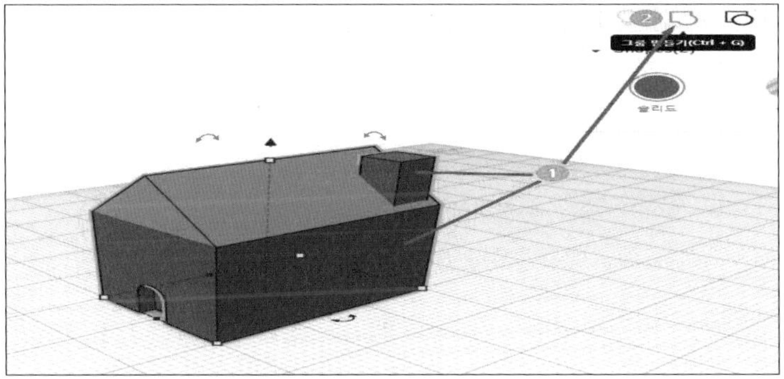

24 집 모델링이 완성되었습니다.

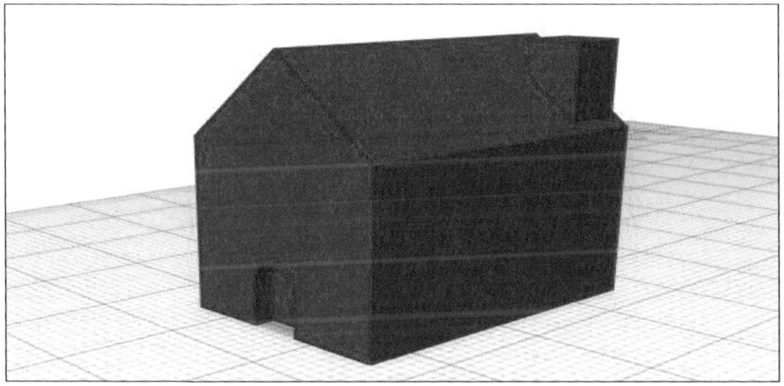

건물 모델링

집을 모델링한 경험을 바탕으로 자신의 모둠에서 작성한 신도시 개발 계획서에서 꼭 필요한 건물이나 시설물을 맡아서 모델링하도록 역할을 나눕니다. 이 때 모델링이 익숙하지 못한 친구들에게 잘하는 친구들이 도우미가 되어 줄 것이라고 설명합니다. 따라서 모델링에 익숙하지 못한 학생들은 언제든지 도우미를 요청할 수 있습니다.

학생들이 디자인한 3D 모델링 작품을 서로 공유하면 다른 친구를 통해 배움이 일어납니다. 이를 위해 교사는 자료를 공유할 구글드라이브를 만들고 틴커캐드에서 내보내기로 stl파일을 만들어 구글드라이브에 공유합니다. 그러면 학생들은 원하는 모델들을 가져와서 관찰할 수 있습니다.
학생들이 모델링한 작품들을 이용하여 3D 신도시를 만들어보는 활동도 가능합니다. 구역을 나누기 위해 기본 쉐이프의 박스를 가져와서 높이를 1mm로 만들고 색을 바꾸어서 밑면에 배치시킵니다.

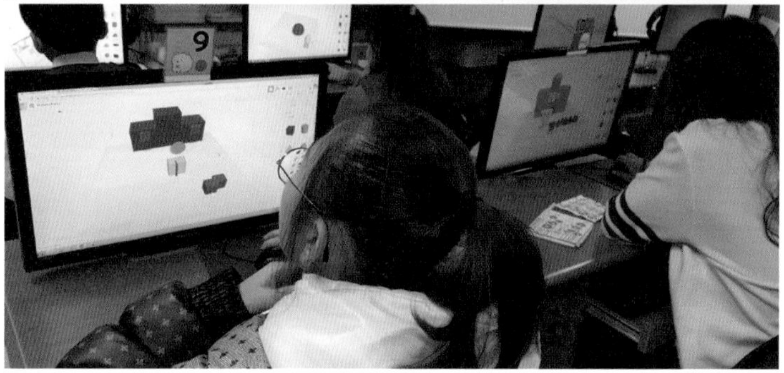

〈그림 8〉 신도시 건물 모델링 모습

신도시 건물 제작

1. 3D 프린터 출력

학생들이 모델링한 작품을 출력하여 신도시를 제작할 준비를 합니다. 일반적으로 3D 프린터의 필라멘트로 ABS*나 PLA**를 많이 씁니다. 유의할 사항은 2가지를 모두 사용할 때 ABS와 PLA의 녹는점이 다르기 때문에 다른 재료로 설정하여 출력 문제가 발생할 수 있습니다.

3D 프린터로 출력하는데 시간이 많이 걸리기 때문에 한 번에 여러 개의 건물을 출력하도록 하면 시간 절약이 될 수 있습니다.

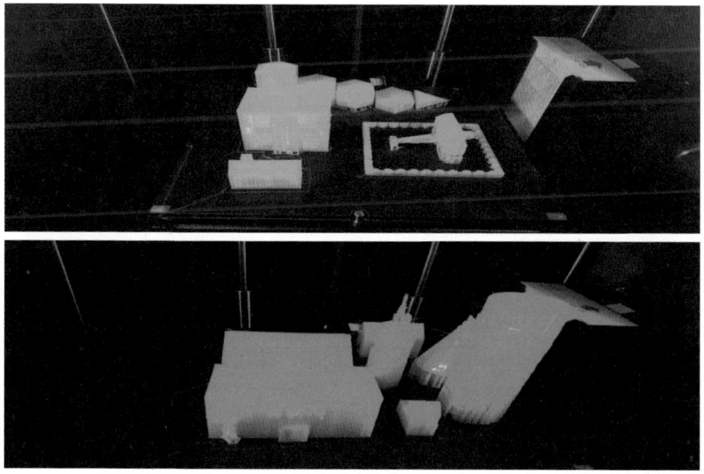

〈그림 9〉 신도시 건물 3D 프린터 출력

TIP

★ ABS는 석유기반의 소재로 일반적인 플라스틱을 생각하면 됩니다. 노즐온도가 210-250도로 PLA보다 높습니다. ABS로 작업할 때 더 높은 온도 설정을 사용해야 하고 재료가 녹을 때 강한 연기에 대비해야 합니다. 점착성에 뛰어나지만 수축이 심한 단점이 있습니다. 그러나 출력 후 사포나 샌딩 등의 후공정 처리가 가능합니다.

★★ PLA는 녹말성분으로 만들어진 친환경 소재입니다. 노즐온도가 190-240도로 성형온도가 ABS보다 낮아 끈끈한 성질이 적고 열에 의한 변형이 작습니다. PLA 녹을 때 강한 냄새를 풍기지 않는 장점이 있으나 재료의 유연성이 낮기 때문에 출력 후에 사포나 샌딩 등의 후공정에 적합하지 않습니다.

2. 3D 작품 색칠하기

출력한 신도시 건물들을 학생들이 색칠할 수 있도록 합니다. 출력한 건물들이 반투명색이기 때문에 에나멜유광으로 원하는 색을 칠하도록 하면 좋습니다. 색을 칠하기 좋게 필라멘트의 색을 반투명이나 흰색으로 선택해서 출력하면 좋습니다.

〈그림 10〉 3D 작품 색칠하기

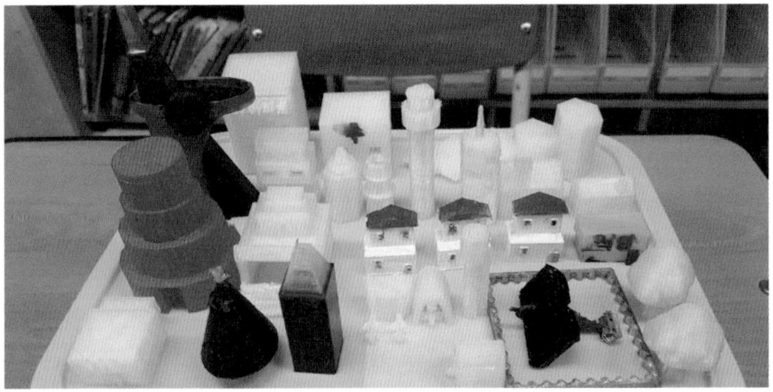

〈그림 11〉 준비된 3D 건물

3. 신도시 건물 쉽게 만들기

3D 프린터로 모든 건물을 출력하려면 시간이 많이 걸릴 수 있습니다. 그러므로 3D 프린터로 모델링하기 어려운 학급의 경우에는 아이클레이와 물감, 종이박스와 색종이 등을 이용하여 입체 건물을 제작해 신도시 건설에 사용할 수 있습니다.

아이클레이가 흰색이기 때문에 색을 넣고 싶을 때 포스터물감이나 일반 물감을 아이클레이에 덜어서 반죽을 하면 칼라를 표현할 수 있습니다. 이 때 너무 묽어지면 아이클레이가 끈적거리고 손에 달라붙을 수 있기 때문에 물을 넣지 않고 원액을 조금씩 덜어서 반죽해서 사용하면 좋습니다.

이 때 모든 재료를 교사가 생각해서 준비할 필요는 없습니다. 학생들과 상의해서 학생들이 준비하거나 학생들이 요청하는 준비물을 준비해서 사용하면 좋습니다. 예를 들어 수수깡, 점토, 이쑤시개, 매직, 과자상자, 휴지심, 색종이 등을 활용할 수 있습니다.

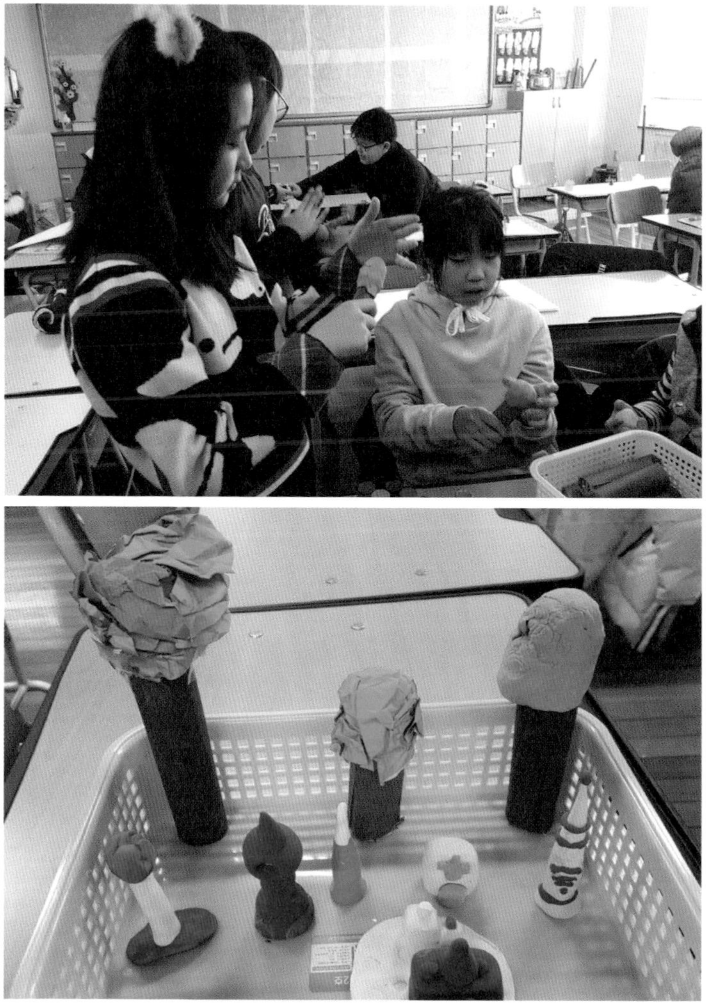

〈그림 12〉 아이클레이 3D 건물 만들기

신도시 완성하기

1. 신도시 건물 배치하기

준비된 구조물들을 배치하여 신도시를 제작합니다. 바닥은 우드락을 사용하고 구역을 구분하기 위해 색종이나 색상지를 바닥에 붙인 후에 건물을 배치하면 됩니다. 신도시 건물을 배치할 때 다음 프로젝트인 자율주행버스가 주행할 도로를 흰 색 종이로 먼저 붙여주는 것도 좋습니다. 신도시는 일반적으로 계획도시로 도로를 먼저 계획하는 경우가 많기 때문에 도로를 먼저 만든 후에 건물을 구역을 나누어서 배치하도록 합니다. 건물뿐만 아니라 공원이나 산을 표현하기 위해 우드락, 색종이, 도화지, 점토 등을 사용할 수 있도록 허용합니다. 구조물을 고정시키기 위해 글루건을 사용하면 좋습니다. 다만, 화상 등의 안전사고에 대한 당부를 잘 하는 것이 필요합니다.

〈그림 13〉 3D 신도시 모습

2. 신도시 자랑하기

신도시 제작이 끝나면 모둠이 만든 신도시와 제작자인 모둠의 기념촬영을 실시합니다. 그리고 모둠에서 만든 신도시의 이름, 자랑거리, 특징 등에 대해 발표회 시간을 갖도록 합니다. 신도시에 대한 발표가 끝나면 다른 모둠 친구들의 질문과 답변의 시간을 갖습니다. 신도시에 대한 설명을 듣고 자신이 투자자라면 어떤 도시에 투자할지 정하도록 하면서 자연스럽게 동료평가가 일어나도록 합니다.

〈그림 14〉 작품과 제작자 기념촬영

Chapter 04

세계의 자율주행버스 살펴보기

1. 세계의 자율주행버스

1) 퓨처 버스

2016년 7월, 벤츠의 자율주행버스인 퓨처 버스가 네덜란드 암스테르담에서 20km 구간에 걸쳐 시험주행을 마쳤습니다. 이 버스에는 시티파일럿(CityPilot)이라는 자율주행 시스템이 갖춰져 있는데 GPS와 함께 10여대의 카메라와 4대의 레이더가 보내오는 정보들을 이용해 경로를 따라 목적지를 향해 움직입니다.

〈그림 15〉 퓨처버스 (https://commons.wikimedia.org/wiki/File:Future_Bus_in_Munich.jpg)

2) 올리

미국 IBM에서 자사 인공지능(AI)을 탑재한 12인승의 운전대 없는 무인 자율주행버스를 출시했습니다. 미국 자동차 제조 스타트업 '로컬모터스'가 3D 프린터로 생산해 더욱 화제가 됐습니다. 이 무인 자율주행버스의 특징은 왓슨의 자연어 처리 기술을 활용해 승객과 대화하면서 이동할 수 있다는 것입니다. 예를 들어 "광화문역까지 가고, 근처 맛집도 알려

〈그림 16〉 올리 (https://commons.wikimedia.org/wiki/File:IBM_-_Local_Motors_%E2%80%9EOlli%E2%80%9C_-_CeBIT_2017_01.jpg)

줘."라고 말하면 "네. OO 매운탕 어떤가요? 밖에 비가 오니 내리기 전에 우산을 준비하세요."라고 버스가 대답하는 식입니다.

3) 아르메(ARMA)

프랑스 자율주행 버스 개발사 '나비야(Navya)'가 만든 자율주행버스로 최대 15명을 태울 정도의 실내 공간에는 운전기사는 물론 운전대조차 없습니다. 이 버스는 관제소로부터 버스가 주행해야 할 경로 지도를 내려받은 뒤 차량에 장착된 라이다 · 카메라 · GPS(위성항법시스템)를 활용해 버스의 정확한 위치와 장애물을 파악해 주행을 해 나갑니다.

〈그림 17〉 아르메 (http://news.joins.com/article/21782448)

4) 독일의 자율주행버스

2017년 12월 25일 바트 비른바흐에서 독일 최초로 자율주행 미니버스를 근거리 대중교통 수단으로 투입해 운행하는 데 성공하였습니다. 미니버스는 프랑스 이지스마일(Easysmile)사의 전기자동차(EZ10)로, 자율주행에 필요한 각종 데이터 수집을 위한 센서, 레이저 스캐너, GPS 등이 설치돼 있어 도로에 장애물이나 보행자가 있으면 자동으로 멈춥니다.

〈그림 18〉 독일의 자율주행 미니버스
(https://commons.wikimedia.org/wiki/File:Autonomes_Fahren_in_Bad_Birnbach.jpg)

2. 자율주행차에 필요한 기술

자율주행차는 운전자의 조작 없이 자동차가 주변 상황을 판단하여 스스로 운전이 가능한 차량입니다. 이것이 가능하기 위해서는 사람의 눈과 귀와 같은 역할을 할 수 있는 센서와 뇌의 판단을 대신할 수 있는 제어시스템이 구축되어야 합니다.

센서로 사용되는 것으로 카메라, 레이다(radar), 초음파 센서 등이 있습니다. 카메라는 여러 각도로 동영상을 촬영해 조합하여 음파탐지기와 연계해서 신호등과 다른 차량, 보행자 등을 분별하는데 사용하고 초음파 센서는 2.5m 이내 거리의 장애물 식별과 주차보조에 주로 활용됩니다. 레이다는 대상물과의 거리 및 상대 속도를 파악하여 자동으로 속도를 조절하는 데에 사용됩니다.

운전편의성을 향상하고 부주의로 발생하는 교통사고를 방지하기 위해 차간 거리 제어, 자동 주차 지원, 차선 유지, 후측방 경보, 자동 긴급 제동 기술 등이 연구되고 있습니다.

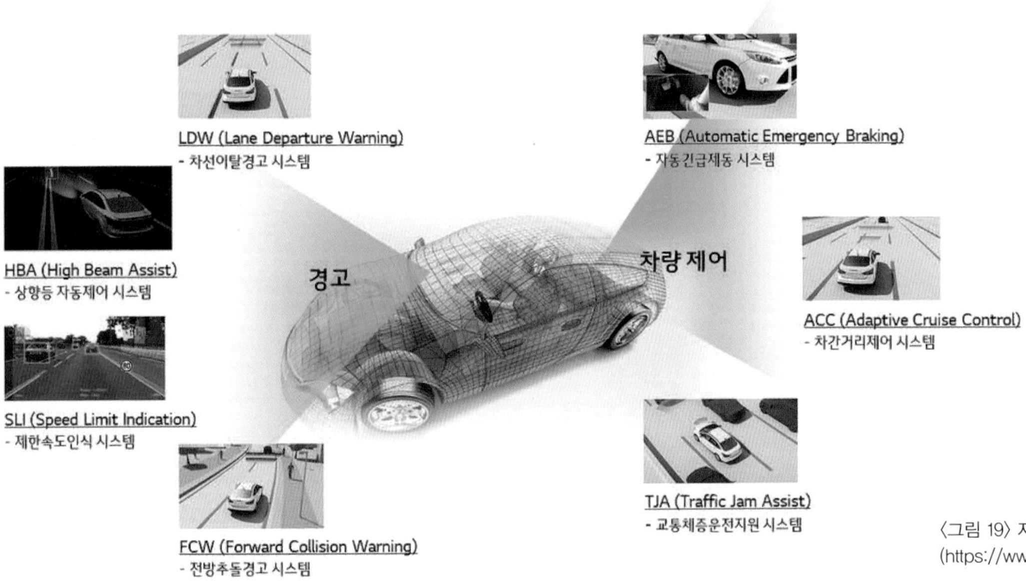

〈그림 19〉 자율주행차 제어시스템
(https://www.flickr.com/photos/lge/35469300371)

3. 자율주행버스 준비하기

1) 자율주행버스의 특징

- 정해진 노선을 달립니다.
- 교차로에서 정해진 길로 움직입니다.

2) 자율주행버스 제작을 위한 교구선택의 기준

- 정해진 노선을 따라 다닐 수 있는 라인트래이서 필요
- 제작자의 의도에 따라 쉽게 버스의 주행을 코딩할 수 있는 교구 필요
- 교실상황의 다양성(컴퓨터나 모바일 기기 유무, 무선 인터넷 환경 유무)과 상관없이 활용 가능한 교구
- 학생 수준의 다양성(SW 교육 경험 유무)과 상관없이 누구나 쉽게 코딩하고 제어할 수 있는 교구
- 학생들이 쉽고 재미있는 활동이 가능한 교구

다양한 상황과 학생들의 요구에 부합하면서 학생들의 생각을 구체화하고 실행하며 공유하는 메이커 교육을 위해 쉽게 제어하고 즉각적으로 반응하며 특별한 시스템의 준비가 필요 없는 오조봇을 선택하였습니다.

4. 오조봇 알아보기

1) 오조봇의 원리

오조봇(Ozobot)은 라인을 따라가는 로봇입니다. 오조봇 아래쪽에 있는 4개의 라이트 센서(light Sencer)가 라인을 인식하여 움직입니다. 이 센서가 색을 인식하기 때문에 색의 조합으로 좌회전, 우회전, 정지, 빠르게, 느리게 등의 특정한 명령 실행이 가능한 스마트 로봇입니다.

〈그림 20〉 오조봇

〈그림 21〉 오조봇과 코딩용 펜

2) 오조봇의 움직임

- 5mm 이상의 선을 따라가다가 흰색을 만나면 멈춥니다.
- 교차로를 만나면 랜덤으로 방향을 정합니다. (참고영상 왼쪽–https://youtu.be/27Z6ViiJ1yk, 오른쪽–https://youtu.be/sUg9T44OyHY)
- 오조봇을 항상 원하는 방향으로 움직이게 하기 위해서는 코딩이 필요합니다.

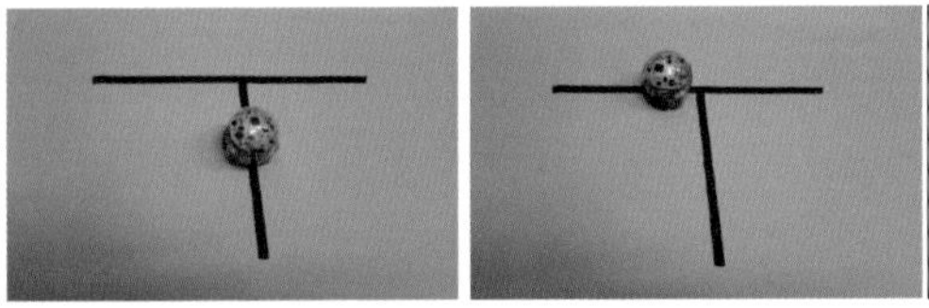
〈그림 22〉 왼쪽으로 이동

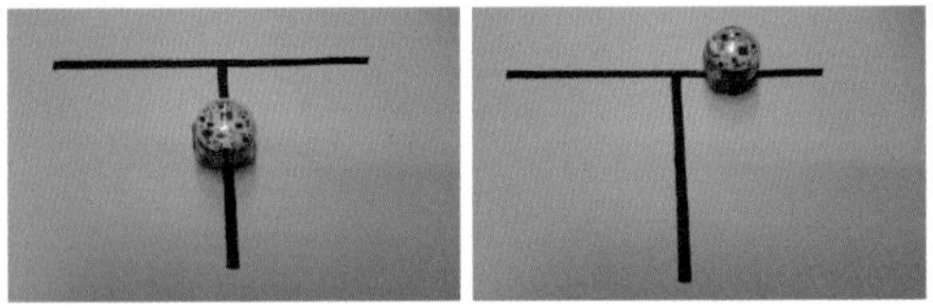
〈그림 23〉 오른쪽으로 이동

3) 오조봇 코딩

먼저 A4 용지에 마커를 이용해 자유롭게 선을 그립니다. 다양한 색으로 그려도 되나 검은 색 마커로 그리는 것이 좋습니다. 오조봇은 센서를 이용하여 색을 인식하고 그것으로 코딩이 이루어집니다. 그러므로 선은 검은 색으로 그리는 것이 오류를 발생시키지 않을 수 있습니다.

라인에 마커로 색띠를 그려 명령을 입력하거나 오조코드를 붙여서 명령을 입력할 수 있습니다. 손쉽게 코딩하기 위해서는 오조코드를 구입해서 활용하는 것도 좋습니다.

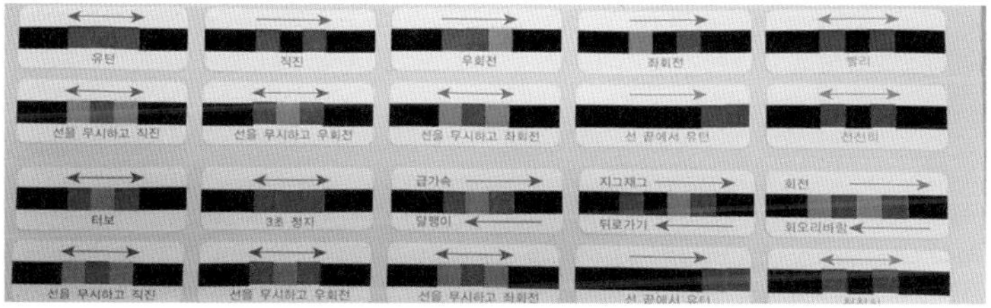

〈그림 24〉 오조코드

4) 오조코드로 제어하기

검은 색 마커로 선을 그리고 오조코드를 붙여서 오조봇의 경로를 입력합니다. 삼거리를 만들고 교차로에서 '우회전' 오조코드를 붙이고 우회전 한 이후에 '유턴' 오조코드를 붙였습니다. 학생들이 오조코드를 이용하여 다양한 오조봇의 움직임을 확인해보도록 합니다. (참고영상–https://youtu.be/0RNWYXFWLus)

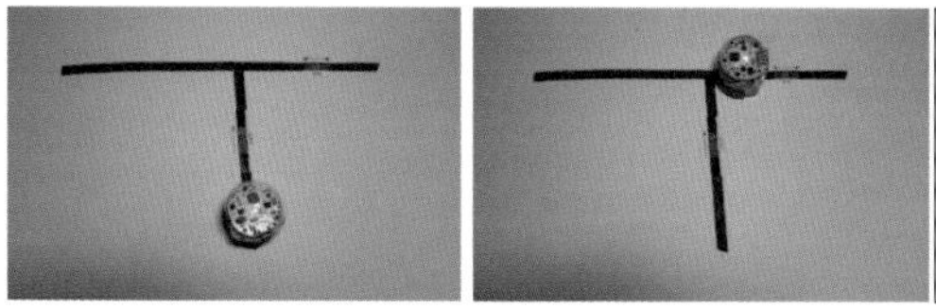

〈그림 25〉 오조코드로 코딩한 오조봇의 움직임

Chapter 05

자율주행버스 운행준비

1. 버스모형 제작

오조봇의 폭이 3.5cm이기 때문에 버스모형을 제작할 때 버스의 폭이 3.5cm가 되도록 해서 출력하면 좋습니다. 출력한 도안에 학생들이 자유롭게 그림을 그리거나 색을 칠하여 버스 모형을 제작하면 됩니다. 학생들이 '타요버스'를 좋아하기 때문에 인터넷에서 타요도안을 검색해서 버스의 폭이 3.5cm가 되도록 축소하고 인쇄하여 버스모형을 제작해도 좋습니다.

버스의 앞부분과 오조봇의 진행방향이 일치되도록 스카치테이프를 이용하여 오조봇을 버스모형에 결합시킵니다.

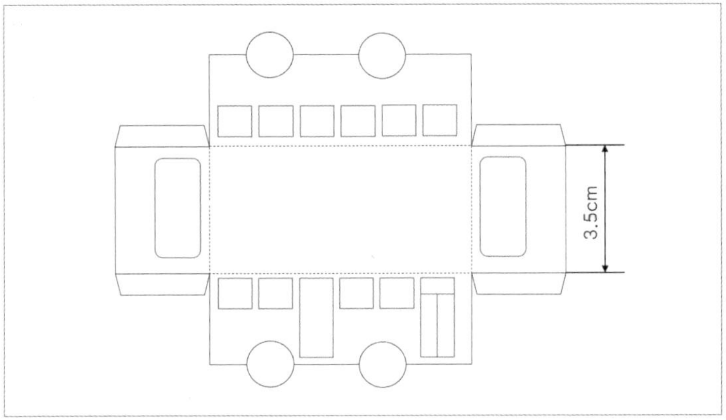

〈그림 26〉 버스모형도

〈그림 27〉 버스모형

2. 마을지도 그리기

자율주행버스가 다닐 마을지도를 그립니다. 미래도시와 연계하여 자율주행버스를 운행할 때에는 마을지도를 따로 그릴 필요가 없지만 자율주행버스 활동만 할 경우에는 마을지도를 따로 그려야 합니다. 마을지도를 그릴 때 먼저 길을 만들고 구역을 나누도록 합니다. 이때 주의해야 할 점은 도로나 지도를 너무 복잡하게 그리지 않게 해야 한다는 것입니다. 활동의 중심은 자율주행버스로 마을을 운행하는 활동이지 지도를 그리는 활동이 아니기 때문입니다.

도로를 그릴 때 선이 너무 좁게 겹치거나 90도보다 작은 각도로 급하게 회전하지 않도록 합니다. 도로를 그릴 때 선의 굵기가 너무 얇거나 두께가 일정하지 않으면 오조봇이 선을 인식하지 못할 수 있습니다.

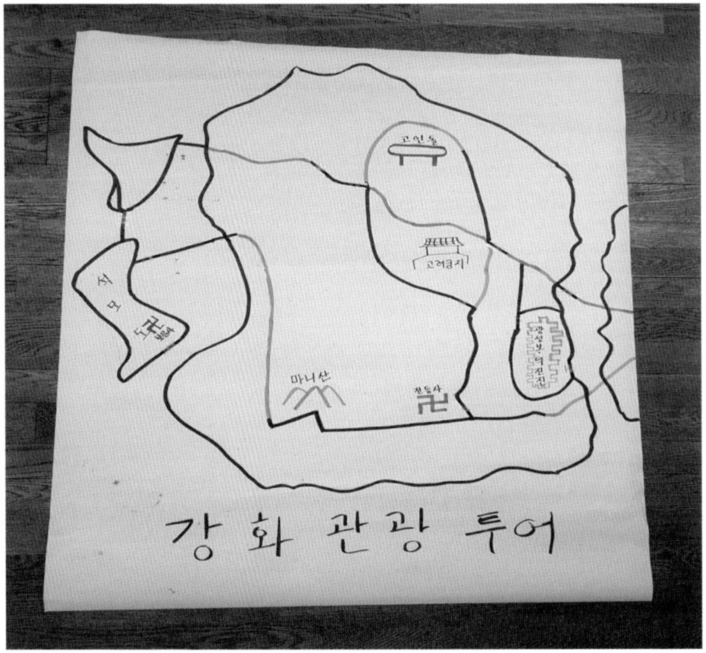

〈그림 28〉 다양한 마을지도

3. 자율주행버스 운행경로 정하기

오조봇으로 만든 자율주행버스의 운행경로를 오조코드를 이용하여 정합니다. 오조코드를 모두 붙인 후에 자율주행버스를 운행시키지 말고 중간 중간 자율주행버스를 운행하면서 문제점을 해결하도록 하는 것이 좋습니다.

예를 들어 교차로에서 방향을 정할 뿐 아니라 학교 앞과 같이 저속으로 운행해야 될 곳은 '천천히' 코드를 사용하거나 정류장에서는 '3초 정지' 코드를 사용할 수 있습니다. 또한 빨리 갈 수 있는 구간에서는 '터보' 코드 등을 적절하게 사용하여 자율주행버스 운행경로를 학생들이 창의적으로 의사소통하면서 정할 수 있도록 합니다.

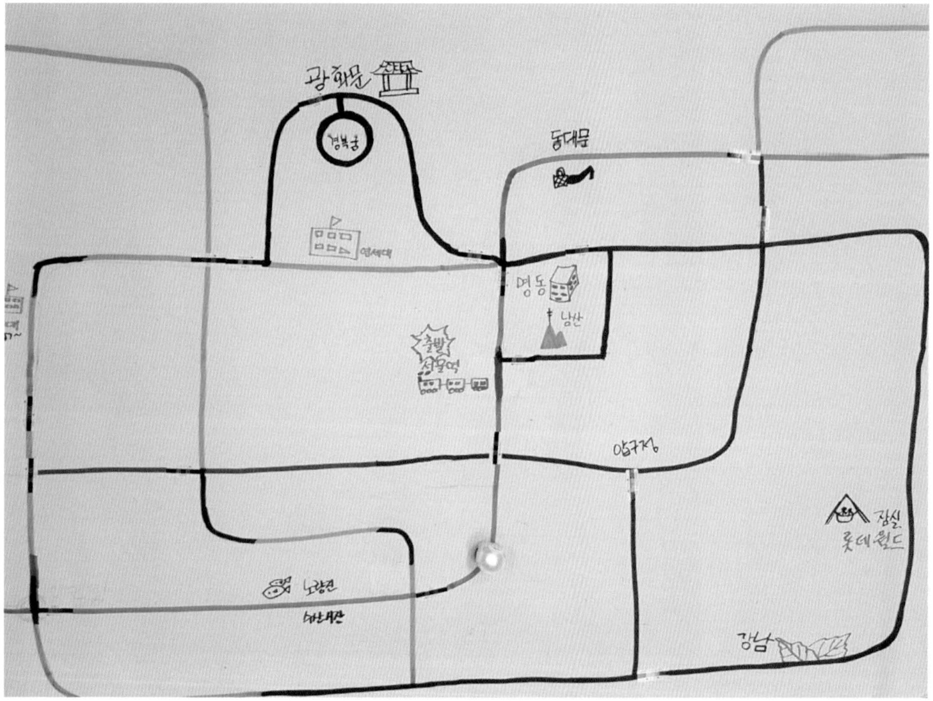

〈그림 29〉 오조코드로 자율주행버스 경로 정하기

Chapter 06

자율주행버스 운행하기

모둠별로 자신들의 자율주행버스의 특징을 소개하도록 합니다.

- 모둠 소개하기
- 모둠의 작품 설명하기(작품의 특징)

〈그림 30〉
학생자율주행버스 예시(https://youtu.be/Uy3zlX0_v_M)

운행을 실시하고 나서 운행결과를 가지고 발표를 할 수 있도록 안내합니다.

- 처음 계획대로 잘 만들어졌는가?
- 보완하고 싶은 점이 있다면?
- 활동 하면서 느낀 점은 무엇인가?

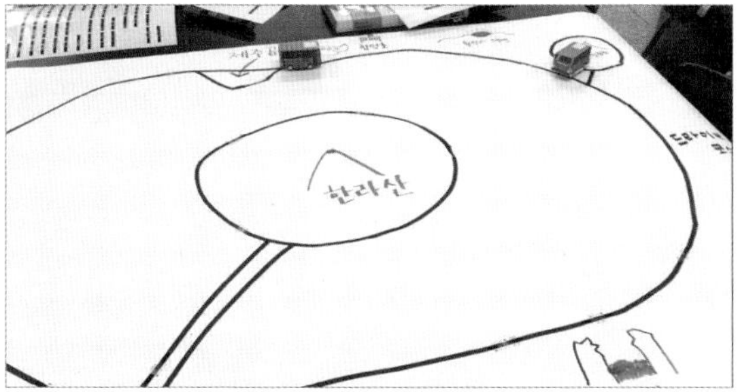

〈그림 31〉
교사자율주행버스 예시(https://youtu.be/vpjJMfBv5Og)

발표 후에는 친구들에게 칭찬과 박수를 아끼지 않도록 합니다.

- 모둠별로 1대씩 자율주행버스를 운행할 뿐 아니라 여러 대의 자율주행버스를 동시에 운행시키면 다양한 문제가 발생하고 그것을 어떻게 해결할 수 있을지 아이디어를 내면서 생각을 확장하면 좋습니다.

PART 03

나만의 달력 만들기

주제선정이유

4차 산업 혁명은 제조업의 낮아진 문턱으로부터 시작되고 있습니다. 또한 손쉬워진 협력은 메이킹을 더욱 활발하게 만들어줍니다. 메이커가 원하기만 하면 메이킹한 모든 것을 나누고, 발전시키고, 투자하고, 함께 만들어나갈 수 있는 시대에 다다랐습니다.

그렇다면 우리에게 필요한 것은 무엇일까요? 극단적으로 이야기하면 장비도, 공간도, 기술도 더 이상 우리의 상상을 현실화 하는데 장벽이 될 수 없습니다. 세상을 바꾸는 데 필요한 것은 오직 '아이디어'가 되었습니다.

메이커 운동이 대두되면서 학교에도 3D프린터, 레이저 절단기, 태블릿 PC 등이 보급되고 있지만 일부 학교에서는 무선 인터넷 환경조차 갖추어지지 않은 것이 현실입니다. 또한 개정교육 과정에 도입된 코딩과 소프트웨어 교육에 대해 막막함을 느끼는 교사들도 많이 있습니다. 이러한 학교현장에서 우리는 어떻게 메이커 교육을 해야 할까요?

메이커는 넓은 의미에서 스스로 필요한 것들을 만드는 모든 사람들을 뜻합니다. 소품종 대량 생산시대를 넘어 다품종 소량생산시대가, 나아가 내가 필요한 것은 내가 만들어 쓰고 나누는 시대가 된 지금, 미래사회 인재로서의 역량을 기르기 위해 메이커로서의 경험은 더욱 중요해 졌습니다. 메이커 운동이라는 것이 막연하고 어렵게 느껴지는 분들 위해 간단한 '만들기'의 영역부터 시작해 보았습니다. 그리고 한글 문서 편집과 디자인 앱을 사용한 메이킹도 경험해 볼 수 있도록 하였습니다. 작은 것부터 차근차근 나만의 것을 만들어보는 경험을 통해 아이들은 더 큰 역량을 지닌 메이커로 성장할 수 있을 것입니다.

달력은 하루에도 몇 번씩 꺼내고 보게 되는, 우리 삶에서 없어서는 안 되는 필수 매체입니다. 단순히 날짜를 확인하는 목적 뿐 아니라 지구와 천체의 움직임, 지금도 살아 숨 쉬는 역사, 수의 과거와 미래에 대해서도 배울 수 있는 좋은 수업 도구이기도 합니다. 달력에 대해 배우다 보면 하루 종일 들여다보아도 끝내지 못할 만큼 무궁무진한 이야기에 빠지게 됩니다. 이러한 달력에 대해 배워보고, 다양한 방법으로 직접 나만의 달력을 만들어보며 멈추지 않는 시간의 흐름을 잠시나마 잡아보는 건 어떨까요?

Chapter 01 달력에 숨어 있는 이야기

1. 달력 속 수학이야기

1) 인류 최초의 수학 기록 르봄보 뼈

(http://en.wikipedia.org/wiki/Lebombo_bone)

〈그림 1〉 르봄보 뼈 (http://www.taneter.org/math.html)

남아프리카 르봄보 산에서는 약 35,000년 전의 것으로 추정되는 르봄보(lebombo)뼈가 발견되었습니다. 흥미로운 것은 이 뼈에는 29개의 눈금이 새겨 있다는 점입니다. 이외에도 다른 지역에서 발견된 많은 돌이나 뼈에도 28개에서 30개까지의 눈금이 새겨져 있습니다. 왜 29개일까요? 보름달에서 다음 보름달이 뜨기까지의 기간, 여성의 생리 주기 등 자연 현상이 일정하게 되풀이 되는 것을 알게 된 인류가 그 규칙을 찾기 위해 기록해 두었던 것은 아닐까요? 이처럼 달력의 역사는 오래 전부터 시작되었습니다.

2) 달력 속 규칙 찾기

(1) 달 수와 날 수의 규칙

달력을 관찰하며 그 규칙을 찾아봅시다. 학생들과 함께 달력을 펼쳐놓고 달 수와 날 수, 그리고 숫자의 이동 규칙을 찾아보면 아래의 표와 같이 달별로 날 수가 달라짐을 알 수 있습니다. 어른들이 흔히 하시던 것처럼 주먹을 쥐고 손등의 뼈를 이용하여 큰 달과 작은 달을 셀 수도 있습니다. 날 수는 왜 이렇게 들쭉날쭉 달마다 다를까요?

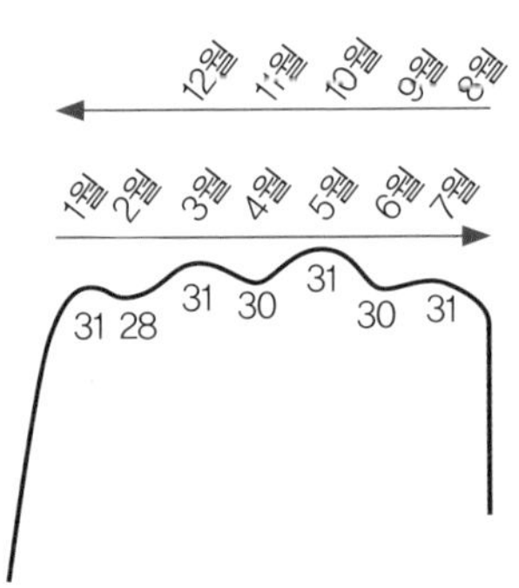

〈그림 2〉 손등 뼈로 큰 달 작은 달 세기

달	1월	2월	3월	4월	5월	6월	7월	8월	9월	10월	11월	12월
날수	31일	28일	31일	30일	31일	30일	31일	31일	30일	31일	30일	31일

〈표 1〉 달 별 날 수의 규칙

(2) 숫자의 이동 규칙

달력의 날 수를 보며 오른쪽으로 한 칸 이동할 때, 아래쪽으로 한 칸 이동할 때, 대각선 왼쪽 아래, 오른쪽 아래로 이동할 때 더해지는 수는 얼마인지 그 규칙을 찾아봅시다. 반대로 왼쪽으로, 위쪽으로, 대각선 왼쪽 위, 대각선 오른쪽 위로 이동할 때 덜어지는 수는 얼마인지 찾아보아도 좋습니다. 학생들이 스스로 선이나 동그라미를 그려가며 더 다양한 이동규칙을 찾아낼 수 있습니다. 왜 이런 규칙들이 생기는 것일까요? 찾아낸 규칙은 표로 정리해 봅시다.

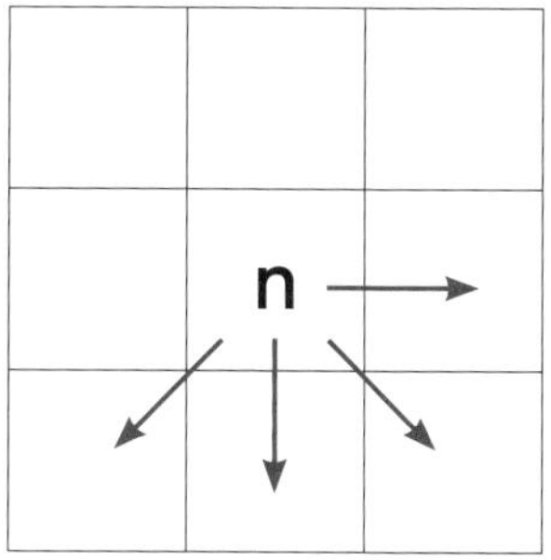

〈그림 3〉 늘어나는 수 규칙

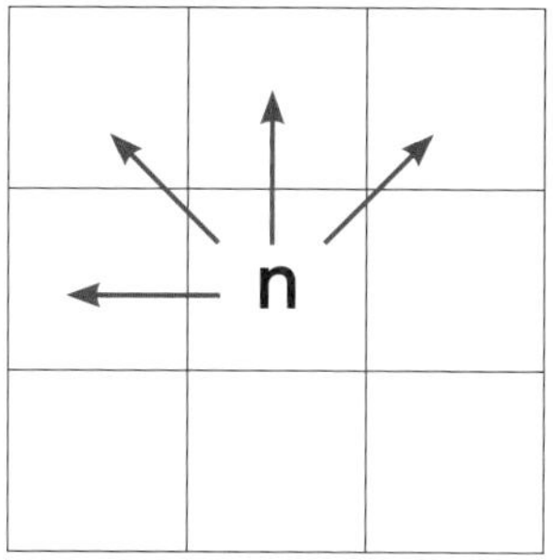

〈그림 4〉 줄어드는 수 규칙

오른쪽 한 칸 이동	+1	왼쪽 한 칸 이동	−1
왼쪽 대각선 아래 한 칸 이동	+6	왼쪽 대각선 위 한 칸 이동	−8
아래쪽 한 칸 이동	+7	위쪽 한 칸 이동	−7
오른쪽 대각선 아래 한 칸 이동	+8	오른쪽 대각선 위 한 칸 이동	−6
?		?	

〈표 2〉 달력 속 숫자의 이동규칙

(3) 정사각형 규칙

달력에서 세로 두 칸, 가로 두 칸으로 된 정사각형을 표시하고 정사각형 속 숫자들의 규칙을 찾아봅시다. 만들어진 정사각형에 대각선을 긋고 대각선에 놓인 숫자끼리 더해보면 그 합에는 어떤 규칙이 있을까요? 선을 따라 더해보면 대각선 숫자의 합은 서로 같다는 사실을 알 수 있습니다. 세로와 가로가 각각 세 칸, 네 칸씩으로 이루어진 정사각형도 같은 규칙이 적용하는지 알아봅시다.

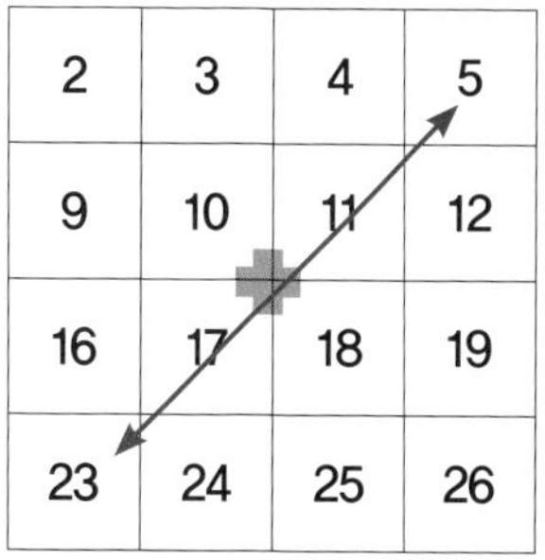

〈그림 5〉 정사각형 규칙 1

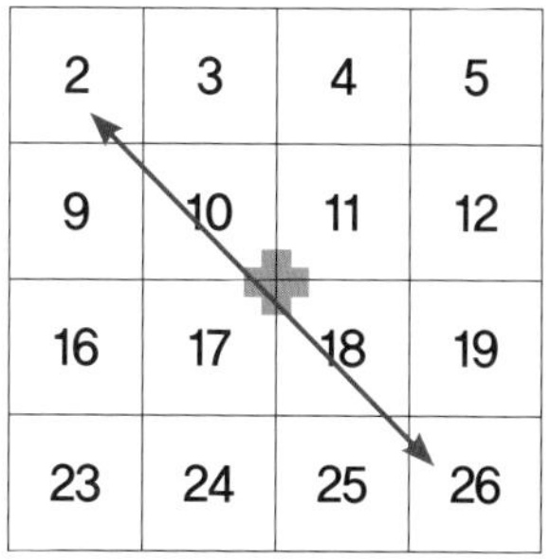

〈그림 6〉 정사각형 규칙 2

$$23 + 17 + 11 + 5 = 56$$
$$2 + 10 + 18 + 26 = 56$$

또 다른 규칙은 없을까요? 정사각형을 잘 들여다보면 직선으로 된 대각선이 아니어도 세로, 가로의 축이 겹치지만 않게 숫자를 선택하면 그 합은 항상 일치합니다. 왜 이러한 규칙이 생길까요? 앞서 배운 숫자의 이동 규칙과도 관련이 있음을 찾아낼 수 있습니다.

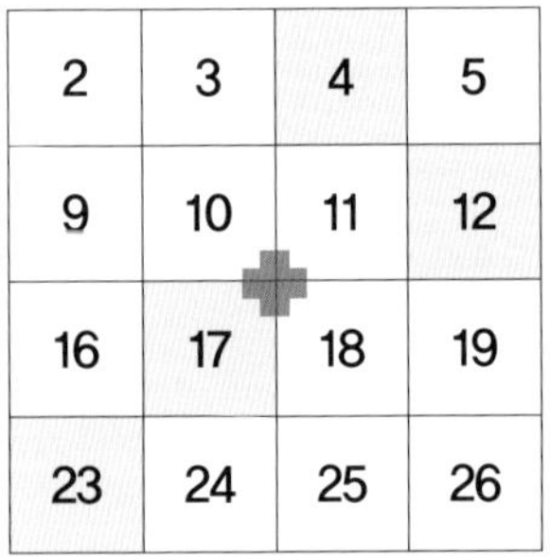

〈그림 7〉 정사각형 규칙 3

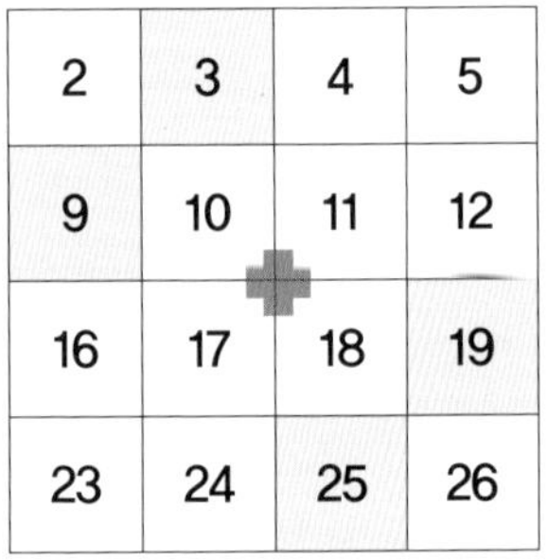

〈그림 8〉 정사각형 규칙 4

$$4 + 12 + 17 + 23 = 56$$
$$3 + 9 + 19 + 25 = 56$$
$$5 + 10 + 18 + 24 = ?$$

(4) 신기한 짝수 달의 규칙

이번에는 달력에서 4월 4일, 6월 6일, 8월 8일, 10월 10일, 12월 12일을 찾아 동그라미를 그려보고 공통점을 찾아봅시다. 신기하게도 동그라미 친 날들이 모두 같은 요일임을 알 수 있습니다. 두 달 이틀씩 증가할 때의 날 수는 30일+31일+2일=63일로 7로 나누어떨어지기 때문입니다.

그렇다면 짝수 달 중 2월 2일만 규칙에서 어긋나는 까닭은 무엇일까요?

12월 12일 ~ 2월 2일	12월과 1월이 모두 31일(30일인 달과 31일인 달이 번갈아 나오는 규칙에서 어긋남), 12월 12일 다음에 2월 14일이 나오지 않고 2월 2일이 나옴으로써 날짜가 2씩 증가하는 규칙에서 어긋남
2월 2일 ~ 4월 4일	2월이 28일로 30일인 달과 31일인 달이 번갈아 나오는 규칙에서 어긋남

〈표 3〉 짝수 달 규칙의 예외

앞서 달 수와 날 수가 규칙적이지 않다는 것을 찾아보았습니다. 이렇게 날마다 서로 다른 날 수 때문에 짝수 달 규칙도 어긋나는 경우가 생깁니다.

2. 달력 속 과학 이야기

1) 자연이 만든 시간

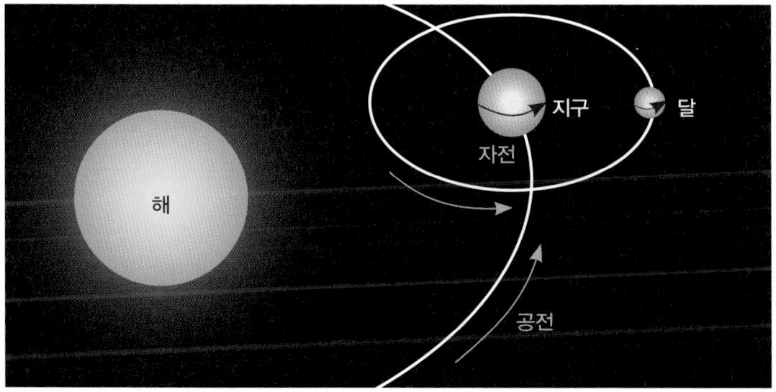

〈그림 9〉 태양, 지구, 달의 운동

인류는 영원히 변하지 않는 기준인 자연의 법칙을 연구하여 달력을 만들었습니다. 또 이를 위해 하늘과 우주의 움직임을 관찰하고 기록했습니다. 이처럼 해와 달, 별들의 움직임, 천체의 주기적 현상을 기준으로 시간을 구분하고 날짜의 순서를 정하는 방법을 역법이라고 합니다.

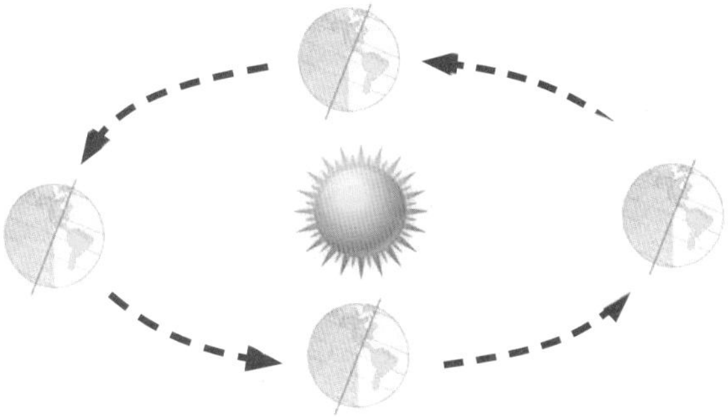

〈그림 10〉 태양 주위를 공전하는 지구

1년은 어떻게 정해졌을까요? 먼저 한자를 살펴보면 年은 '해 년'을 사용합니다. 또한 1년이 지나가면 '한 해가 지나갔다'라고도 표현합니다. 말 그대로 1년은 해와 관련이 있습니다. 지구가 해, 즉 태양 주위를 한 바퀴 공전하는데 걸리는 시간이 1년(365일)이기 때문이죠. 약 365일을 주기로 동 트기 전 시리우스가 뜨는 것은 고대 이집트에서 발견했습니다. 농사를 지어야 하는데 주기적으로 나일 강이 범람했고, 그 범람 시기를 예측하지 못하면 한 해 농사가 수포로 돌아갔기 때문에 이집트인들은 시간의 흐름과 자연의 규칙을 정확하게 파악하는 것이 간절했을 것입니다. 우리나라의 24절기도 농사와 밀접한 관련이 있습니다.

〈그림 11〉 달의 위상변화

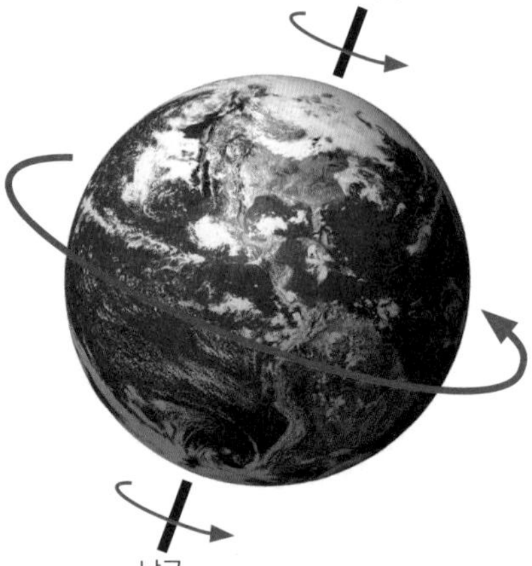

〈그림 12〉 지구의 자전

그렇다면 1개월은 어떻게 정해졌을까요? 마찬가지로 한자부터 살펴보면 月은 '달 월'입니다. 또한 우리는 1개월을 한 달이라고 표현합니다. 즉, 1개월은 달과 관련이 있습니다. 달이 지구주위를 공전하는데 걸리는 시간은 약 30일인데 이 사실은 보름달이 뜬 날로부터 다음 보름달이 뜨는 날 까지 며칠이 걸리는지 달의 위상변화를 관찰해서 알 수 있습니다. 앞서 본 르봄보 뼈를 달 주기 관찰막대라고 유추한다면 이미 35,000년 전부터 우리 조상들은 한 달이 30일임을 알고 있었습니다.

마지막으로 1일은 어떻게 정해졌을까요? 이쯤 되면 학생들도 정답을 자신 있게 외칩니다. 한자 日은 '날 일', '해 일'로 해와 관련이 있지요. 태양이 뜨고 지면 하루가 지납니다. 하지만 실제로는 태양이 지구 주위를 공전하며 뜨고 지는 것이 아니라 지구가 자전하면서 태양이 뜨고 지는 현상이 생기는 것이지요. 지구가 자전하는데 약 24시간이 걸리기 때문에 1일, 하루는 24시간입니다.

저학년이나 중학년의 경우 지구의 자전, 공전, 달의 공전 등에 대해 깊이 있게 배우기보다는 아이들이 일상에서 관찰하는 자연현상의 주기가 현재 사용하는 날짜의 기록과 달력에 영향을 미쳤음을 이해하기만 해도 시간의 흐름과 달력에 더 많은 관심을 가지게 될 것입니다.

3. 달력 속 역사, 종교이야기

1) 예수님의 생일이 달력에?

1793년 프랑스에서는 십진법을 사용하여 하루는 100시간, 1년은 10개월로 정한 달력을 만든 적도 있습니다. 인류가 처음부터 하루는 24시간, 1년은 12개월로 나누어 사용했던 것이 아니라는 이야기지요. 이 안에는 재미있는 종교와 역사 이야기가 들어 있습니다.

2000년 새해를 맞이하면서 인류는 21세기, 밀레니엄을 맞이한다는 사실에 들떴습니다. 하지만 2000년은 21세기의 시작도, 세 번째 밀레니엄의 시작도 아니었습니다. 다만 새로운 천 년이 시작되었기에 이것을 기념하거나 두려워하였던 것이지요. 세기는 무엇이고 밀레니엄은 무엇일까요? 2000년이라는 시간은 어떤 시점을 기준으로 세기 시작했을까요?

6세기 신학자 디오니시우스 엑시구스가 제안한 서력기원은 0년이 존재하지 않고 1년을 기원, 즉 시작하는 해로 삼았습니다. 이 기준은 바로 예수 그리스도의 탄생입니다. 예수 그리스도 탄생을 서력기원 1년으로 하여 이후는 A.D.로, 이전은 B.C.로 표시합니다. A.D.는 Anno Domini의 약자로 '우리 주님의 해'라는 뜻이 있고 B.C.는 Before Christ의 약자로 '그리스도 이전'이라는 뜻이 있습니다.

'세기'는 100년을 1기로 하여 연대를 세는 방법입니다. 즉 1년부터 100년까지를 1세기, 2001년부터 2100년까지를 21세기라고 합니다. 21세기의 시작은 2000년이 아니라 2001년 1월 1일인 것입니다.

또한 '밀레니엄'은 1000년을 단위로 하여 연대를 세는 방법입니다. 세번째 밀레니엄은 21세기와 마찬가지로 2001년 1월 1일부터 시작합니다.

예수님의 탄생시기가 A.D.1년과 정확하게 일치하지 않는다는 학자들의 의견이 있지만 성경 속 예수님이 지금으로부터 약 2천년 전 사람이라는 것을 달력만 보고도 알 수 있다는 것이 신기하게 느껴집니다.

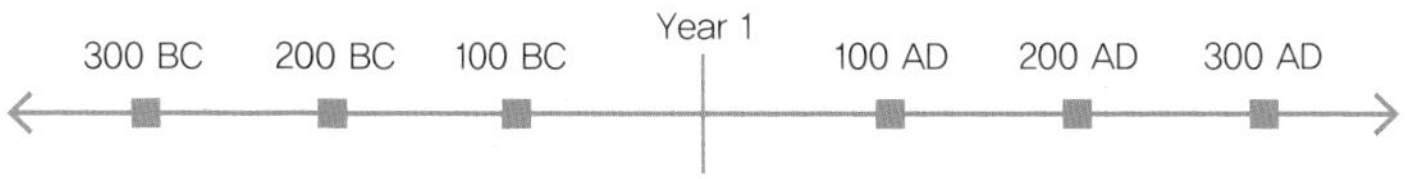

〈그림 13〉 예수님의 탄생과 서력기원

2) 왜 하루는 24시간일까요?

고대 이집트에서는 낮을 10분할, 저녁을 2분할, 밤을 12분할하였습니다. 즉 하루를 24시간으로 사용하였죠. 우연의 일치일까요? 동양의 태음력에도 24절기가 있습니다. 또한 조선 세종 때의 해시계 자연석재평일구를 보아도 하루가 12분할되어 있습니다. 계산하기 쉽게 10등분을 하지 않고 왜 12등분으로 시간의 흐름을 나누었을까요? 달은 1년에 12번 차고 기웁니다. 이 때문에 양력과 음력을 불문하고 하루는 12의 배수인 24로 나누어져 있습니다.

3) 왜 일주일은 7일일까요?

오래전 인류는 하늘에 7개의 천체가 존재한다고 생각하였습니다. 월,

화, 수, 목, 금, 토, 일은 각각 月(달), 火(화성), 水(수성), 木(목성), 金(금성), 土(토성), 日(태양)입니다. 또한 유대교에서는 신이 6일에 걸쳐 하늘과 땅, 생명을 창조하고 1일을 쉬었다고 생각하였습니다. 현재에도 유대인들과 기독교인들은 7일 중 하루를 '안식일' 또는 '주일'이라고 부릅니다. 또, 대부분의 나라에서 일요일은 공휴일로 정해 쉬고 있습니다.

〈그림 14〉 미켈란젤로 '아담의 창조' (The Bridgeman Art Library)

4) 왜 한 시간은 60분, 1분은 60초일까요?

고대 바빌로니아에서는 60진법을 사용하였습니다. 지구의 공전 주기가 360일이라고 생각했기 때문입니다. 이 때문에 원의 중심각도 360도로 정해졌습니다. 1년이 360일이니 자연스레 모든 것을 60을 단위로 계산하는 것이 편리했을 것입니다. 그래서 한 시간은 60분, 1분도 60초가 되었습니다. 프랑스에서 십진법을 사용한 달력도 만들어졌었지만 실제로 널리 사용이 되지 않아 13년 만에 폐기되어 버렸다고 합니다.

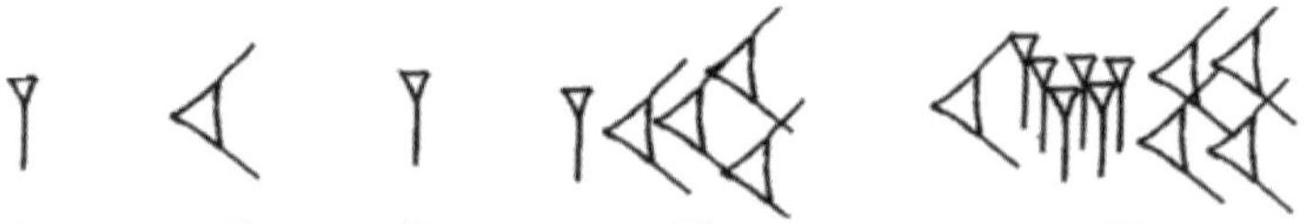

〈그림 15〉 60진법 (네이버지식백과)

4. 현대의 달력 '그레고리력'

1) 달력의 변화

지금 우리는 '그레고리력'이라는 달력을 사용합니다. 그레고리력이 되기까지 달력은 많은 변화를 겪었습니다. 이 변화 속에서 윤년이 생겨났고 각 달의 이름이 붙여졌습니다. 달마다 날 수가 다른 이유도 이 변화 속 권력 다툼과 학자들의 치열한 고민의 결과입니다.

2)이집트의 태양력

농경사회에서는 계절의 변화에 맞추어 씨를 뿌리고, 가꾸고, 추수하는 것이 중요합니다. 고대 이집트인들은 관측을 통해 계절이 정확하게 365일마다 반복된다는 사실을 발견했습니다. 최초로 태양력을 사용한 이집트인들은 한 달은 30일로 하고 1년을 12개월로 정하였습니다. 그리고 마지막에 남는 5일을 보충하였습니다. 이 5일은 성대한 축제를 즐겼다고 합니다.

하지만 1년은 365일보다 약간 길어서 400년에 100일 정도의 차이가 생깁니다. 동쪽 하늘에 시리우스별이 뜨면 얼마 후 나일 강이 범람한다는 사실을 반복적으로 관찰하다 보니 이 오차도 발견하게 된 것입니다. 이후 1년은 약 365.25일이라고 생각하게 되었습니다.

3) 로마인의 달력, 율리우스력

우리에게는 클레오파트라의 연인으로, '브루투스 너마저……!'라는 명대사의 주인공으로 잘 알려진 율리우스 카이사르는 이집트 원정 당시 이집트의 천문학자에게 역법을 배워 달력을 개정하였습니다. 이를 율리우스력이라고 하는데 1년을 365일 6시간으로 정한 달력입니다. 즉 1년은 365일이지만 4년째는 하루의 윤일을 두어 1일을 추가했습니다.

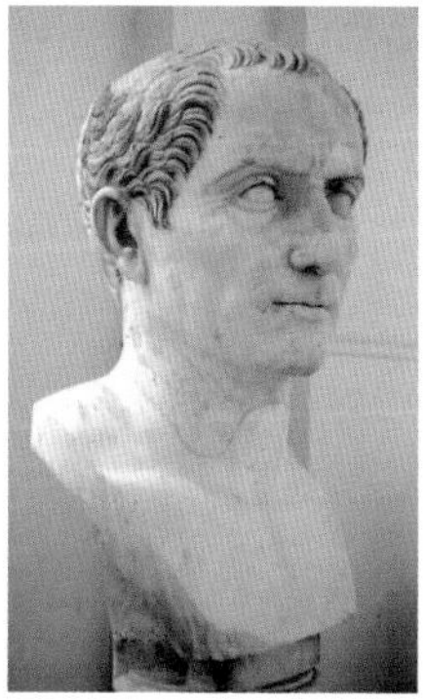
〈그림 16〉 율리우스 카이사르

큰 달과 작은 달도 이 때 생겼습니다. 홀수는 좋은 것이라는 미신에 따라 홀수 달은 31일, 짝수 달은 30일로 정하였습니다. 하지만 문제점이 생깁니다. 모든 달을 더하니 총 366일이 되는 것이지요. 그래서 당시 가장 추운 시기였던 2월에서 하루를 빼내어서 30일이던 2월을 29일로 만들었습니다. 이로 인해 2월은 평달에 29일, 윤달에는 30일이 되었습니다. 7월의 영어 이름인 July는 율리우스 카이사르(Gajus Julius Caesar)의 이름을 딴 것으로 그가 7월에 태어났기 때문에 '율리우스의 달'이라고 불리면서 만들어진 단어입니다.

달	1월	2월	3월	4월	5월	6월	7월	8월	9월	10월	11월	12월
날수	31일	29일 (30일)	31일	30일	31일	30일	31일	30일	31일	30일	31일	30일

〈표 4〉 율리우스력

율리우스 카이사르가 죽은 뒤 초대 황제인 아우구스투스 카이사르가 로마를 집권합니다. 아우구스투스 황제는 자신이 태어난 8월이 30일로 율리우스의 달보다 짧은 것을 용납하지 못하고 8월도 31일로 만듭니다.

〈그림 17〉 아우구스투스 카이사르

달	1월	2월	3월	4월	5월	6월	7월	8월	9월	10월	11월	12월
날수	31일	28일 (29일)	31일	30일	31일	30일	31일	31일	31일	30일	31일	30일

〈표 5〉 율리우스력(아우구스투스가 수정1)

그러자 문제점이 생깁니다. 1년이 366일이 되는 것이죠. 그래서 가뜩이나 적은 2월에서 하루를 더 빼냅니다. 하지만 문제가 여전히 남아 있습니다. 7,8,9월이 연속으로 31일이 된 것이죠. 그래서 8월부터는 아예 홀수 달을 30일로, 짝수 달을 31일로 규칙을 바꾸게 됩니다. 이제 우리가 사용하는 달력과 거의 비슷해 졌습니다.

달	1월	2월	3월	4월	5월	6월	7월	8월	9월	10월	11월	12월
날수	31일	28일 (29일)	31일	30일	31일	30일	31일	31일	30일	31일	30일	31일

〈표 6〉 율리우스력(아우구스투스가 수정2)

4) 현대의 달력 그레고리력

율리우스력도 비교적 정교하며, 우리가 현재 사용하는 달력과 거의 비슷하지만 자연의 법칙을 더 오랜 시간, 정밀하게 관찰해 보면 1년의 길이는 365.25일보다 조금 짧습니다. 그래서 오랜 세월이 흐른 뒤에는 오차가 생기게 되었습니다. 1582년 교황 그레고리우스 13세는 새로운 달력의 규칙을 제정하였습니다.

〈그림 18〉 그레고리우스 13세

그레고리우스 13세는 1년의 길이를 365.2425일로 계산하고 400년에 3일씩 날짜가 많아지는 오차를 해결해야 했습니다. 그래서 다음 규칙을 추가했습니다.

−4일	100의 배수이면서 400의 배수가 아닌 해에는 윤년이 아니라 평년으로 한다. (예) 1700년, 1800년, 1900년, 2100년, 2200년
+1일	400의 배수인 해에는 윤년으로 한다. (예) 1600년, 2000년

이 규칙에 따르면 400년마다 늘어나는 3일을 해결할 수 있습니다. 현재 우리는 이 그레고리력을 사용하고 있습니다.

5) 더 정확한 달력 만들기

우리가 널리 사용하는 그레고리력에는 더 이상 오차가 생겨나지 않을까요? 그렇지 않습니다. 과학자들에 따르면 지구의 공전주기는 365.242196일로 약 365일 5시간 48분 46초정도입니다. 1만년에 3일이라는 오차가 생기는 것입니다. 오차가 전혀 없는 달력 더욱 정확한 달력은 언젠가 만들어질 수 있을까요? 여러분이 오차가 전혀 없는 아주 정확한 달력을 만든다면 이 3일의 오차를 어떻게 해결할 수 있을지 생각해 봅시다.

Chapter 02

다양하고 재미있는 달력

1. 달력의 종류

1) 다양한 기능의 달력

은행에서 연말이면 무료로 나누어 주는 달력, 문구점에 파는 알록달록 예쁜 캐릭터 달력 외에도 다양한 기능을 가진 달력이 있습니다.

■ 점자달력

〈그림 19〉 점자달력 (출처: 한화그룹 홈페이지 미디어센터)

겉보기에는 평범한 달력들과 큰 차이가 없어 보이는 이 달력에는 점자가 있어 시각장애인들이 손끝의 감각으로 날짜와 요일을 읽을 수 있습니다. 점자달력은 시각장애인과 비시각장애인의 차별 없는 사회를 꿈꾸며 시작되었습니다. 점자 옆에는 숫자도 표기되어 있어 비시각장애인과 시각장애인이 함께 사용할 수 있습니다.

■ 약달력

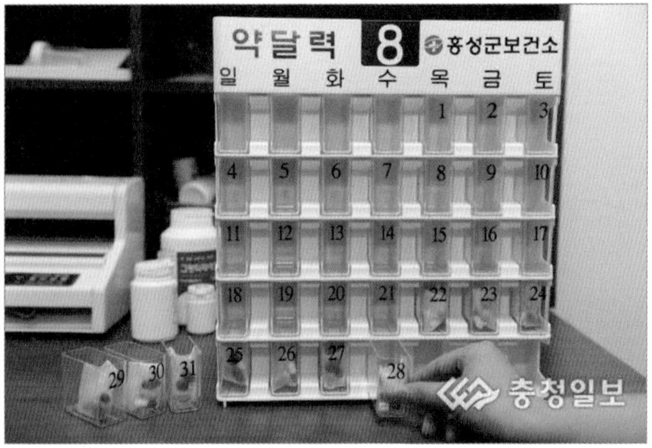

〈그림 20〉 약달력(출처: 충청일보)

작은 소지품 서랍처럼 생긴 이 달력은 꾸준히 챙겨야 하는 약이 많은 사람이나 약 먹는 것을 깜빡 잊기 쉬운 노인들을 위해 만들어진 약달력입니다. 투명한 플라스틱 서랍에 날짜가 적혀 있고 이 서랍은 달이 바뀜에 따라 위치를 옮길 수 있어 반영구적으로 사용할 수 있습니다. 서랍에 적힌 날짜를 보면 오늘 복용할 약을 잊지 않고 기억할 수 있을 것 같습니다.

■ 농사달력

〈그림 21〉 인삼농사달력(출처: 경상매일신문)

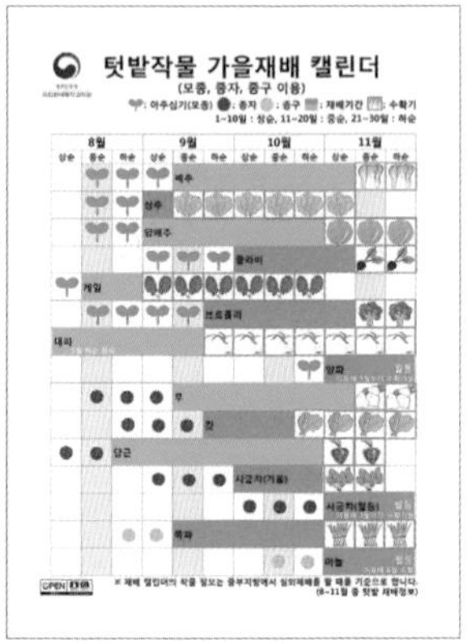

〈그림 22〉 농사달력(출처: 농촌진흥청)

농촌에서 흔히 볼 수 있는 농사달력에는 각종 농작물의 파종 및 모내기 시기뿐만 아니라 농약의 안전한 사용법 등 농사에 꼭 필요한 정보가 담겨 있습니다. 먼 옛날 이집트에서 그랬던 것처럼 농경사회에서는 때에 맞추어 파종하고 거두는 것이 아주 중요합니다. 작물별로 이 시기를 친절하게 안내해 주는 달력은 농촌진흥청에서 만들어 배포하여 농부들에게 많은 도움을 주고 있습니다.

이처럼 다양한 달력은 단순히 날짜를 확인하고 스케줄을 관리하는 데서 나아가 달력 사용자의 편의를 위한 기능도 지니고 있습니다.

2) 예술과 컨텐츠를 담은 재미있는 디자인의 달력

달력은 꼭 종이와 네모난 표 속의 숫자로 이루어 져야 할 까요? 톡톡 튀는 아이디어가 담겨 있는 재미있는 디자인의 달력을 살펴봅시다.

■ 블록달력

〈그림 23〉 레고달력

블록 달력은 블록 장난감처럼 생긴 숫자와 요일을 조립할 수 있는 달력입니다. 날짜 구성을 달리하여 어떤 해의 어떤 달이라도 표현할 수 있는 만년달력이며 조립하는 방법에 따라 무궁무진한 디자인으로 만들 수 있습니다.

■ 카메라 렌즈 달력

사진가인 Sharad Haksar가 DRLR카메라의 렌즈로 만든 달력입니다. 렌즈의 통을 조절하여 초점을 맞추듯 원통을 돌려 해와 달, 요일과 날짜를 조합할 수 있습니다. 매일 직접 손으로 날짜를 맞추며 시간의 흐름을 느낄 수 있으며 자세히 보지 않으면 달력인 지 알아차릴 수 없는 재미있는 디자인이 특징입니다.

〈그림 24〉 렌즈달력
(출처: http://www.yankodesign.com/?s=calendar)

■ Chrono Sherdder (파쇄기 달력)

독일의 디자이너 수잔나 허트리치의 달력 '크로노 슈레더'입니다. 매일 자정이 되면 3분간 파쇄기의 모터가 활성화되어 흘러간 날의 달력 종이를 천천히 자릅니다. 잘게 잘려나간 종이를 통해 지나간 날은 다시 돌아올 수 없음을 시각적으로 표현하였습니다. 이 달력을 사용하면 시간의 소중함을 더욱 실감할 수 있겠죠?

〈그림 25〉 Chrono Shredder

■ Perpetual Calendar

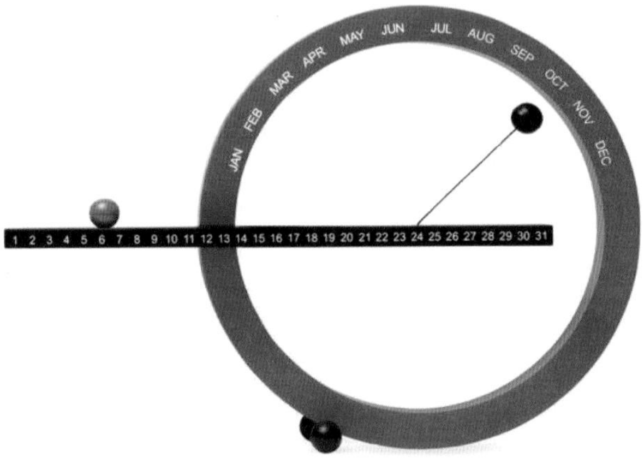

〈그림 26〉 자석만년달력 (출처: https://store.moma.org/office/calendars/perpetual-calendar/v13352.html?dwvar_v13352_color=Black%2F%20Silver&cgid=#q=calendar&lang=default&start=5_)

뉴욕의 현대 미술관 디자인 스토어에서는 원형과 선, 점으로 이루어진 만년달력을 구입할 수 있습니다. Gideon Dagan의 작품인 이 달력은 두 개의 구형 자석을 간단히 움직여서 달과 날을 표현합니다. 현대 미술 작품으로서도 손색이 없는 멋진 달력입니다.

■ Monthly Measure

영국디자이너 Sebastian Bergne 의 작품 'Monthly Measure'입니다. 톱니바퀴 모양으로 조각된 원목에 별 모양의 요일을 굴려 날짜를 바꿀 수 있습니다. 날짜 사이의 간격이 정확하게 1cm여서 자로도 사용 가능하다는 점이 더욱 재미있습니다.

〈그림 27〉 Monthly Measure

■ 컨텐츠와 달력

이 외에도 미디어 컨텐츠를 달력에 담아 높은 부가가치를 창출하기도 합니다. 2007년 겨울, 예능프로그램인 '무한도전'에서 만든 무한도전2008 달력은 선풍적인 인기에 높은 판매고를 기록했습니다. 이 달력은 여전히 많은 사람들에게 사랑을 받아 10년이 넘은 현재까지도 매년 꾸준히 발매되고 있으며 수익금은 불우이웃 돕기, 장학금에 사용하고 있습니다.

또한 이탈리아의 바티칸에서는 매년 잘생긴 신부님 12명을 선발하여 달력을 만들고 전 세계에서 바티칸을 찾은 관광객에게 기념품으로 판매하여 교황청의 운영비로 사용합니다.

사회의 소외계층을 돕기 위한 기금을 모으기 위해 달력을 제작하기도 합니다. 미국, 호주, 뉴질랜드 등의 국가에서는 매년 소방관 달력을 만드는데 몸짱 남녀 소방관들의 멋진 사진이 담겨 있습니다.

서울시에서도 2014년부터 매년 몸짱 소방관들의 사진이 담긴 달력을 판매하여 의료취약계층 화상 환자들을 돕습니다. 달력을 제작하는 과정에서 소방관뿐만 아니라 사진사, 기업도 함께 참여하여 재능을 기부하고 후원합니다. 이처럼 달력은 단순히 날짜를 표시하는 종이에 그치지 않고 문화 컨텐츠와 나눔의 가치를 재생산하는 데에도 사용되고 있습니다.

〈그림 28〉 무한노선달력

〈그림 29〉 소방관달력

Chapter 03

나만의 달력 만들기

1. 인물 달력

우리 반 친구들, 우리 가족의 모습이 담긴 인물달력. 만년 달력 형식으로 만들어 학급에 일 년 내내 게시해 둘 수도 있고, 달별로 가족의 기념일이나 추억을 새긴 달력을 만들 수도 있습니다. 사진촬영과 간단한 편집만으로 학급에서 사용할 수 있는 인물달력을 만들어봅시다.

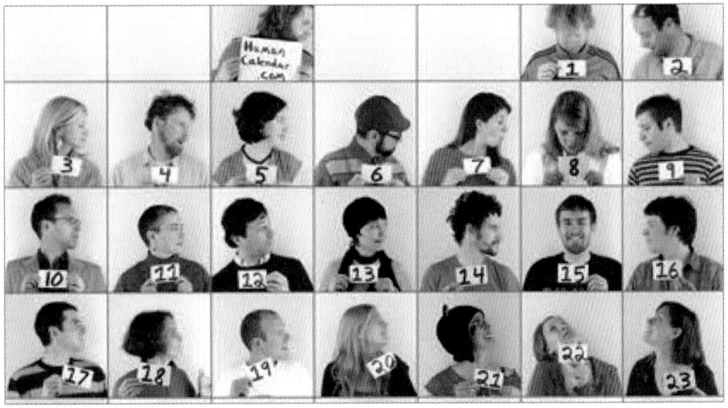

〈그림 30〉 인물달력 (출처: http://www.humancalendar.com)

01 달력의 날짜와 요일을 맡은 사람을 정합니다. 그 다음 각자 맡은 날짜나 요일을 종이에 그립니다. 가장 쉬운 방법으로는 자신의 출석번호에 해당하는 날짜를 맡으면 학기 초 학생들이 친구들의 출석번호와 이름을 자연스럽게 외울 수 있습니다.

02 본인이 만든 날짜, 요일 종이를 들고 사진을 찍습니다. 이 때 아래나 위, 옆쪽을 바라보고 찍거나 개성 있는 표정을 지으면 더욱 재미있는 장면을 연출할 수 있습니다. 사진을 찍을 때는 흰 벽 등의 깔끔한 배경 앞에서 찍는 것이 좋습니다.

03 한글 프로그램에 표를 만듭니다. 날짜 칸은 가로 7칸, 세로 5~6칸을 만들어야 1일이 주초나 주말이어도 칸이 모자라지 않습니다. 요일 칸까지 만들기 위해서는 가로 7칸, 세로 6~7칸의 표를 만들면 됩니다. 특정 달의 달력이 아닌 만년 달력을 만들고 싶다면 표를 만드는 과정을 생략하고 편집한 사진만 일정한 크기로 출력합니다.

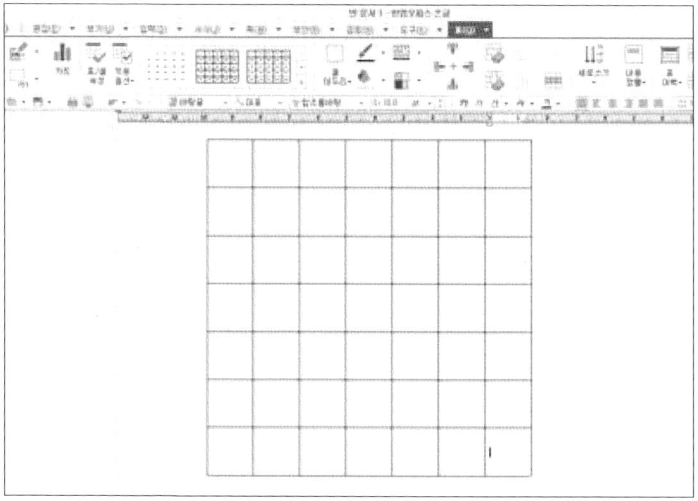

04 표의 각 셀에 촬영한 사진 파일을 삽입합니다. 만들고자 하는 달의 요일별 날짜와 사진 속 날짜가 잘 맞도록 합니다. 이 때 표의 크기와 위치도 알맞게 조절해 줍니다.

05 출력한 인물 달력은 자유롭게 꾸밀 수 있습니다. 반 학생 수가 31명이 안 될 경우 남은 칸에 좋아하는 그림이나 사진을 더 넣을 수도 있고 31명 이상인 경우는 월, 요일 칸을 나누어 맡을 수도 있습니다. 더 좋아하는 친구나 사이가 좋지 않은 친구라고 해서 친구의 사진에 특별한 표시를 하거나 사진을 훼손시키지 않도록 서로를 존중하는 태도에 대해서도 이야기를 나누어 봅니다.

일년 내내 사용할 수 있는 만년 달력으로 만들고 싶다면?

1) 사진을 일정한 크기로 편집하여 인쇄합니다. 이 때 날짜는 달과 상관없이 31일까지, 달은 12월까지 모두 만들어 줍니다.
2) 컬러 인쇄한 사진은 코팅하여 모서리를 둥글게 잘라냅니다.
3) 코팅한 사진의 뒷면에 작은 자석을 부착합니다.
   (글루건으로 부착하거나 스티커형 자석 이용)
4) 화이트 보드에 달별로 알맞게 배열하여 사용합니다.
5) 교실 뒤 게시판에 사용하고 싶다면 자석 대신 글루건이나 넓은 투명 테이프를 이용하여 압정의 머리 부분을 부착합니다.

2. 연필꽂이로 사용할 수 있는 만년 달력 만들기

달마다 날짜와 요일의 배합이 다른 달력, 때문에 매년 새로운 달력이 필요합니다. 하나의 달력으로 1년 내내, 나아가서 영구적으로 사용할 수는 없을까요? 연필꽂이로도 사용할 수 있는 만년 달력을 만들어 봅시다.

01 2장의 색지, 원통, 자, 문구용 칼, 풀, 양면테이프, 필기구를 준비합니다. 원통은 감자과자나 차가 담겼던 재활용품을 사용하였습니다.

02 색지를 원통의 크기에 맞추어 자르고 가로 13칸, 세로 5칸을 일정한 크기로 그립니다. 표의 크기는 상하좌우에 달력 여백이 들어갈 공간을 충분히 고려하여 정합니다. 이 때 아래위로 여백은 3cm이상 충분히 남겨둡니다. 가로 13칸, 세로 5칸이 달력이 표 안에 들어가려면 한 칸의 크기가 얼마인지 미리 계산하는 것이 좋습니다.

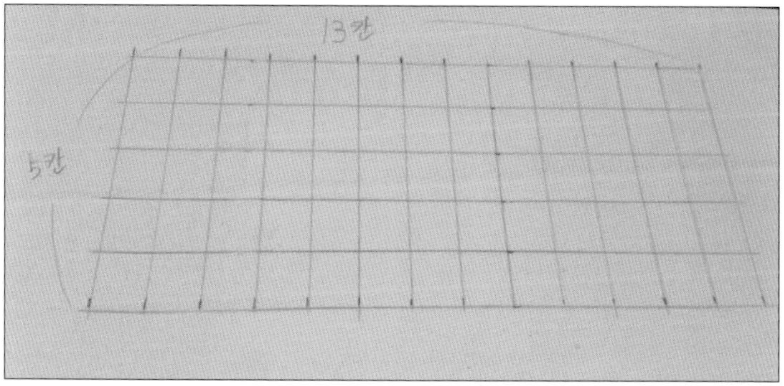

03 왼쪽의 여섯 칸을 비워두고 일곱 번째 칸부터 1에서 시작하는 달력의 숫자를 채워 넣습니다. 한 줄의 날짜가 순서대로 이어지도록 남은 칸에도 수를 채워 넣습니다. 마지막 줄 2칸의 30일과 31일은 23일, 24일과 겹쳐서 써야 합니다.

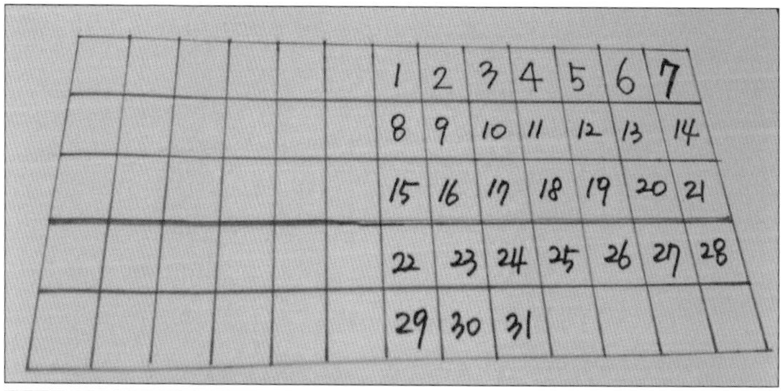

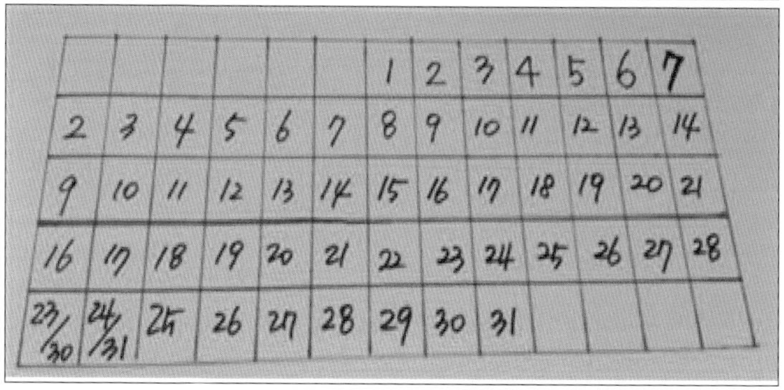

04 다른 색지에 가로 7칸, 세로 5칸 크기의 직사각형을 그리고 오려냅니다. 오린 부분의 위쪽에 요일을 써 주고 자유롭게 꾸밉니다. 한 칸의 크기는 항상 일정하게 해 주어야 달력을 완성했을 때 날짜가 제대로 보입니다.

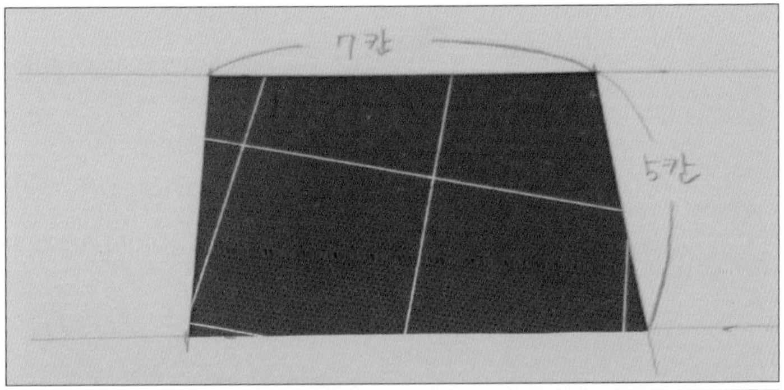

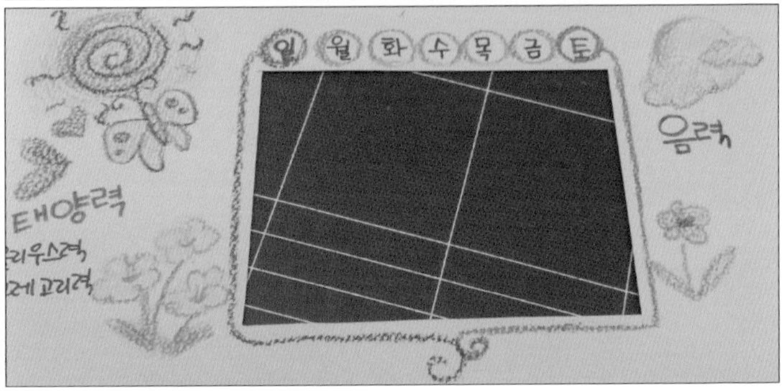

05 준비한 원통의 겉면에 날짜를 쓴 색지 전체 면을 양면테이프를 사용하여 단단히 붙여줍니다.

06 요일을 쓴 색지를 원통에 꼭 맞게 둥글게 말아서 종이의 끝끼리만 양면테이프로 고정합니다. 바깥쪽 색지는 원통 겉에서 돌려가며 날짜의 위치를 바꾸어 관찰할 수 있습니다.

07 연필꽂이로 사용할 수 있는 만년 달력이 완성되었습니다. 완성 된 달력의 바깥쪽 색지를 돌려가며 날짜와 요일의 변화를 관찰하고 달력의 규칙을 찾아봅니다. 뚜껑을 여닫을 수 있는 통이라면 소지품 보관함으로도 사용할 수 있습니다.

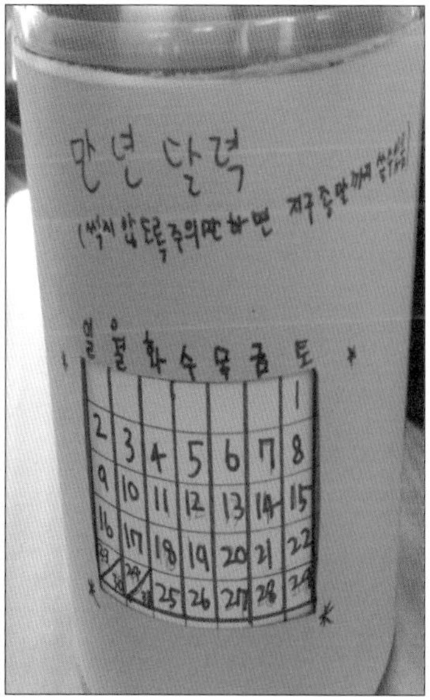

3. Canva로 디자인하는 나만의 달력

Canva는 태블릿, PC, 스마트 폰 등을 이용하여 사진을 편집하거나 그래픽 디자인을 할 수 있는 웹사이트로 2012년 Melanie Perkins, Cliff Obrecht and Cameron Adams에 의해 설립된 스타트업입니다. 이 사이트에서는 무료 템플릿과 이미지, 폰트로 쉽게 나만의 디자인 작업물을 제작할 수 있습니다.

01 https://www.canva.com/ 를 주소창에 치고 접속해 보겠습니다. 익스플로러 보다는 크롬에서 더 나은 성능을 보여줍니다. Canva에서는 등록한 이메일 계정으로 어디에서든지 자동으로 저장된 화면을 다시 꺼내어 볼 수 있습니다. 이를 위해 이메일로 계정을 등록하고 사용하는 것이 좋습니다.

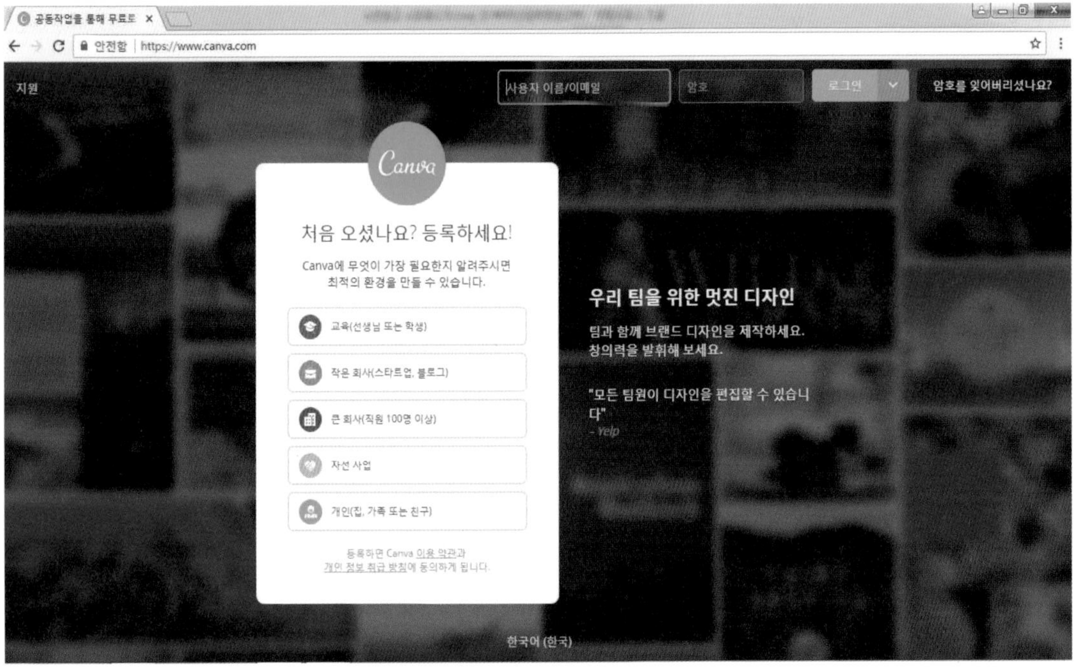

02 이메일과 비밀번호를 등록하면 가입자 유형을 선택하는 화면이 나옵니다. '학생'을 선택해 보겠습니다.

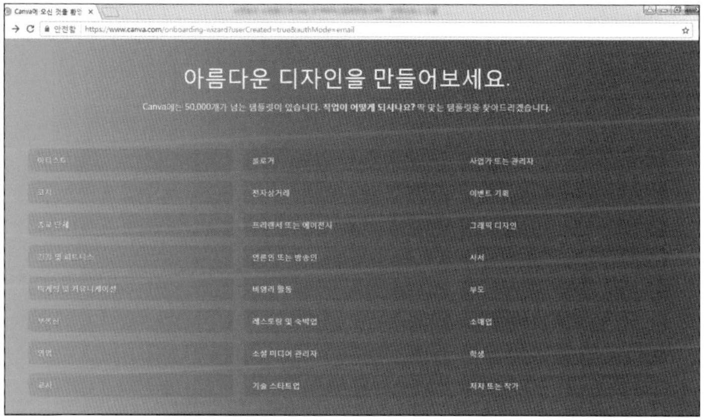

03 자주 사용하는 디자인 유형을 선택하면 알맞은 사이즈의 템플릿을 쉽게 만들 수 있습니다. 원하는 사이즈가 없다면 우측 상단의 '사용자 지정 치수 사용'을 클릭하여 직접 원하는 픽셀을 입력할 수 있습니다.

04 '디자인 만들기'를 선택하여 새로운 디자인을 만들 수도 있고 '템플릿 둘러보기'를 선택하여 다른 사용자가 만든 템플릿의 디자인을 이용하거나 수정할 수 있습니다. 화면 왼쪽의 카테고리 browse templates에서 calendar를 선택해 보겠습니다.

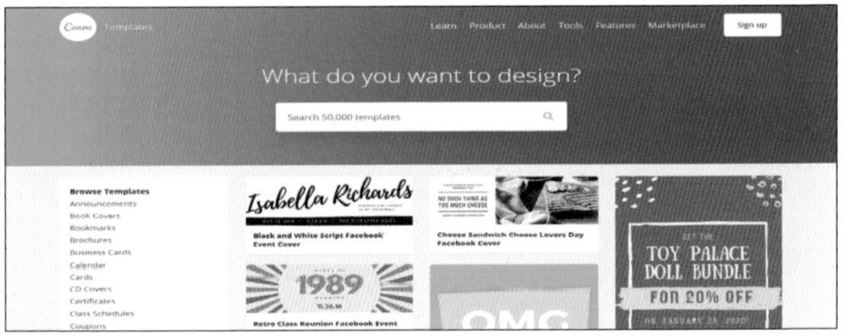

05 달력 템플릿 중 마음에 드는 구성의 템플릿을 하나 선택해 보겠습니다. 처음부터 직접 만들어도 되지만 날짜를 일일이 입력하기 번거롭다면 다른 사용자가 공유한 템플릿의 자료를 활용할 수 있습니다.

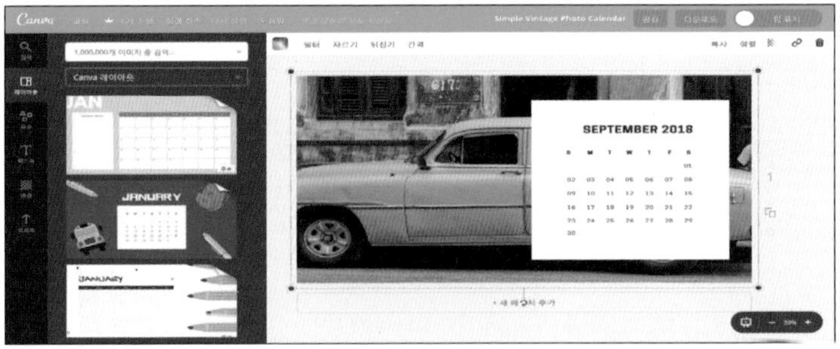

06 2018년 9월 달력을 만들어 보겠습니다. 선택한 템플릿 묶음에서 9월 달력만을 가지고 왔습니다. 이 템플릿의 달력 부분을 활용하여 나만의 달력을 만들어 보겠습니다.

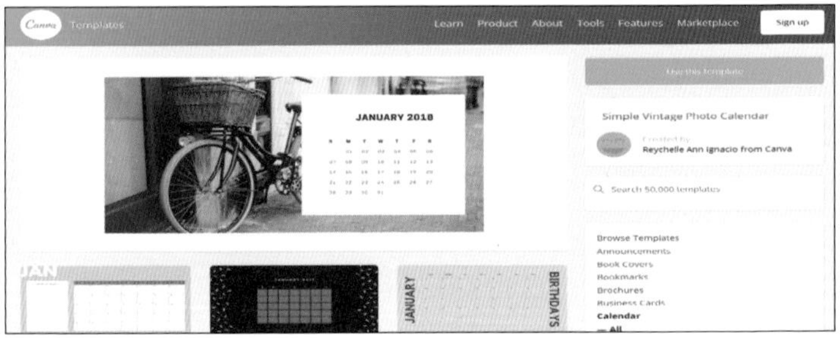

07 배경사진을 바꾸기 위해 배경을 클릭하여 활성화 시킨 뒤 우측 상단의 휴지통 아이콘을 클릭합니다. '이미지 삭제'를 선택하면 배경 그림이 사라지고 달력만 남아 있습니다.

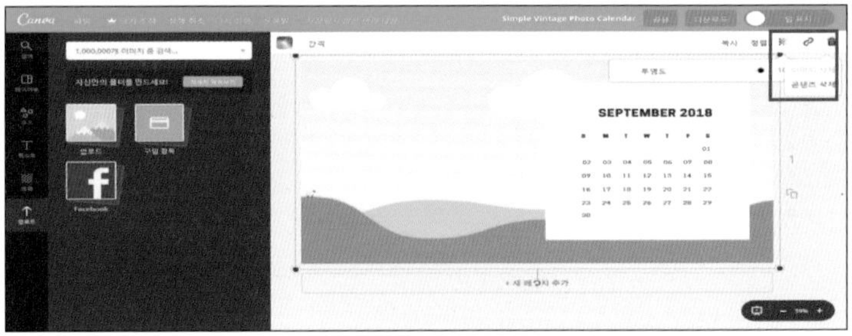

08 왼쪽의 도구 모음에서 업로드를 선택합니다. '업로드'는 내 컴퓨터에 있는 사진을 불러 올 수 있는 기능입니다. 'facebook'을 클릭하여 계정의 아이디와 비밀번호를 입력하면 나의 페이스북 계정에 있는 사진이 자동으로 업로드 되어 자유롭게 편집에 사용할 수도 있습니다.

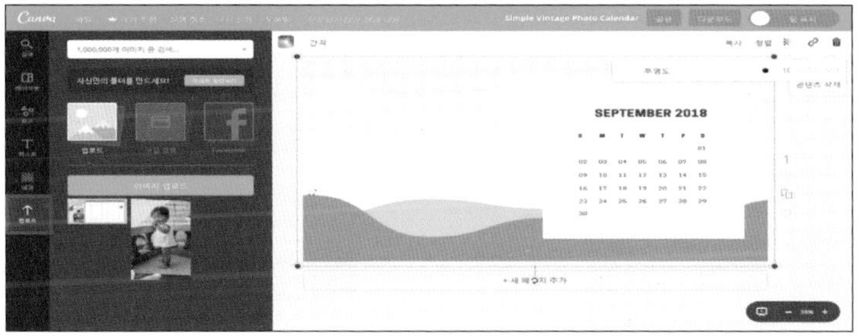

09 '업로드'를 클릭하여 내 컴퓨터에 저장된 이미지를 불러오겠습니다. 내 컴퓨터 속 사진을 왼쪽 하단에 직접 드래그해도 업로드 됩니다.

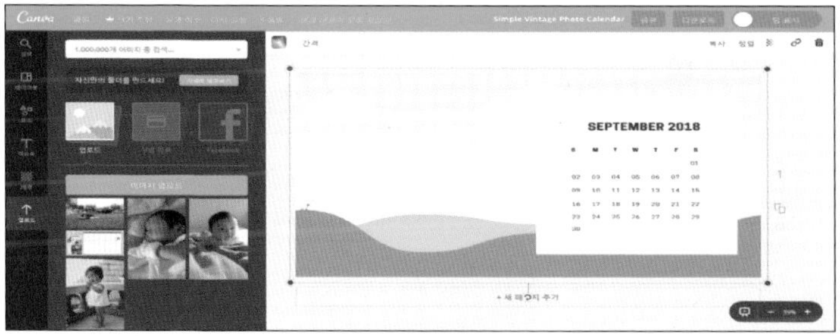

10 업로드 한 사진 중 한 장을 선택하여 더블클릭 하면 템플릿의 사이즈에 맞게 사진의 사이즈도 자동으로 조절되어 삽입됩니다.

11 다른 사진을 더블클릭해서 추가해 보겠습니다. 이 사진은 날짜 칸의 배경으로 사용할 것입니다. 사진의 색상 때문에 달력의 숫자가 잘 보이지 않습니다. 사진을 삽입했을 때 달력의 숫자가 가려진다면 정렬 기능을 사용하여 이미지의 순서를 앞, 뒤로 바꿀 수 있습니다.

12 오른쪽 상단의 도구모음 중 '투명도'를 클릭하면 사진의 투명도를 조절할 수 있는 바가 나옵니다. 드래그 하거나 직접 숫자를 입력하여 사진의 투명도를 조정해 줍니다.

13 두 장의 사진을 불러와 위치와 크기, 투명도를 조정하여 배치해 주었습니다. 이번에는 달력의 텍스트 상자 중 'september 2018' 의 글꼴을 바꾸어 주겠습니다. 가운데 상단의 도구모음을 이용하면 텍스트의 폰트, 크기, 색상, 기울기, 위치 등을 조절할 수 있습니다. 다양한 폰트를 제공하고 있지만 한글 폰트는 제한적입니다.

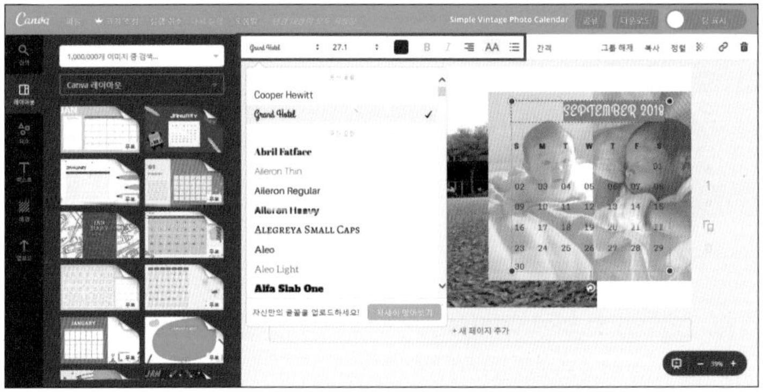

14 일러스트를 추가할 수도 있습니다. '요소'에서 일러스트레이션을 클릭해서 원하는 일러스트를 찾아도 되고 검색창에 원하는 키워드를 검색해도 좋습니다. 그 외에도 도형, 선, 아이콘, 표나 그래프를 추가할 수도 있습니다. 무료 이미지와 유료 이미지가 함께 나오는 것이 불편하면 '무료 사진' 아이콘을 클릭하여 무료 이미지만을 볼 수 있습니다.

15 Birthday 또는 생일을 검색하여 일러스트레이션 중 '숫자 1 촛불'과 '케이크'를 선택해 보겠습니다. 일러스트레이션을 더블클릭하면 편집 중인 템플릿에 자동으로 삽입됩니다. 삽입한 일러스트레이션은 크기와 위치를 자유롭게 조정할 수 있습니다. 또한 각각의 가운데 위쪽의 창에서 일러스트레이션을 구성하고 있는 컬러도 쉽게 바꿀 수 있습니다. 초의 컬러를 바꾸어 보겠습니다.

16 '텍스트'를 클릭하여 원하는 글을 자유롭게 삽입할 수도 있습니다. 이미 디자인 된 텍스트를 그대로 삽입하여 수정할 수도 있고, 제목 추가 또는 본문 텍스트 추가를 선택하여 직접 입력할 수도 있습니다. 제목 추가를 선택해 보겠습니다.

17 편집 중인 창에 활성화된 '제목 추가' 텍스트 상자가 보입니다. 이 텍스트 상자에 원하는 문구를 쓰고 글씨체와 크기, 위치를 조절해 줍니다. 'Ian's 1st birthday'를 입력하고 글씨체를 바꾸어 주었습니다.

18 일러스트레이션에서 생일과 관련된 다른 무료 이미지도 선택하여 삽입한 뒤 위치와 색상을 조정해 줍니다. 기존의 템플릿이나 사진, 이미지를 가지고 와서 사용하더라도 구성색상과 위치, 크기를 자유롭게 편집하여 사용할 수 있는 것이 canva의 장점입니다.

19 '요소'의 '도형' 탭에서는 다양한 도형을 사용할 수 있습니다. 가운데가 뚫려있는 하트를 더블클릭하면 디자인 중인 템플릿의 중앙에 하트 도형이 삽입됩니다.

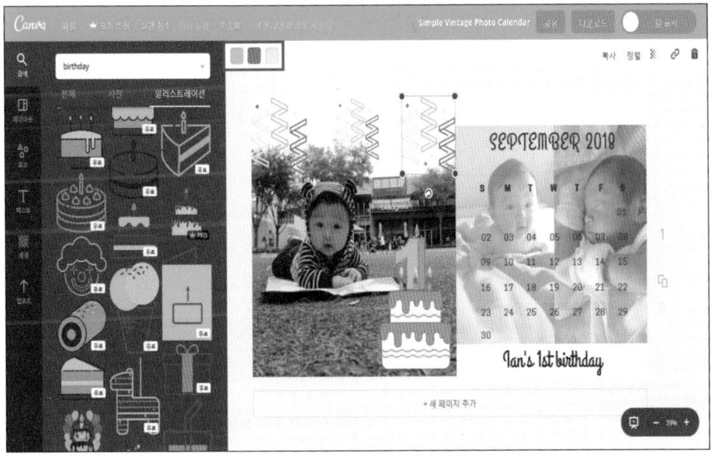

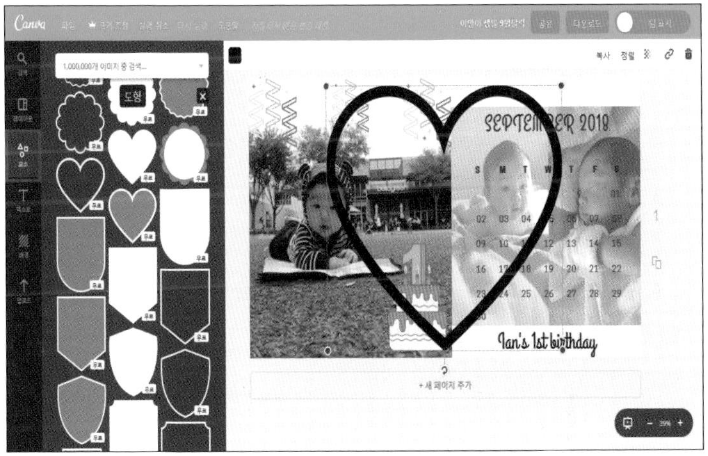

20 원하는 위치에 하트 도형의 크기를 적절히 조정하여 배치해 줍니다. 이제 달력 디자인을 마쳤습니다. 완성한 달력을 저장해 보겠습니다.

21 디자인을 완료한 달력을 저장하기 위해서 우측 상단의 '다운로드'를 클릭합니다. PNG파일 또는 PDF파일로 다운받을 수 있습니다. 권장 사항인 PNG파일을 선택하여 다운로드 해 보겠습니다.

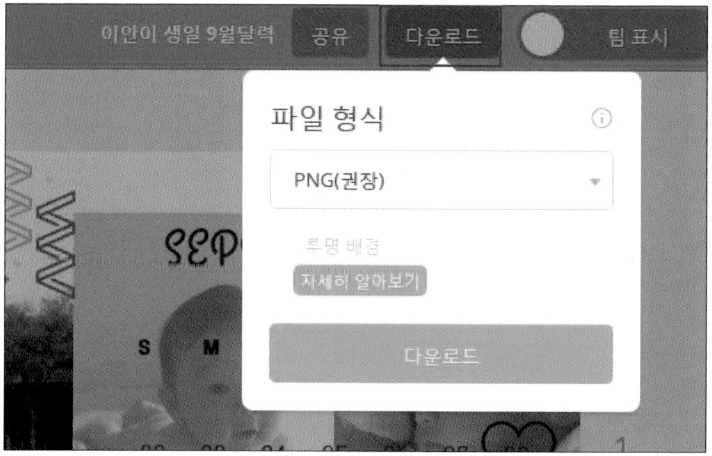

22 나의 디자인 과정은 웹상에 자동으로 저장되고 있습니다. 언제든지 템플릿을 다시 수정하거나 재생산할 수 있습니다. 또한 다운로드한 PNG파일은 내 컴퓨터에 저장됩니다. 완성된 달력은 웹페이지에서 출력하거나 저장된 파일로 직접 출력할 수도 있습니다.

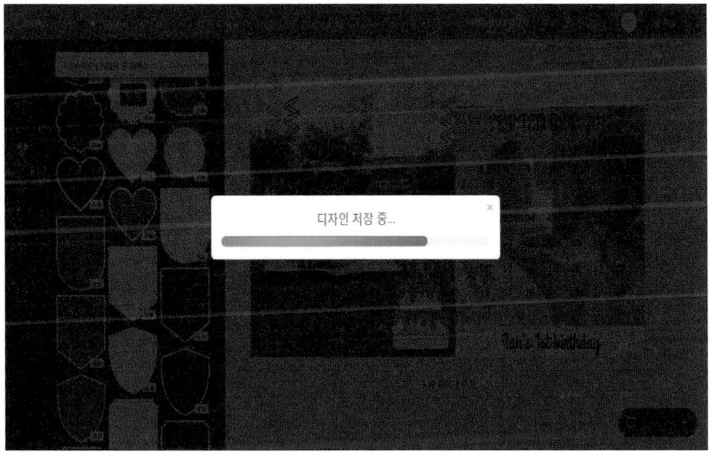

23 내가 디자인한 템플릿을 다른 사람에게 공유할 수도 있습니다. 공유를 허용하면 템플릿 모음의 왼쪽 상단에 사람 모양의 아이콘이 생깁니다. 누구든지 나의 템플릿을 다시 편집하고 재생산할 수 있습니다.

24 Canva는 태블릿이나 스마트폰에서도 사용이 가능합니다. 앱스토어에서 Canva를 검색하여 설치합니다. 설치 도중 갤러리에 접속을 허용하는지를 묻는다면 허용해 주어야 내 기기에 저장된 사진도 편집에 사용할 수 있습니다.

25 검색창에 'Calendar'를 검색하면 달력과 관련된 다양한 무료 템플릿을 사용할 수 있습니다. 웹에서는 한글로 검색이 가능하지만 아직 앱에서는 이미지나 템플릿을 검색할 때 영어로 입력해야 합니다.

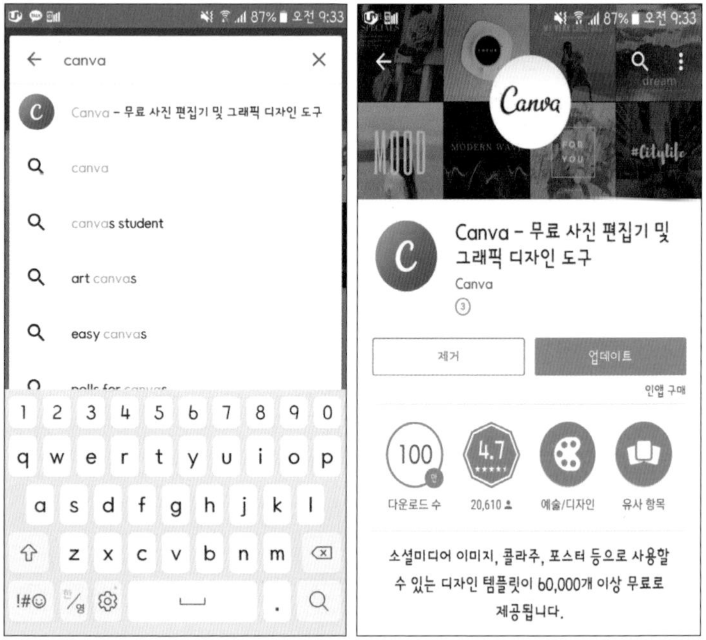

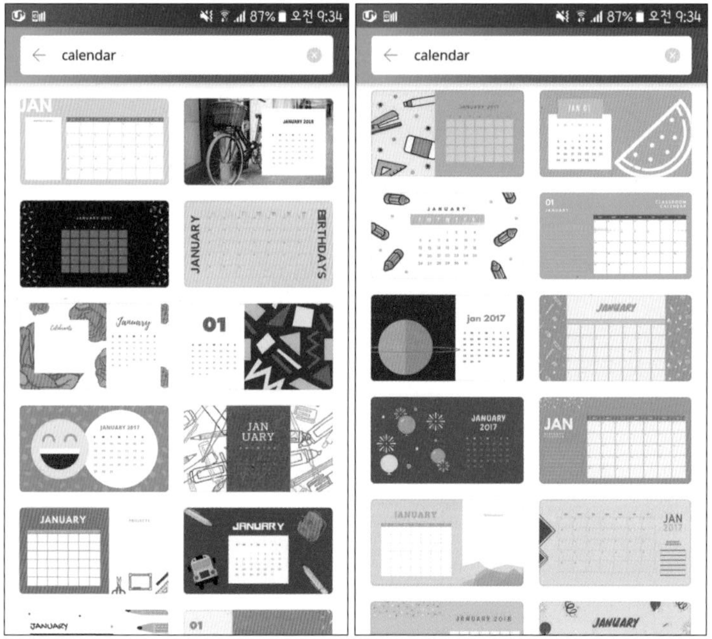

26 템플릿을 하나 선택해 보겠습니다. 화면 하단에 'Tap something to start editing.' 이라는 문장을 확인할 수 있습니다. 템플릿의 어디든 터치하면 텍스트, 화면 구성, 이미지, 색상 등을 자유롭게 변경할 수 있습니다. Transparency를 선택하여 배경이나 이미지의 투명도를 조절할 수도 있습니다.

27 오른쪽 하단의 + 마크를 선택하여 텍스트, 이미지, 그래픽(도형), 템플릿 등을 추가할 수 있습니다. 앱은 웹에 비해 한글을 많이 지원하지 않지만 직관적인 아이콘을 사용하기 때문에 간단한 영단어를 미리 숙지하거나 웹사이트에서 사용법을 익힌 후에 사용하면 어린이들도 충분히 앱을 이용하여 디자인 할 수 있습니다.

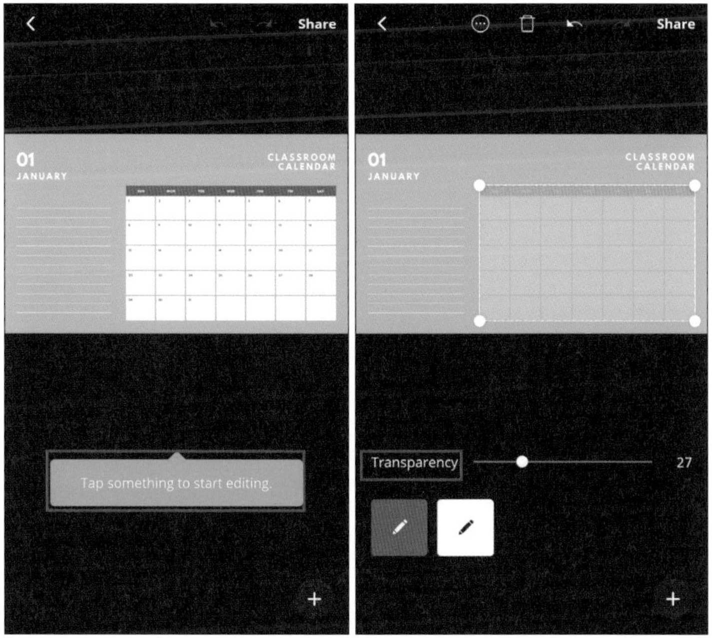

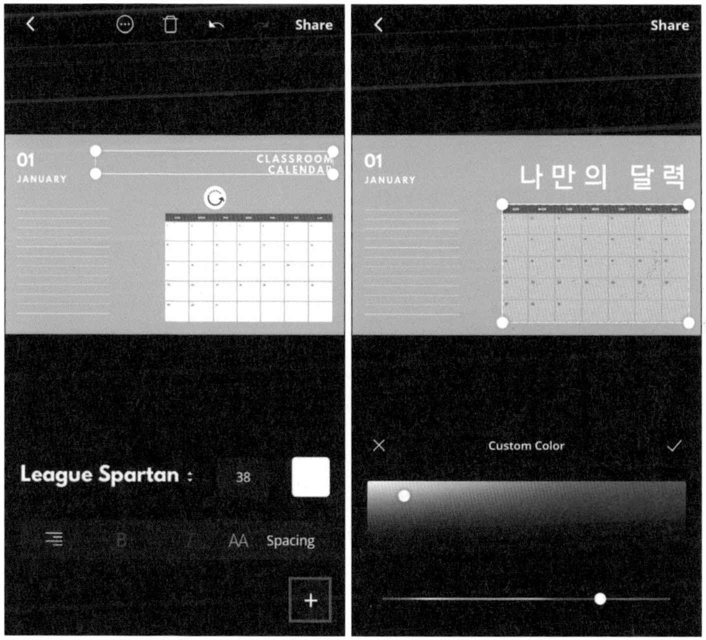

28 편집이 끝나면 오른쪽 상단의 Share를 누릅니다. 'Making the magic happen...' 문구가 뜨면서 디자인한 템플릿에 진행과정이 푸른 색상으로 표시됩니다.

29 다운로드가 완료되면 컨텐츠를 메시지, SNS, 이메일 등을 통해 다이렉트로 공유할 수 있습니다. 또한 디자인한 이미지는 자동으로 태블릿이나 핸드폰의 갤러리에 저장됩니다.

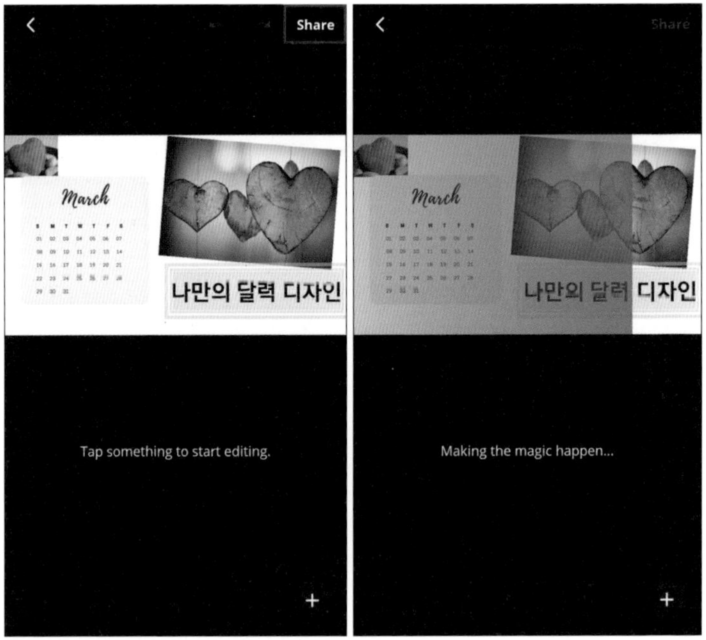

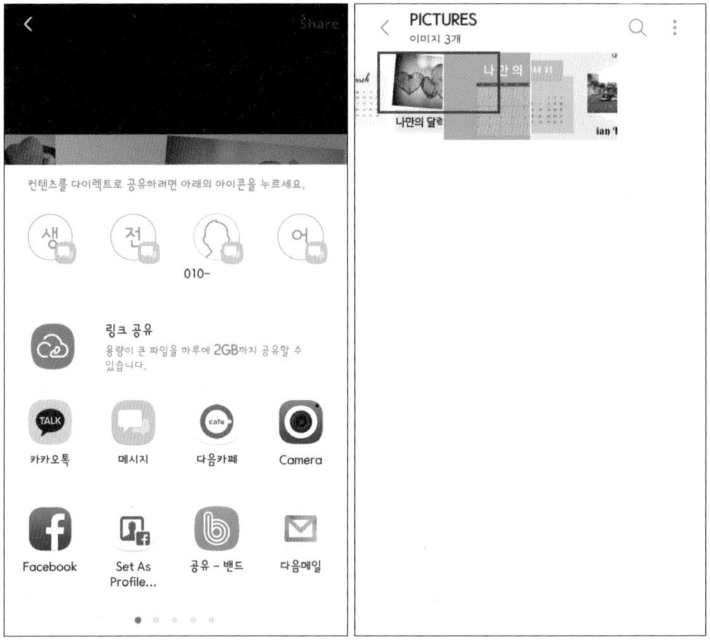

30 앱에 재접속 하거나 웹상에서 로그인하면 내가 작업하였던 결과물이 Your Design에 자동으로 저장이 되어 있습니다.

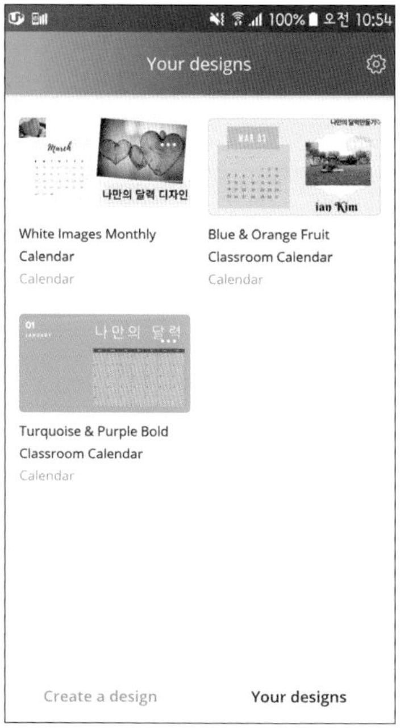

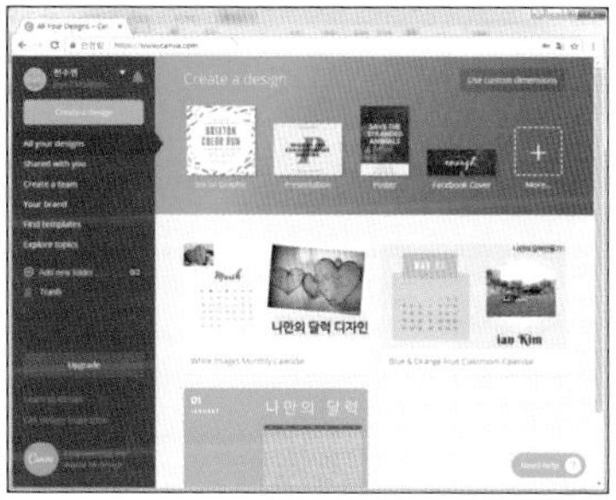

31 웹상에 저장되어 있는 달력디자인을 클릭해 보겠습니다. 우측 상단에 Share 아이콘이 있습니다.

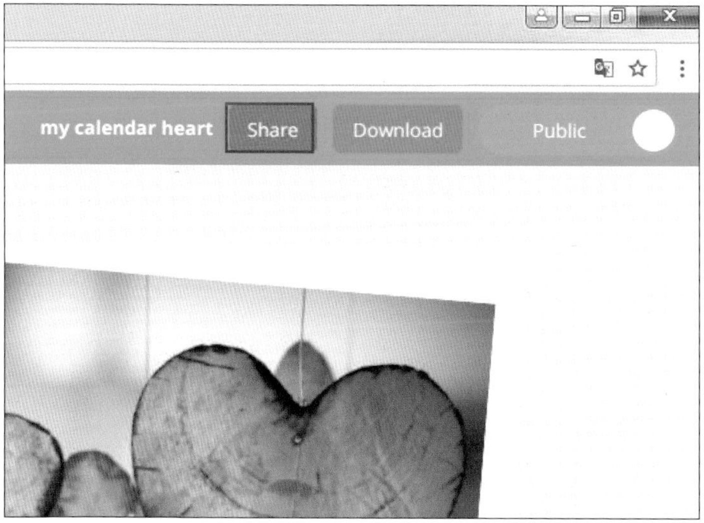

32 이메일이나 SNS, 링크주소 등을 이용하여 나의 디자인을 공유할 수 있습니다. Can edit에 체크한 뒤 링크 주소를 Copy하여 공유하면 주소를 받은 누구든지 디자인을 수정할 권한을 가지게 됩니다. 내 디자인을 수정하는 것을 원하지 않으면 Can view에 체크합니다. 공유 받은 사람은 나의 디자인을 볼 수는 있으나 편집할 수 없습니다.

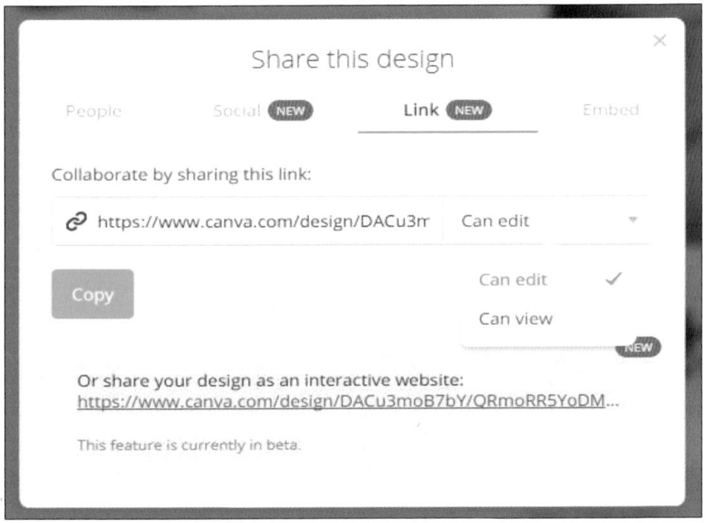

33 공유된 주소로 웹에 접속해 보았습니다. Edit 버튼으로 디자인을 편집하거나 템플릿을 사용할 수 있으며 좋아요, 댓글 기능도 있습니다. 학급에서의 결과물을 학급홈페이지나 학급SNS에 링크로 공유하면 친구들이 서로의 작품을 감상하고 감상평을 써주며 상호 평가 활동을 할 수 있습니다. 또한 친구의 작품을 수정하여 개선된 디자인을 만들어 낼 수도 있습니다.

처음부터 완전히 새로운 작품을 만들거나 정교한 편집을 원한다면 다양한 기능과 공유옵션 등을 사용할 수 있는 웹페이지를 사용하면 좋습니다. 교실에서 간단히 디자인, 편집, 수정 등을 할 때에는 태블릿이나 개인 스마트폰을 사용해도 충분히 즐거운 디자인의 경험을 할 수 있습니다.

〈그림 31〉 태블릿PC에서 칸바앱을 활용하여 달력을 디자인하는 모습

PART
04

센서 하우스

주제선정이유

몇 년 전, 필자는 알루미늄 호일과 필름통, LED등을 이용하여 코히러 검파기를 만들고 50cm~1m정도 떨어진 곳에서 압전세라믹을 이용하여 발생시킨 전파로 LED에 불이 켜지도록 하는 마르코니 무선실험을 학생들과 함께 시연한 적이 있습니다. 휴대용 가스버너 등의 부품으로 사용되는 압전세라믹으로 전파를 발생시키고 주변에서 구하기 쉬운 재료를 이용하여 검파기를 만들어 원격으로 LED에 불이 들어오는 모습에 학생들은 매우 신기해하며 관심을 가졌습니다. 스마트폰으로 통화를 하며 문자를 주고받고 동영상도 서로 주고받는 학생들이 매우 간단한 전파 실험에 신기해하는 것이 아이러니하였습니다. 학생들은 주변에서 쉽게 접하는 것들에 대하여 너무 익숙해져 버린 탓에 원리에 대한 탐구와 이해보다 활용에만 관심을 가졌기 때문일 것입니다.

사물과 사물 간의 네트워크와 자동화, 센서 등은 이미 우리 주변에서 많이 활용되어지고 있습니다. 사람이 다가가면 문이 열리고 닫히는 자동문, 방안의 온도를 일정하게 유지시켜주는 냉방기와 온풍기, 어두워지면 자동으로 불이 켜지는 가로등, 고속도로에서 차량이 게이트를 통과하기만 하여도 요금이 지불되는 하이패스 등은 모두 센서에 의해 반응을 하는 것입니다.

4차 산업 혁명은 이러한 자동화를 더욱 가속화하고 있으며 전문가가 아닌 일반인도 자신에게 필요한 자동화시스템을 구축할 수 있도록 기술이나 비용에 대한 진입장벽을 낮추어 주었습니다. 다양한 기능을 포함한 보드는 소형화되고 저렴해졌으며, 센서의 종류는 많아졌습니다. 코드는 오픈되어 있어 마음만 먹으면 누구나 쉽게 가져다 사용할 수 있고 자신에게 맞도록 수정할 수도 있습니다. 아이디어만 있으면 이를 실현하는 것은 어렵지 않습니다.

그러나 시도해보지 않으면 쉬운 것도 어려워 보이며 부담이 되기 마련입니다. 센서에 반응하여 움직이는 무엇인가를 만들어 보면 원리에 대한 이해도가 높아지고 관심도 더 많이 생기지 않을까요? 간단한 연습을 통해 새로운 아이디어도 생기지 않을까요? 센서에 반응하는 움직임을 만들어 보는 것은 어떨까요?

Chapter 01 메카트로닉스 살펴보기

1. 메카트로닉스가 뭐지?

메카트로닉스(mechatronics)는 기계(mechanics)와 전자(electronics)의 융합기술로 1960년대 일본 야스카와 회사의 수석 기술자, 테츠로 모리(Tetsuro Mori)가 처음 사용하였습니다(1969). 일찌감치 개념을 정립한 일본은 메카트로닉스 왕국이라 불릴 정도로 이 기술과 산업이 발달해 있습니다.

자동차를 예로 들어 보겠습니다. 과거의 자동차는 사람이 가속(accelerator) 페달을 밟으면 기계적인 장치에 의해서 빨라지고 핸들을 움직이면 이 역시 기계적인 장치에 의해 방향을 바꾸며 움직일 뿐이었습니다. 여기에는 연료를 얼마나 효율적으로 사용할 것인지, 공기의 저항을 얼마나 줄일 것인지를 모두 기계공학적으로 접근하였습니다. 그러나 최근의 자동차는 이러한 거의 모든 것들이 반도체에 의하여 제어가 됩니다. 사람이 가속 페달을 밟더라도 자동차에 내장되어 있는 프로그램에 의해 가속이 되며 방향을 전환할 때나 브레이크를 밟을 때 역시 프로그램에 의해 제어가 됩니다. 최근에는 앞·뒤·옆에 탑재된 카메라로 장애물과 주차선을 파악하여 정확한 위치에 주차할 뿐만 아니라 자율주행도 가능하게 되었습니다.

자동차를 만들 때 역시 메카트로닉스가 활용됩니다. 과거에는 사람이 직접 하던 일을 지금은 산업용 로봇이 대신하고 있는데 이 로봇들은 전자공학에 의해 움직이는 기계들이기 때문입니다. 전자제어장치에 의해 움직이다 보니 한 치의 오차도 없이 정확하고 빠르게 자신의 역할을 수행하여 불량률을 낮출 수 있으며 프로그램 수정을 통해 다른 역할로 전환하는 것도 가능합니다.

이와 같이 메카트로닉스 기술은 이미 우리 생활에서 활용되고 있으며 그 활용범위가 점차 넓어지고 있습니다. 4차 산업 혁명과 더불어 이러한 기술은 산업현장에서만 사용되는 것이 아니라 일반인들도 활용할 수 있게 될 전망입니다.

2. 생활 속 메카트로닉스 기술

메카트로닉스 기술은 우리 생활 속에서 어떻게 활용이 될까요? 생활 속에서 전자제어장치에 의해 움직이는 기계장치는 모두 메카트로닉스 기술이 적용되었다고 생각하면 됩니다. 아파트 현관문을 나설 때 자동으로 문이 열리는 출입문도 메카트로닉스 기술이 활용된 예입니다. 사람이 다가오는 것을 센서가 감지하여 신호를 보내고 이 신호에 의해 문이 열리고 닫히도록 프로그램이 된 것입니다. 에스컬레이터 역시 자동문과 같은 원리로 사람이 없을 때는 운행하지 않다가 사람이 들어서면 운행을 합니다. 온도가 높은 한 여름 에어컨의 온도를 26℃로 설정하면 온도센서가 온도를 감지하여 방안의 온도가 26℃가 될 때까지 냉방을 하고 26℃보다 낮아지면 멈추는 것 역시 메카트로닉스 기술이 적용된 것입니다. 최근 미세먼지가 많아지면서 집안의 필수품으로 자리 잡은 공기청정기도 센서에 의해 미세먼지 농도를 측정하고 수치가 높아지면 작동을 하게 되는데 이 역시 전자장치로 제어하는 기계장치라고 할 수 있습니다.

Chapter 02 센서 하우스 계획하기

■ 무엇을 만들 것인가?

센서로 감지된 데이터를 이용하여 자동으로 동작하는 집을 만들 계획입니다. 예를 들어 빛 센서를 이용하여 어두워지면 자동으로 불이 켜지고, 온도센서로 온도의 변화에 따라 선풍기가 작동하는 것입니다. 출입문도 자동문이 되면 좋겠습니다.

■ 무엇으로 만들 것인가?

재료에 특별한 제한이 있지는 않습니다. 학생들이 주변에서 쉽게 구할 수 있는 재료로 만드는 것이 좋습니다. 다만 모양을 자신들이 쉽게 변형할 수 있어야 하며 기능구현이 가능해야 합니다. 본서에서는 과학상자 6호 부품을 이용하여 프레임을 만들고 우드락을 이용하여 외관을 꾸밀 예정입니다.

■ 어떻게 구현할 것인가?

아두이노에 센서와 모터, LED 등을 연결하여 구현할 수 있습니다. 그러나 아두이노는 초등학생이나 초심자에게는 회로 연결이나 코딩이 어려울 수 있으므로 본서에서는 아두이노 플랫폼에 기반한 과학상자 코딩보드세트와 센서모듈을 이용하여 구현할 예정입니다. 과학상자 코딩보드는 엔트리와 호환되므로 엔트리로 코딩하여 움직임을 구현할 것입니다.

■ 구상도

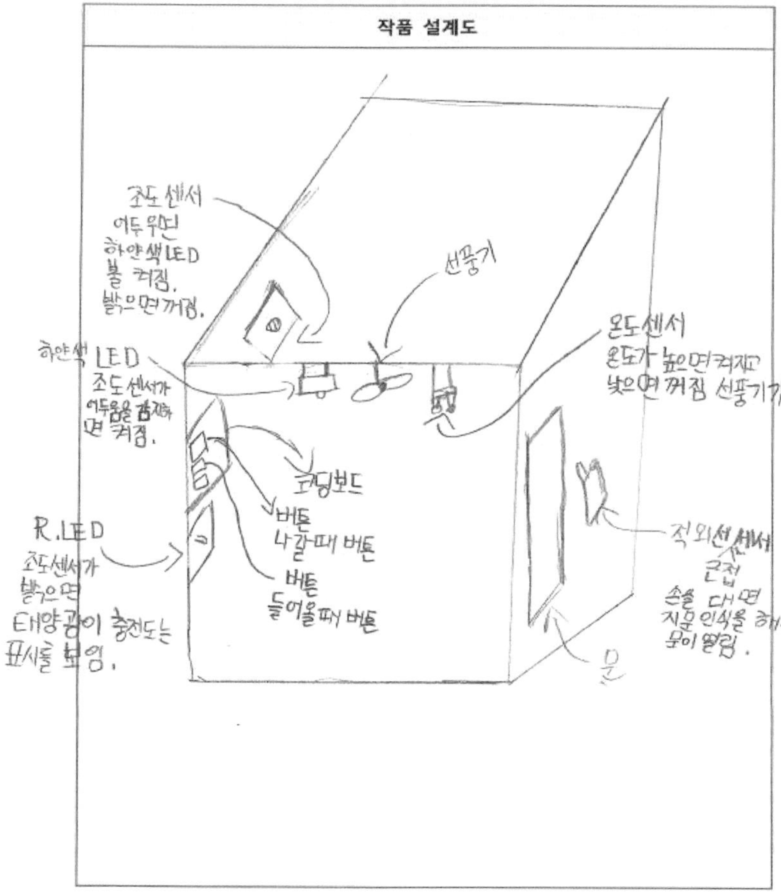
작품 설계도
조도 센서
어두우면
하얀색 LED
불 켜짐.
밝으면 꺼짐.
선풍기
온도센서
온도가 높으면 켜지고
낮으면 꺼짐 선풍기가.
하얀색 LED
조도 센서가
어두움을 감지하면 켜짐.
코딩보드
버튼
나갈때 버튼
버튼
들어올때 버튼
R.LED
조도센서가
밝으면
태양광이 충전되는
표시를 보임.
적외선 센서
근접
손을 대면
지문 인식을 해서
문이 열림.
문

■ 센서하우스 미리보기

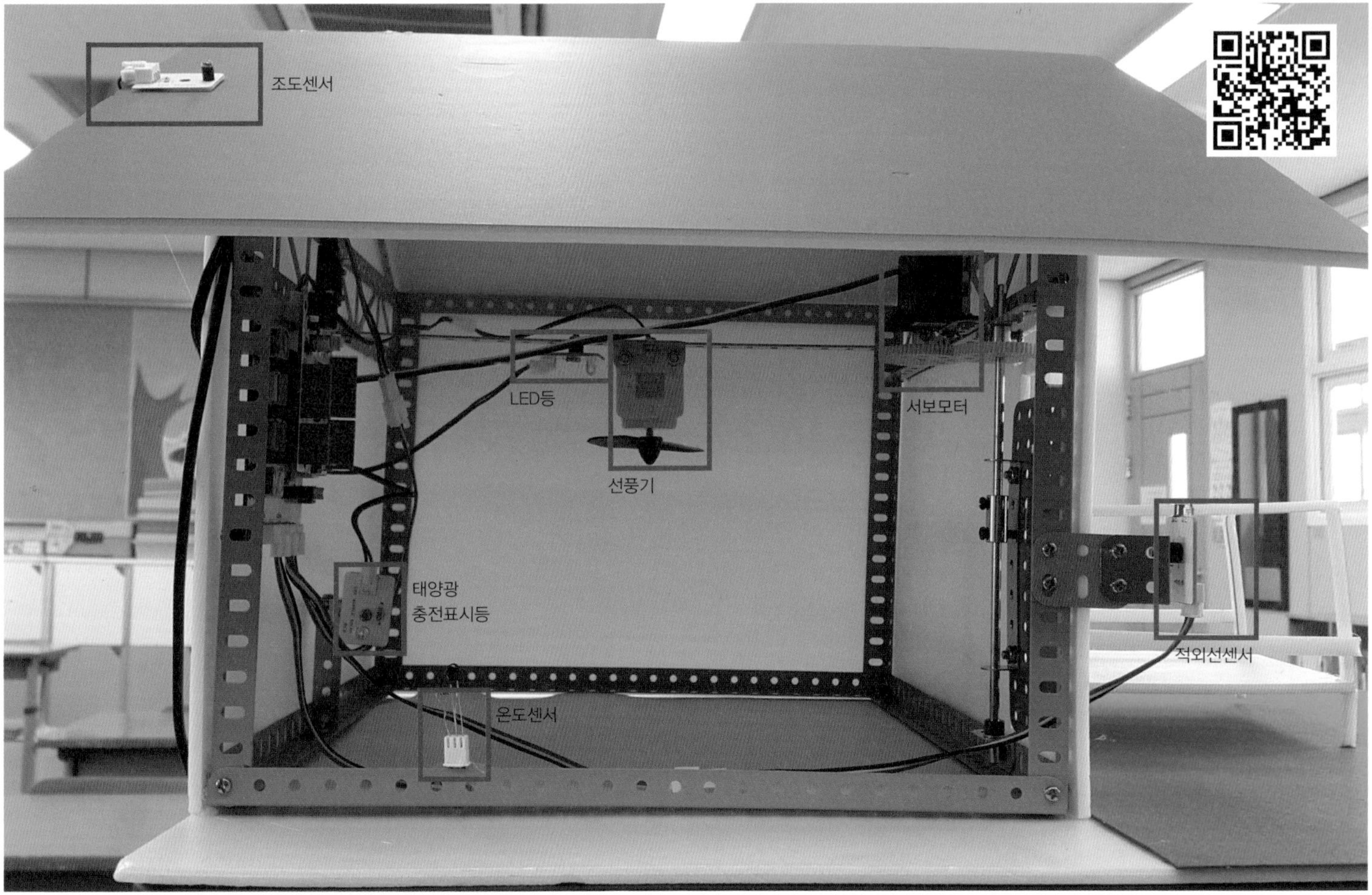

Chapter 03 센서 하우스 틀 만들기

01 25공 앵글 4개를 이용하여 바닥 사각 프레임을 만들어 줍니다. 기둥을 세워야 하므로 아랫면에만 볼트와 너트를 체결합니다. 앵글에는 원형 구멍과 타원형 구멍이 있는데 타원형 구멍이 아래쪽으로 가는 것이 기둥을 세웠을 때 흔들림이 덜하게 됩니다.

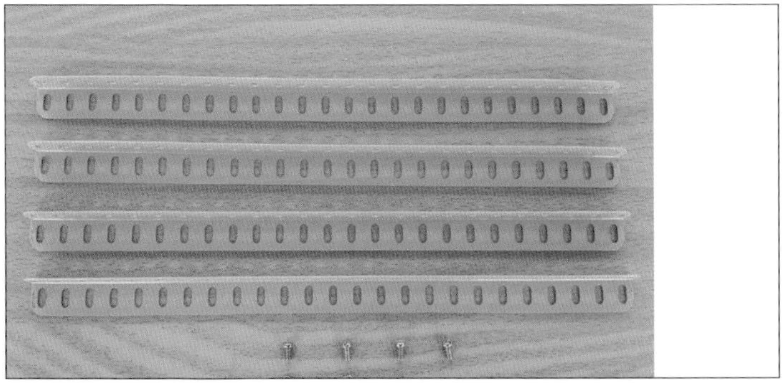

02 19공 앵글 4개를 이용하여 기둥을 세워줍니다. 볼트의 머리가 바깥쪽을 향하도록 하고 너트를 프레임의 안쪽으로 넣어 체결하는 것이 좋습니다.

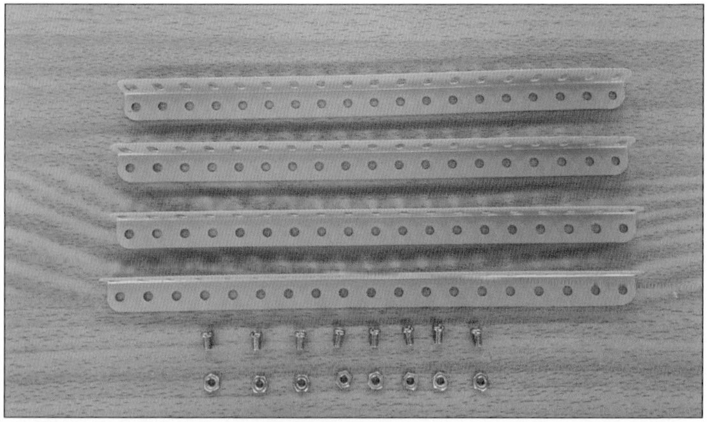

03 25공 스트립 2개와 25공 트러스스트립 2개를 이용하여 상단 지지대를 연결하여줍니다. 각 프레임이 모두 90°를 유지하는지 확인합니다.

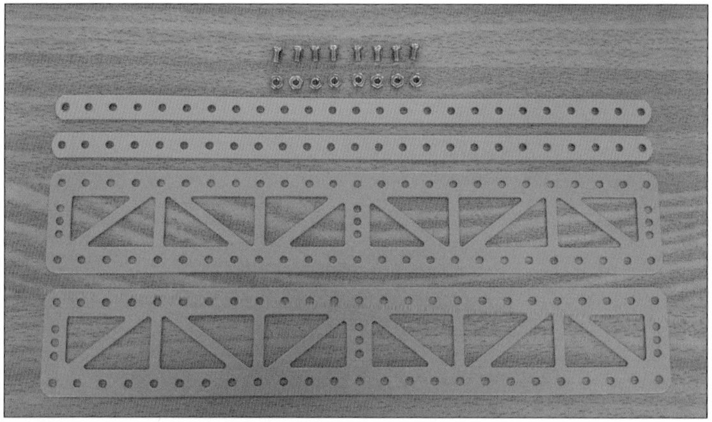

04 11공 앵글 2개를 트러스스트립 하단부분 양쪽 끝을 기준으로 연결합니다. 11공 앵글 1개에는 문을 연결할 예정이나 다른 하나는 미관상 균형을 이루도록 부착한 것으로 기능에는 없어도 상관이 없습니다.

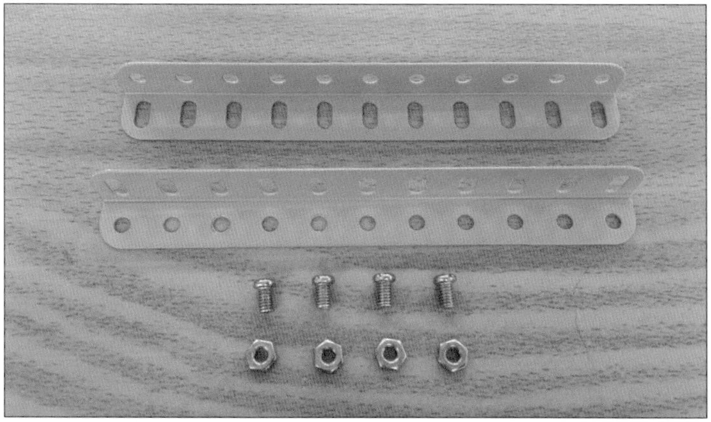

05 25공 스트랩 1개, 3공 ㄷ형 스트랩 1개와 5공 ㄷ형 스트랩 1개를 이용하여 상단 가운데 부분을 연결하여 줍니다. 3공 ㄷ형 스트랩 2개를 이용해도 무방합니다.

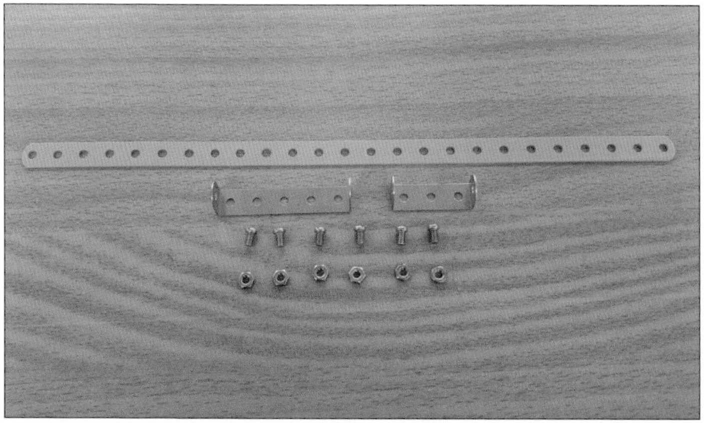

06 25공 스트랩 1개와 15공 스트랩 4개, ㄱ형 브래킷 2개를 이용하여 지붕의 형태를 만들어 줍니다.

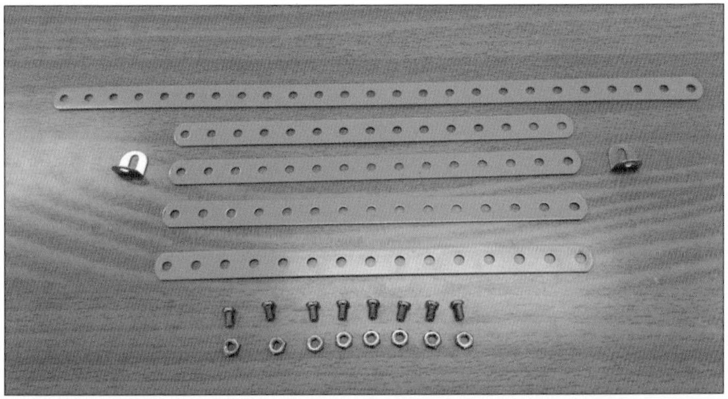

07 평판(대) 1개, 7공 ㄷ형 스트랩 1개, 축연결부싱 1개, 10cm 축 2개, 실리콘부싱 1개, 멈춤나사 2개, 평기어(소) 1개를 준비합니다. ㄷ형 스트랩을 평판의 한 쪽 끝 가운데에 볼트로 고정하고 축연결부싱도 적당한 위치에 고정시킵니다.

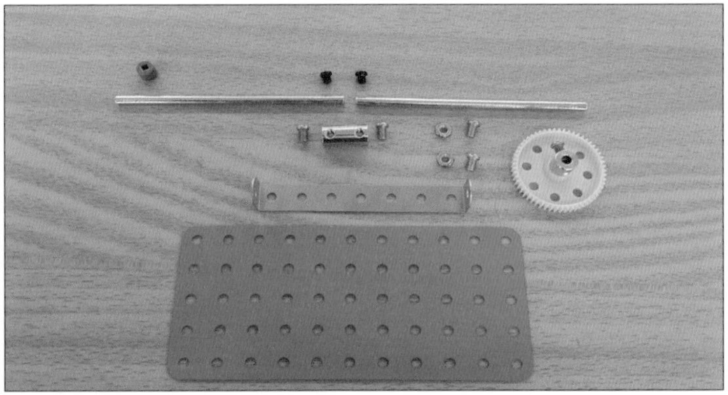

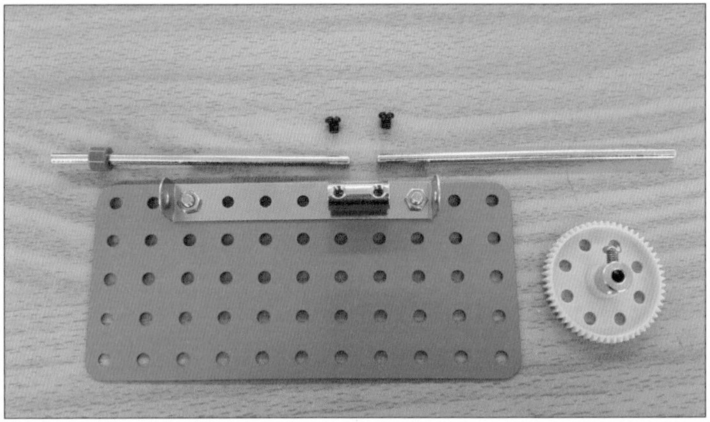

08 축연결부싱과 평판-스트랩을 연결할 때에는 볼트를 강하게 조이면 축이 들어가지 않으므로 살짝 걸치듯이 놓은 후 축을 끼우고 강하게 조입니다.

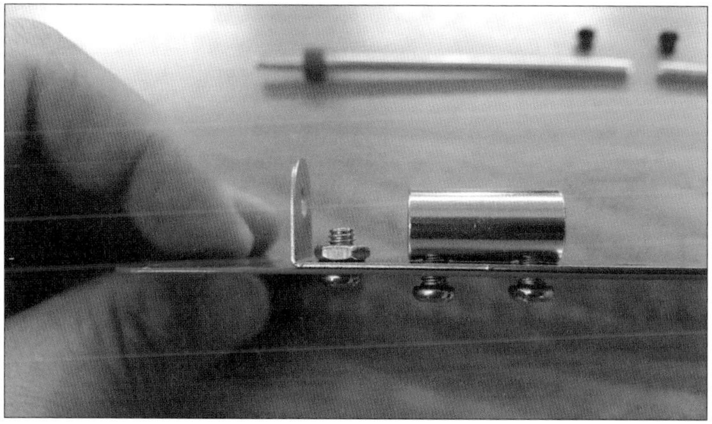

09 2개의 축이 축연결부싱 안쪽에서 맞닿도록 끼우고, 멈춤나사로 고정하여 움직이지 않게 고정합니다. 한쪽에는 평기어를 연결하고 다른 쪽에는 실리콘부싱을 끼웁니다.

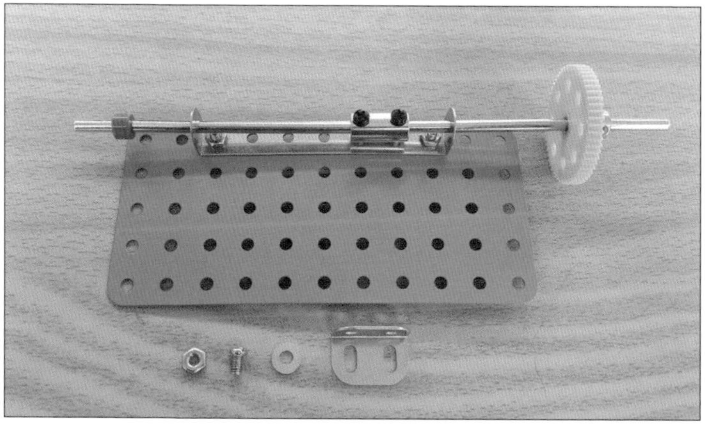

Chapter 04 센서 및 구동장치 연결하기

01 앞에서 만든 문과 와셔, 2공 ㄱ형브래킷을 준비합니다.

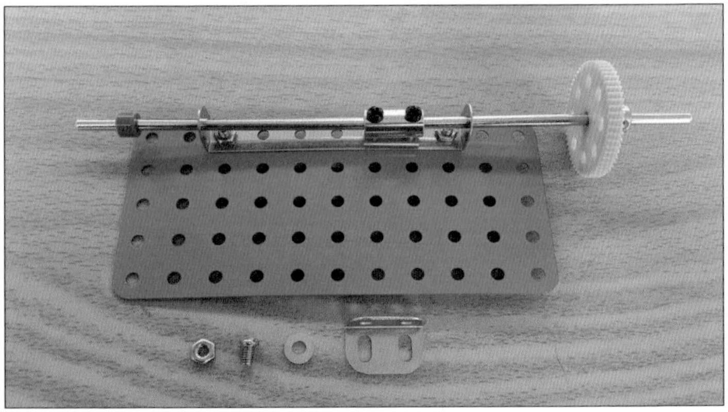

02 하우스 프레임 하단에 ㄱ형브래킷을 연결하고 여기에 앞에서 만든 문을 연결합니다. 실리콘 부싱 아래에는 와셔를 두어 문이 열리고 닫힐 때 마찰을 줄여 주도록 합니다.

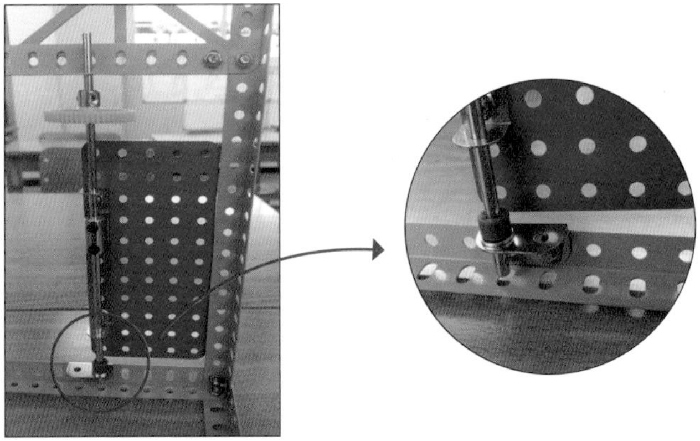

03 서보모터, 평기어(소), 6공 평판, 멈춤나사를 준비합니다. 서보모터에 평기어를 연결하고 서보모터 프레임에 평판을 붙입니다.

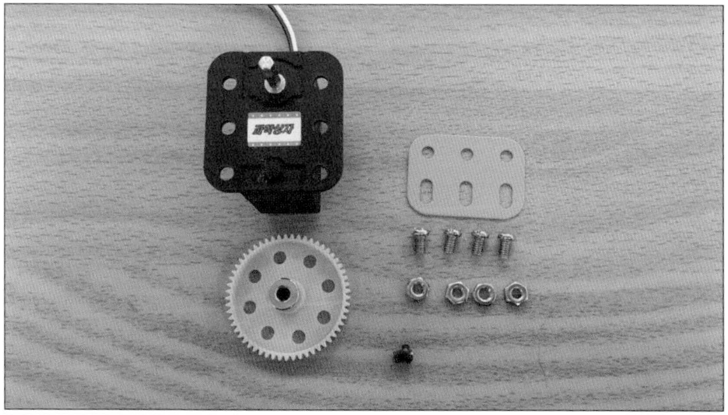

04 서보모터의 평기어와 문의 평기어가 맞물리도록 깊이를 조정한 후 서보모터를 프레임에 평판을 붙입니다.

05 적외선 근접센서, 플라스틱부싱, 6공 평판, 2공ㄱ형 브래킷을 준비합니다. 센서 뒷면에는 회로가 노출된 부분이 있기 때문에 이 부분에 전도성 물체가 닿게 되면 오작동이나 고장이 날 수 있으므로 센서의 뒷면에는 반드시 플라스틱 부싱을 연결하여 절연을 해야 합니다. 적외선 근접센서를 터치하면 문이 열리도록 할 예정이므로 적당한 위치에 부착합니다.

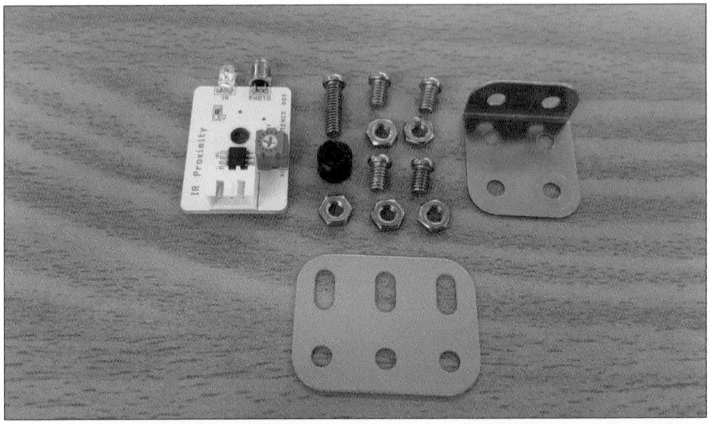

06 모터뭉치, 3공 앵글, 프로펠러를 준비합니다. 선풍기 역할을 하는 것이므로 적당한 위치에 부착합니다. 본 서에는 위에서 바람이 오도록 상단 중앙에 부착하였습니다.

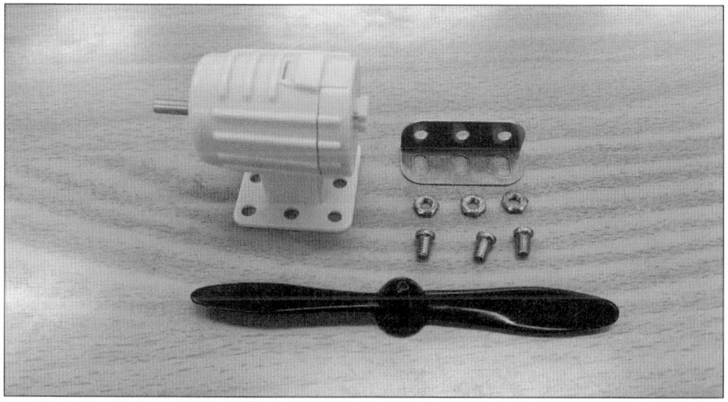

07 백색 LED 모듈, 플라스틱부싱, 2cm 볼트를 준비합니다. 집 안을 밝혀주는 등이므로 상단에 부착하는 것이 적당합니다. LED 모듈 역시 뒷면에 플라스틱 부싱을 연결하여 앵글과 직접적으로 접촉이 되지 않도록 합니다.

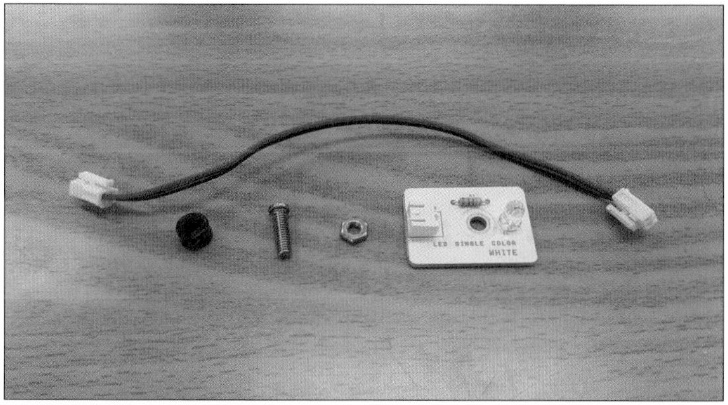

08 2공 ㄱ형 브래킷, ㄱ형 브래킷(대), 5공 ㄷ형스트립을 준비합니다. 적색 LED 모듈을 부착할 판을 제작하여 잘 보이는 위치에 고정시킵니다.

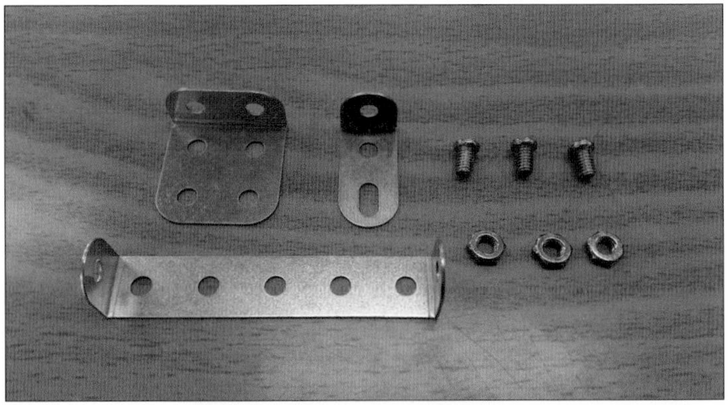

09 적색 LED 모듈과 플라스틱 부싱, 2cm 볼트를 준비합니다. 앞에서 만든 판에 부착합니다. 이 때 LED 모듈과 브래킷 사이에는 플라스틱 부싱을 두어 절연이 되도록 합니다.

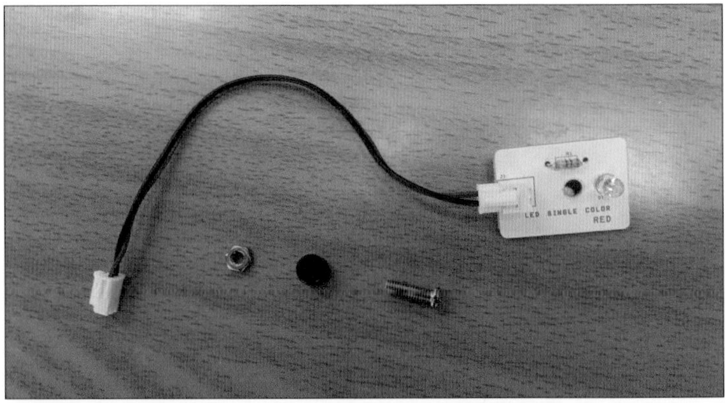

10 과학상자 스마트보드를 프레임의 적당한 곳에 부착합니다. 스마트보드 뒷면에는 플라스틱 부싱으로 절연을 시켜야 합니다.

11 케이블로 SM1포트와 서보모터를 연결합니다. 스마트보드의 SM1 포트에서 파란색 줄이 케이블의 흰색과 연결되도록 해야 합니다.

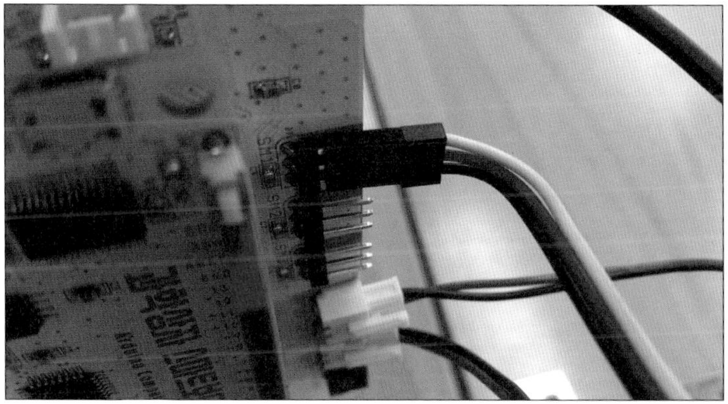

12 GS1포트는 적색 LED를, GS2포트에는 백색 LED를 연결하여 줍니다.

13 써미스터로 간단한 온도센서 모듈을 만들 수 있습니다. 써미스터는 온도에 따라 전기 저항값이 민감하게 달라지는 반도체 소자로 온도의 측정이나 검출에 이용되고 있습니다. 온도센서는 가변저항이라고 생각해도 무방하므로 극성의 구분 없이 써미스터의 한 쪽 다리를 (+)단자(빨간색)에 연결하고 다른 다리는 가운데(데이터 선)에 연결합니다. 가운데에는 10㏀ 저항의 한쪽 다리를 함께 연결하고 저항의 다른 다리는 (−)단자(검정색)에 연결합니다.

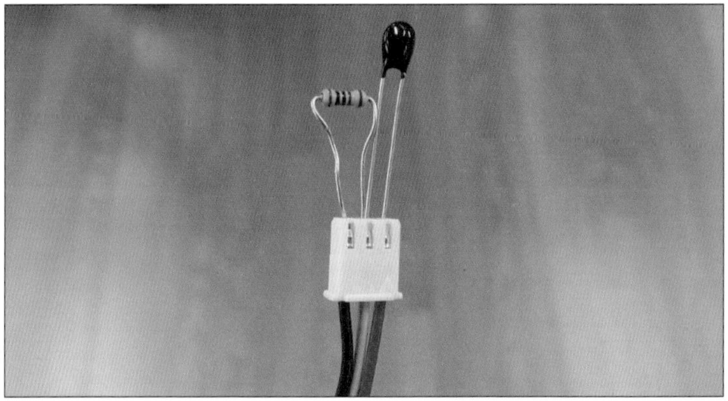

TIP

써미스터 뿐만 아니라 가변저항처럼 행동하는 센서는 대부분 동일한 방법으로 연결하면 필요한 데이터를 수집할 수 있습니다.

14 과학상자 스마트보드의 SEN1에는 적외선근접센서를, SEN2에는 빛감지센서(CdS)를, SEN3에는 온도센서모듈을 연결합니다.

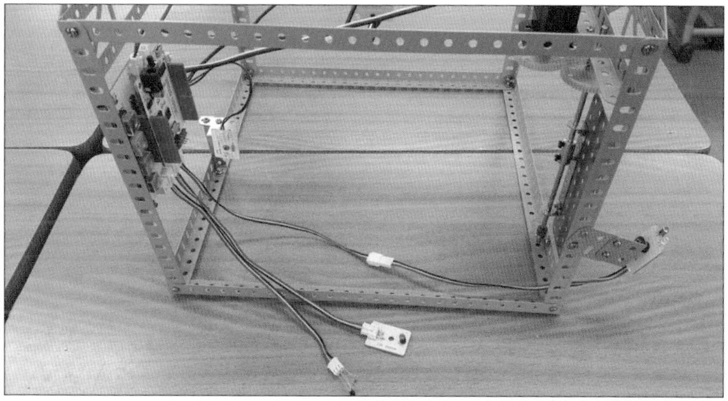

Chapter 05

코딩하기

1. 코딩보드와 엔트리 연결하기

과학상자 코딩보드는 엔트리나 스케치를 이용하여 코딩을 할 수 있습니다. 스케치를 사용하려면 코딩보드에서 스마트보드를 분리하여 스마트보드 만을 이용해야 하며 설치과정이 다소 복잡합니다. 또한 스케치는 스크립트 코드여서 초심자들이 접근하기에는 어려움이 있습니다. 따라서 본서에서는 엔트리를 사용하여 코딩을 하노록 하겠습니다. 엔트리에서 코딩보드를 사용하려면 아래와 같은 절차가 필요합니다.

연결 준비 → 엔트리 하드웨어 설치 → 코딩보드 드라이버 설치 → 코딩보드와 컴퓨터 연결 → 펌웨어 설치 → 완료

1) 연결 준비

코딩보드의 전원 스위치는 OFF로 설정합니다.

전원 어댑터

usb 케이블

크롬브라우저

entry

엔트리 하드웨어 연결 프로그램

이미지출처: http://www.sciencebox.co.kr/

2) 엔트리 하드웨어 설치

01 크롬브라우저에서 https://playentry.org 에 접속하고 로그인을 합니다.

02 엔트리에 접속 후 만들기–작품 만들기를 선택합니다.

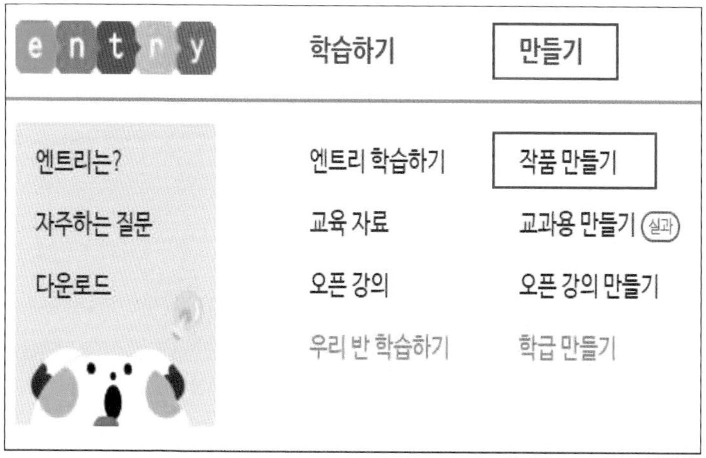

TIP

로그인을 하지 않아도 작품을 만들 수는 있으나 로그인을 하면 온라인상에 작품을 저장할 수 있어 추후에 쉽게 수정이나 공유할 수 있는 장점이 있습니다.

03 [하드웨어]-[연결 프로그램 다운로드]를 선택하여 프로그램을 다운로드 받습니다. 내려받기가 완료되면 프로그램을 선택하여 설치를 시작합니다.

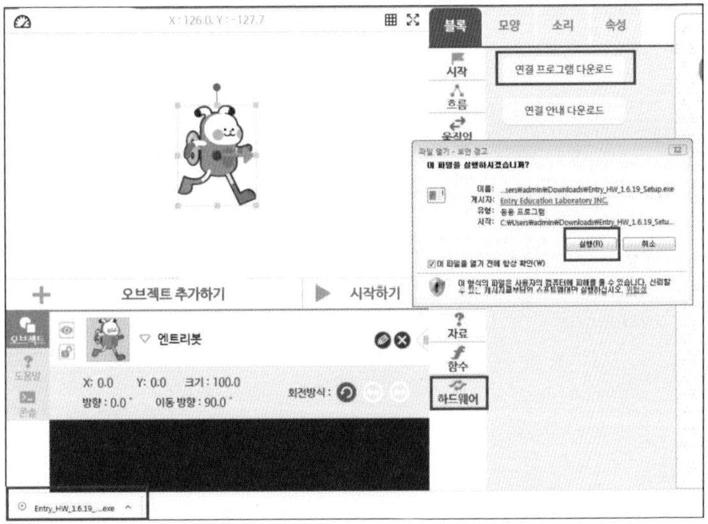

04 설치하려는 구성 요소를 선택하고 다음을 클릭합니다.

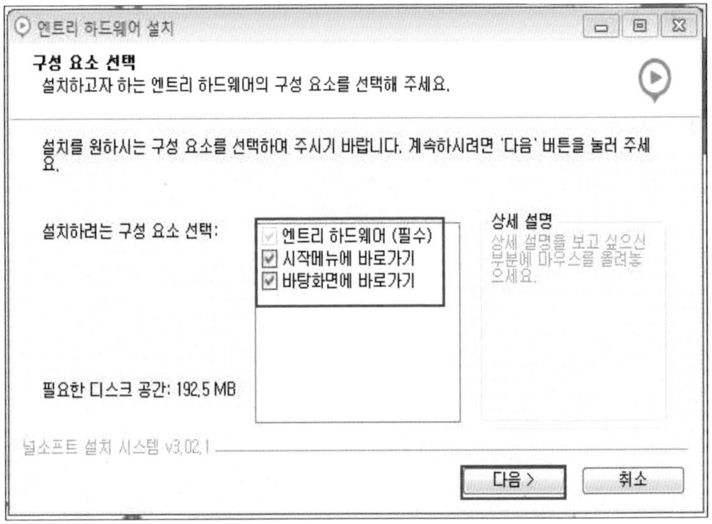

05 엔트리 하드웨어 프로그램을 설치하는 폴더를 확인하거나 위치를 지정하고 설치버튼을 클릭합니다.

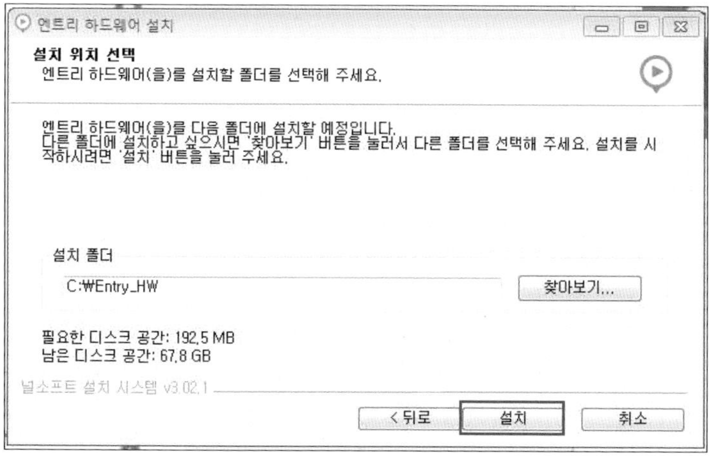

06 설치완료를 확인하고 다음을 클릭합니다.

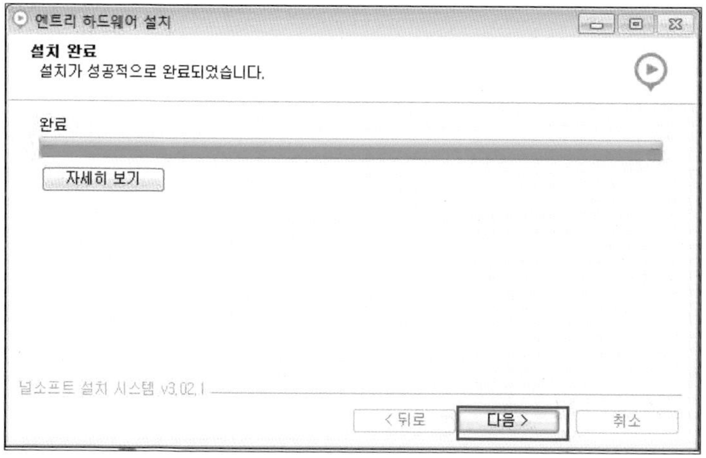

07 엔트리 하드웨어가 정상적으로 완료되었음을 확인하고 마침버튼을 클릭합니다.

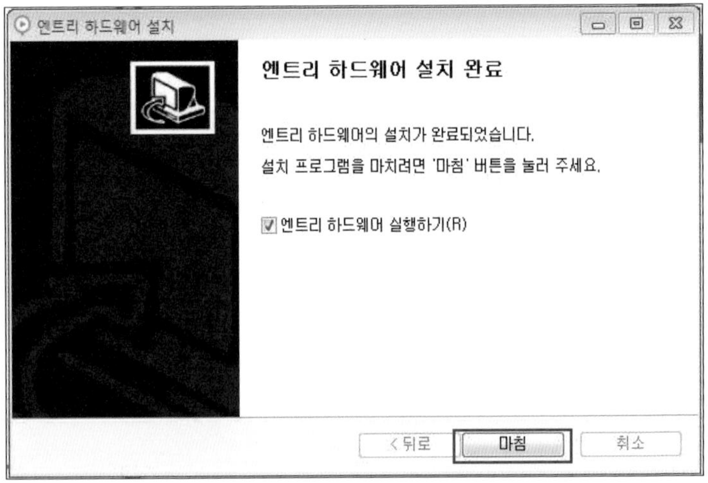

08 Windows 방화벽에서 보안 경고를 보내는 경우가 있는데 이 경우에는 통신 허용 목록에서 해당되는 란에 체크 후 액세스 허용을 클릭합니다.

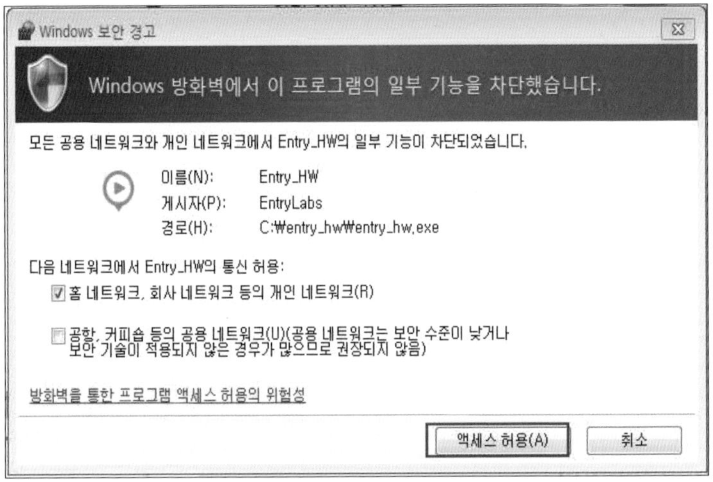

3) 코딩보드 드라이버 설치

01 엔트리 하드웨어 설치를 완료하면 [하드웨어 선택] 창이 나오는데 여기에서 과학상자 코딩보드를 선택합니다.

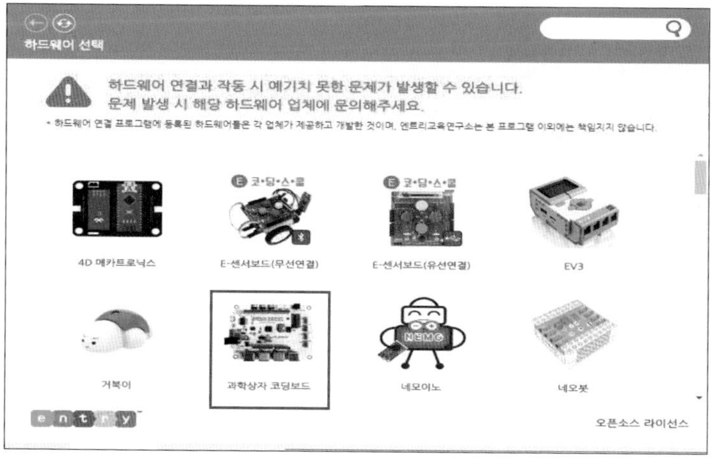

02 하드웨어를 연결하는데 성공을 하면 드라이버 설치 버튼을 클릭하여 드라이버를 설치합니다.

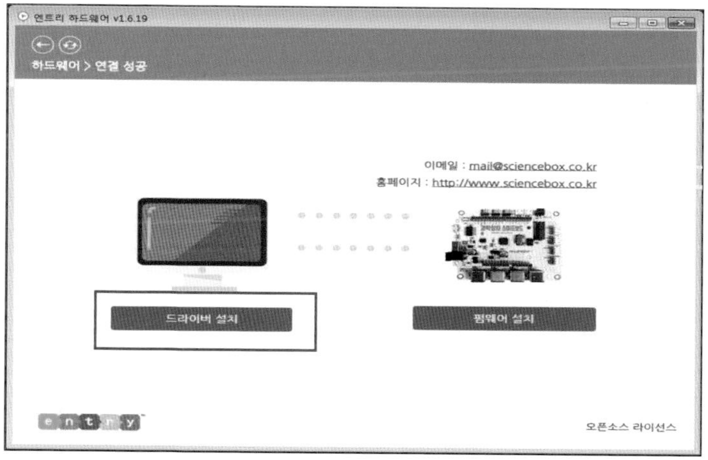

03 FTDI CDM 드라이버 창이 나오면 Extract 버튼을 클릭합니다.

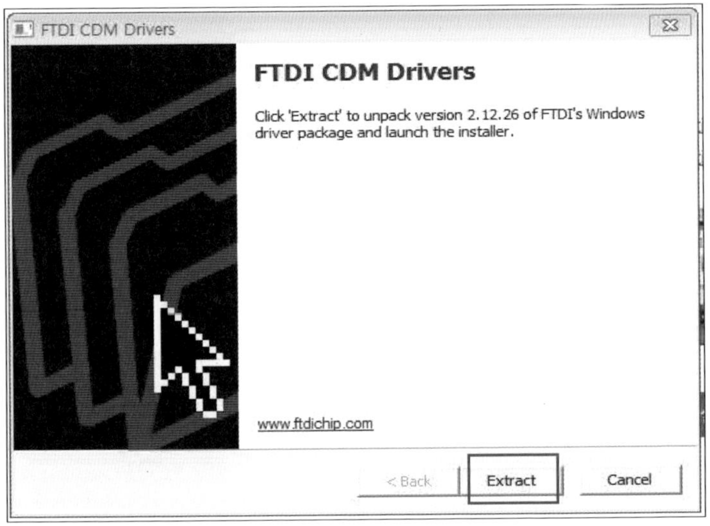

04 다음 버튼을 클릭하여 장치 드라이버 설치 마법사를 시작합니다.

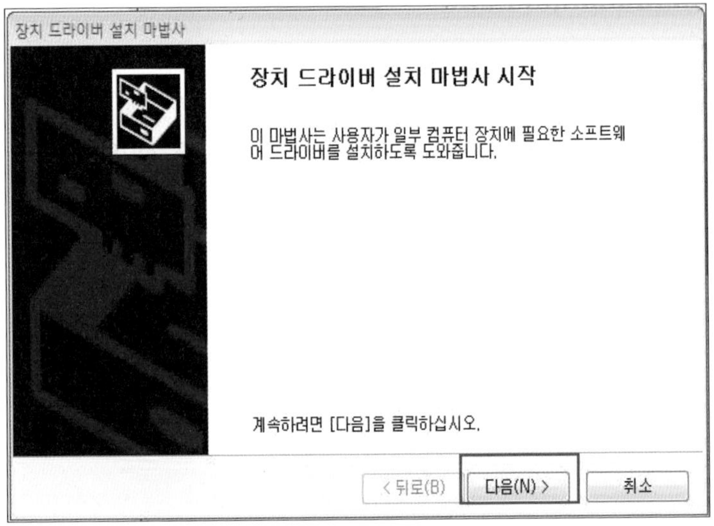

05 사용권 계약 동의함에 체크 후 다음을 클릭하여 설치를 진행합니다.

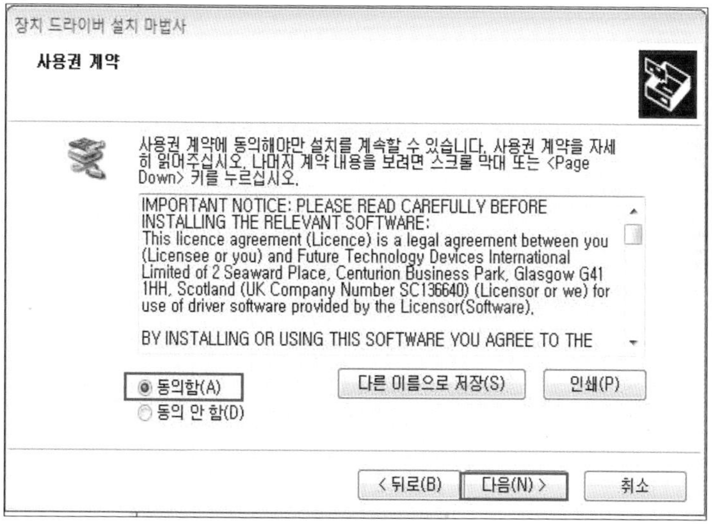

06 마침을 클릭하여 장치 드라이버 설치를 완료합니다.

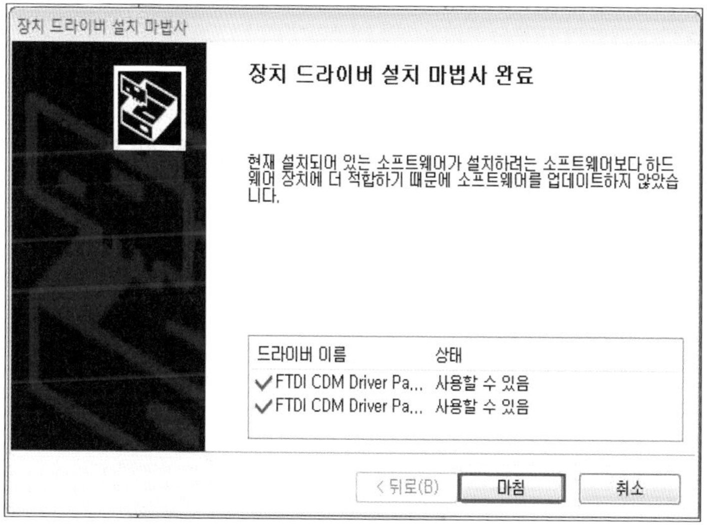

4) 코딩보드와 컴퓨터 연결

01 USB케이블로 코딩보드와 컴퓨터를 연결하고, 전원 어댑터를 콘센트에 연결합니다.

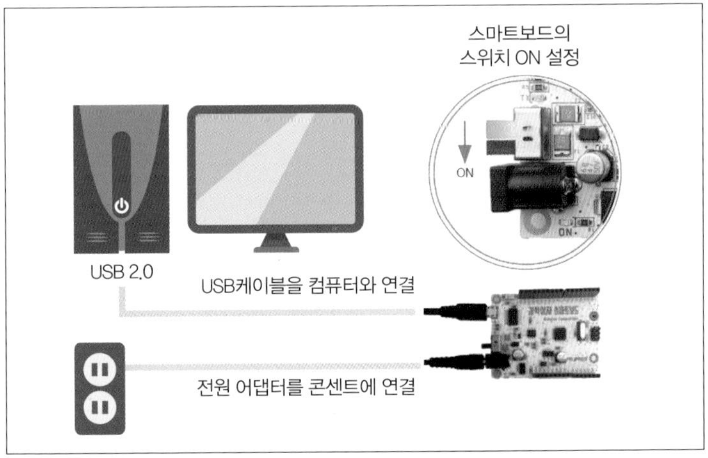

02 전원을 ON으로 설정하면 자동으로 장치 드라이버 소프트웨어를 설치합니다.

5) 펌웨어 설치

01 펌웨어 설치 버튼을 클릭하여 펌웨어 설치를 시작합니다. 설치가 완료되더라도 창을 닫지 말고 최소화해야 합니다. 창을 닫게 되면 하드웨어 연결이 끊어지게 됩니다.

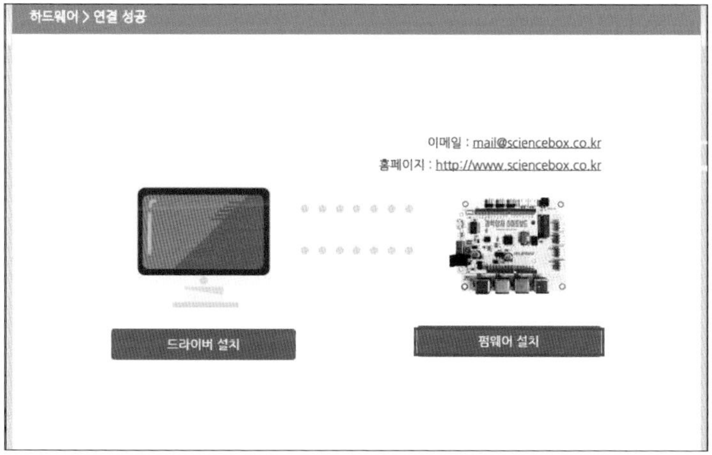

6) 코딩보드와 엔트리 연결 확인

01 [하드웨어] – [하드웨어 연결하기]를 클릭하면 코딩보드가 연결되면서 엔트리 화면에 새로운 블록이 생깁니다.

1) 과학상자 코딩보드 엔트리 블록 안내

01 과학상자 코딩보드가 연결되면 실행화면 하단 오브젝트목록에 하드웨어 메뉴가 생성됩니다. 이 메뉴를 선택하면 코딩보드의 값을 수치로 볼 수 있습니다.

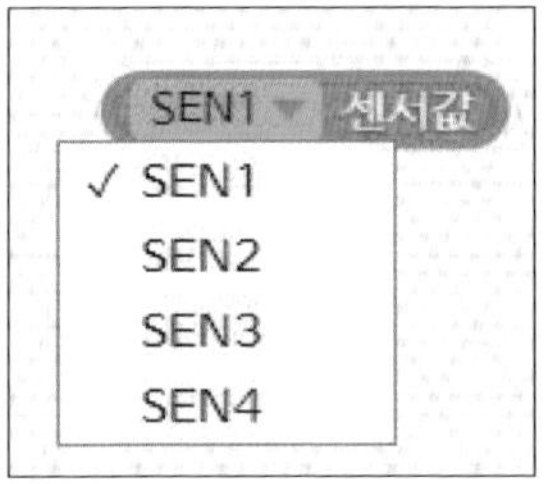

02 센서포트에서 받아들인 값을 처리할 때 사용할 수 있는 블록으로 포트를 1~4까지 선택할 수 있습니다. 센서값을 알기 위해서는 하드웨어 메뉴에서 확인하면 됩니다. 이 블록 자체로만 사용하지는 못하고 흐름이나 판단, 계산메뉴의 블록과 함께 사용되어집니다.

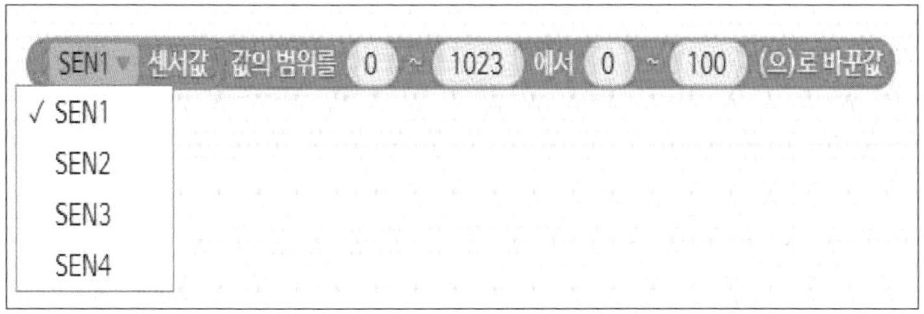

03 센서값의 범위는 일반적으로 0~1023인데 사용자가 그 범위를 임의로 조정할 수 있는 블록입니다. 예를 들어 0~100℃까지 측정할 수 있는 센서가 있을 때 센서가 받아들이는 값의 범위는 0~1023이지만 사용자가 필요한 값은 온도라면 그 값을 임의로 바꾸어 줄 필요가 있습니다. 이 때 사용하는 블록입니다.

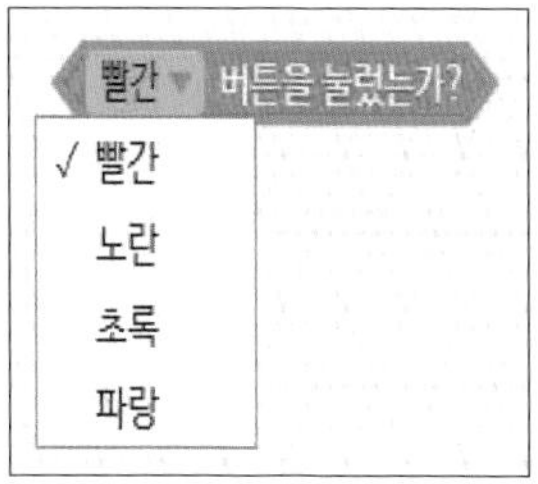

04 과학상자 코딩보드에는 빨,노,초,파 4개의 물리적인 버튼이 있습니다. 이 버튼이 눌렸을 때 반응하는 코드를 입력하는 블록입니다. 하드웨어 메뉴에서는 버튼이 눌리면 1, 눌리지 않으면 0으로 표시가 됩니다.

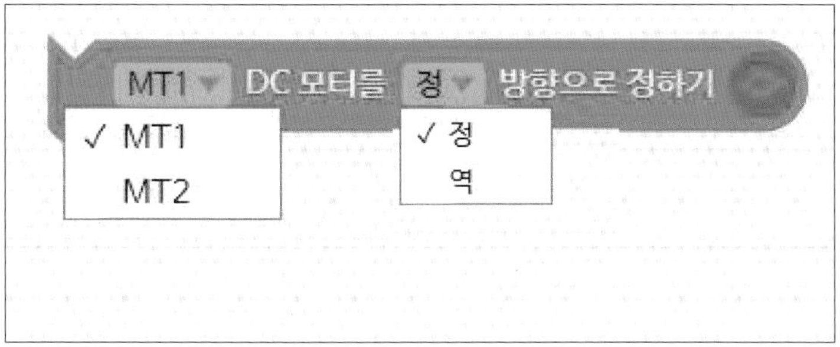

05 과학상자 코딩보드에는 DC모터를 연결할 수 있는 포트가 2개 있습니다. 블록으로 모터를 제어할 수 있는데 회전방향도 정해줄 수 있습니다.

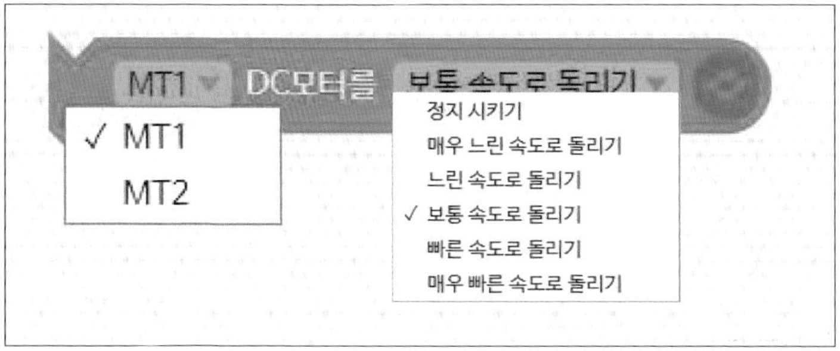

06 DC 모터의 방향뿐만 아니라 속도도 제어할 수 있습니다. 총 6단계의 속도로 제어할 수 있습니다. DC모터는 많은 양의 전류를 필요로하기 때문에 코딩보드는 전원어댑터를 연결해야 합니다.

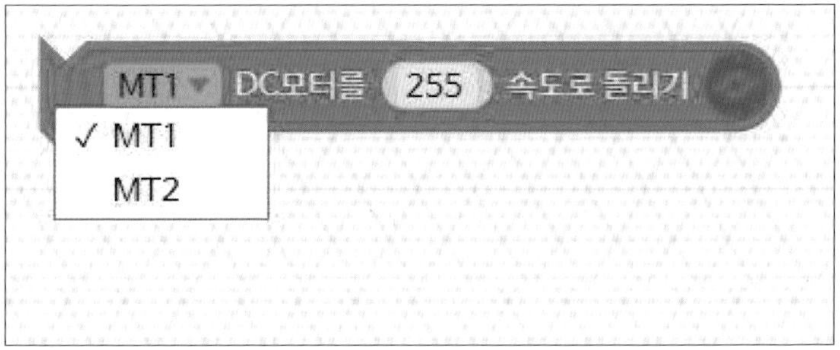

07 DC 모터의 속도를 임의로 제어할 수도 있습니다. 0~255까지 임의로 숫자를 넣어 256단계로 조절할 수 있는데 숫자가 너무 작으면 전류는 흐르지만 모터를 동작시키기에는 충분하지 않아 작동하지 않을 수 있습니다.

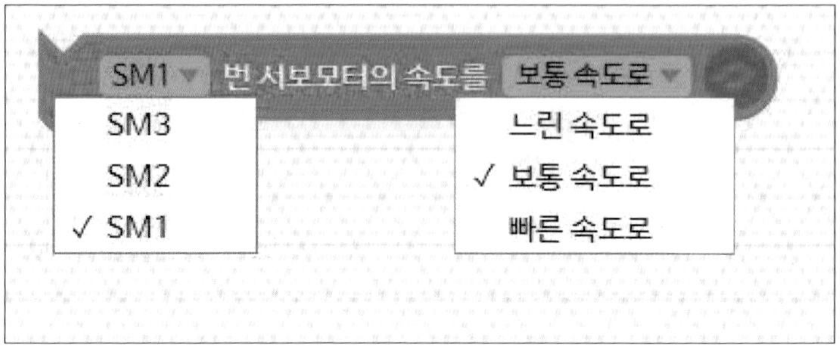

08 과학상자 코딩보드에는 서보모터를 연결할 수 있는 포트가 3개 있습니다. 서보모터의 속도를 3단계로 정해줄 수 있습니다.

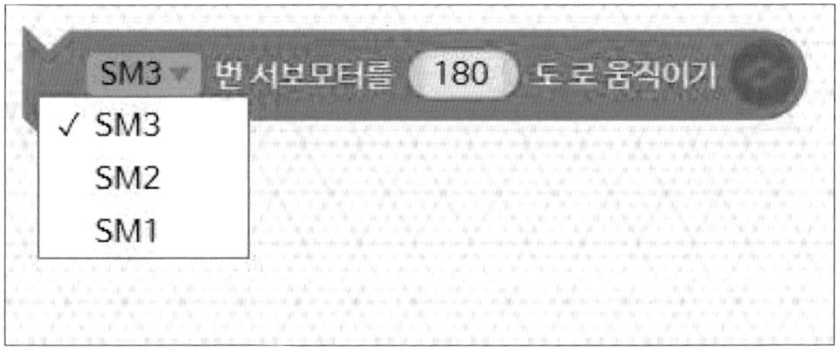

09 서보모터는 움직임을 지정하면 제어계측 회로에 의해 정확하게 움직일 수 있는 모터로 사용자가 원하는 각도만큼 움직이게 할 수 있습니다. 엔트리에서는 0~180도로 지정하여 움직일 수 있습니다.

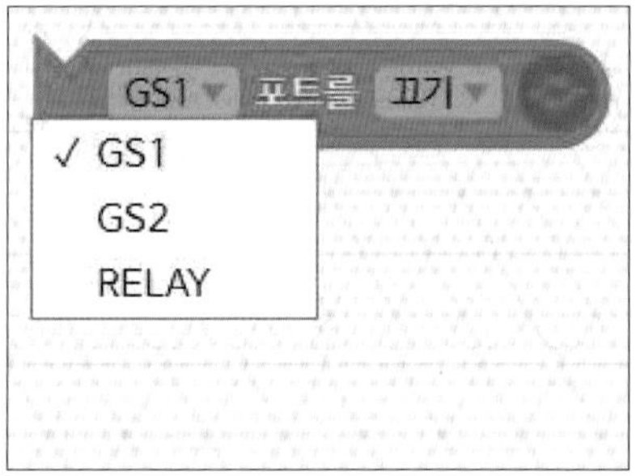

10 과학상자 코딩보드에는 GS포트가 2개, RELAY 포트가 1개 있습니다. GS 포트에는 LED 출력과 같이 작은 전류를 스위칭하거나 제어할 수 있고 RERAY 포트는 큰 전력을 제어할 때 사용할 수 있습니다. RERAY 회로를 구성하면 집에서 사용하는 전기기기를 제어할 수도 있습니다.

11 PWM(Pulse Width Modulation)은 0과 1로만 표현할 수 있는 디지털을 0V와 5V의 주기를 변조하여 0~256단계의 아날로그처럼 표현하는 모듈입니다. 이 포트를 활용하면 LED의 밝기를 조절할 수 있는데 GS1 포트에서만 활용이 가능합니다.

2) 센서하우스 코딩하기

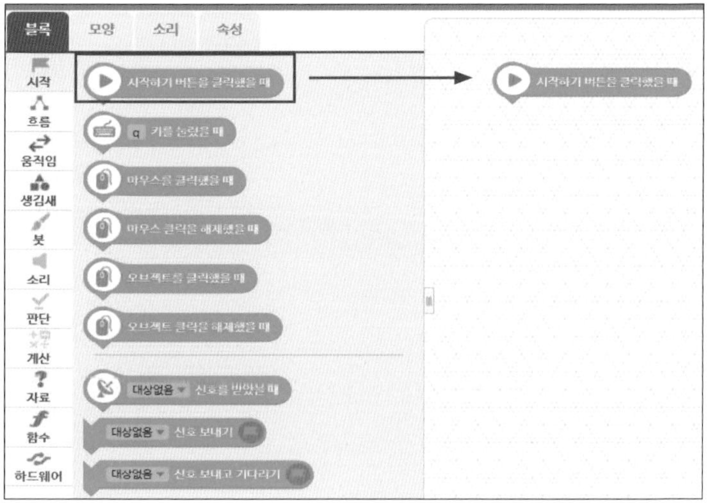

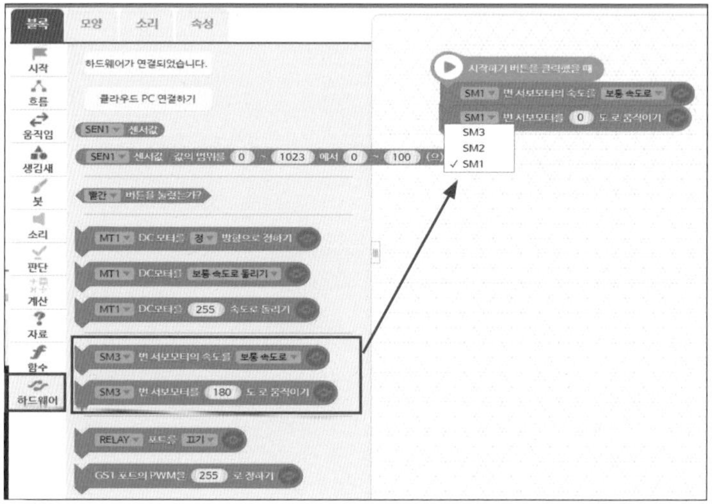

12 문이 잘 열리고 닫히는지 확인하기 위해 서보모터를 작동시켜 보도록 하겠습니다. 엔트리에서 시작하기를 하면 서보모터가 움직여서 문이 열리도록 하겠습니다. 시작 탭에서 '시작하기 버튼을 클릭할 때' 블록을 가져다 놓습니다. 좌측의 하드웨어 탭을 클릭 후 서보모터 관련 블록을 가져다 앞의 블록에 순서대로 끼웁니다. 이때 서보모터는 SM1 포트에 연결되어 있으므로 드롭메뉴에서 SM1로 변경하고 각도는 0도로 수정한 후 시작하기 버튼을 클릭합니다. 서보모터의 부착 방향에 따라 0도로 수정했을 때 움직이지 않을 경우 90도로 수정한 후 실행을 해 봅니다.

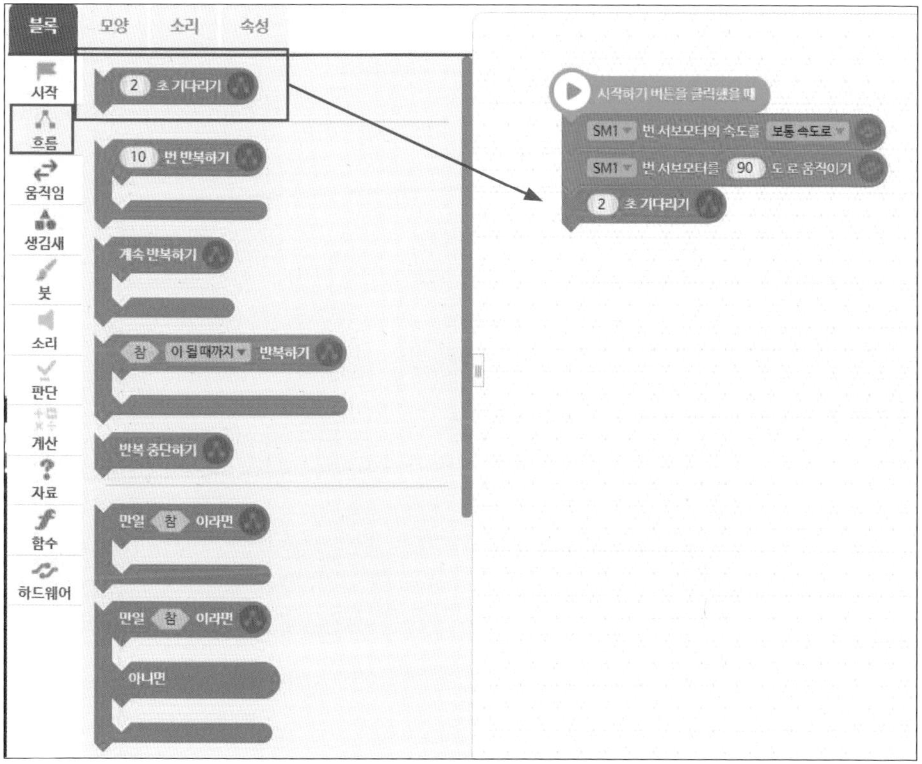

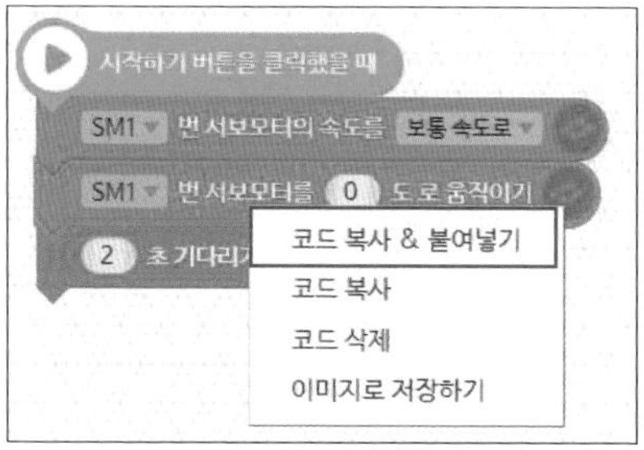

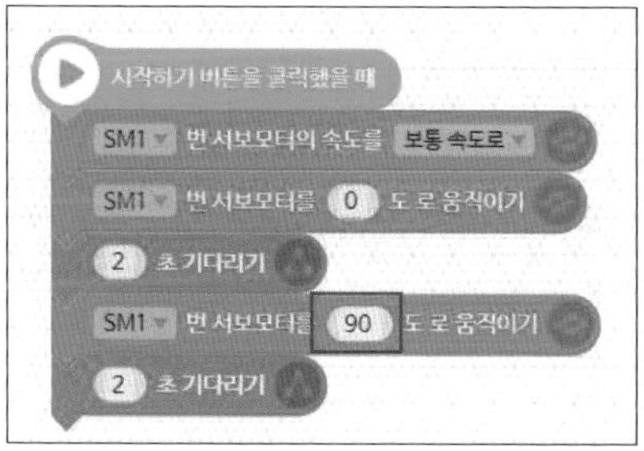

13 문이 자동으로 열리고 닫히도록 코딩을 하겠습니다. 앞의 코드에 '2초 기다리기' 블록을 아래에 끼웁니다. SM1번 서보모터를 '0도로 움직이기' 블록에 마우스포인터를 가져다 놓고 우클릭하여 코드 복사 & 붙여넣기 메뉴를 선택하면 아래의 블록까지 복사되어 나타나게 됩니다. 복사된 블록을 아래에 끼우고 각도를 90도로 수정합니다. 시작하기를 누르면 문이 열린 후 2초 후에 닫히는 것을 확인할 수 있습니다.

14 적외선 근접센서에 손을 가져다 대거나 다른 물체를 가까이 가져가면 하드웨어에서 1번 센서의 값이 바뀌게 됩니다. 만약 다른 숫자로 바뀌지 않는다면 센서의 조절다이얼을 +자 드라이버 등을 이용하여 좌우로 돌려 조절하면 됩니다.

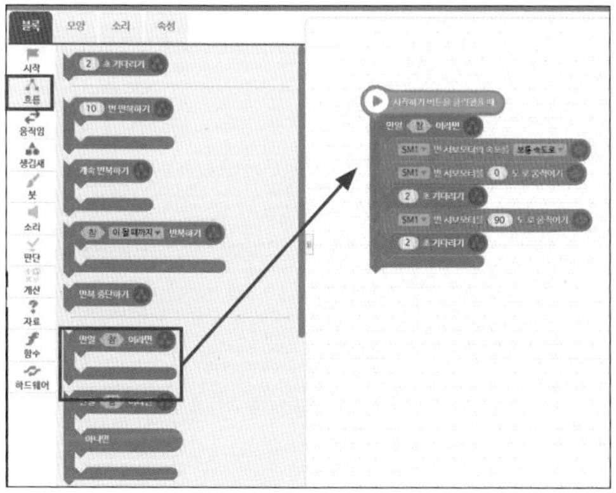

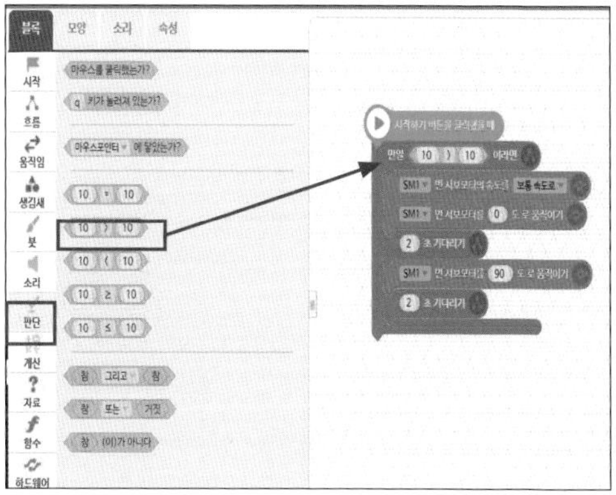

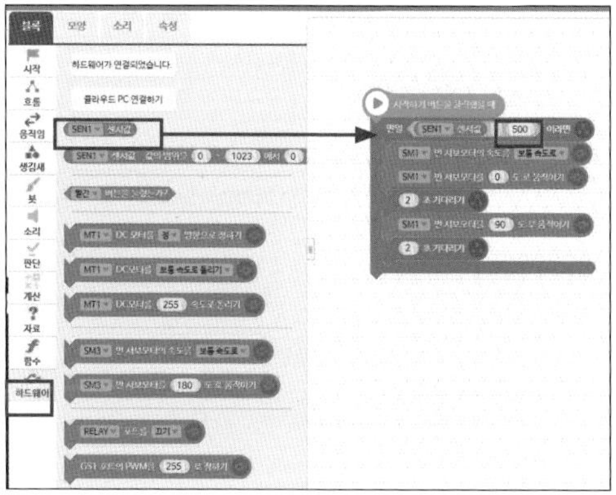

15 적외선 근접센서가 물체를 감지하면 문이 열리고 닫히도록 하겠습니다. 흐름 메뉴에서 '만일~라면' 블록을 가져다 놓고 앞에서 만든 블록을 사이에 끼웁니다. 센서값이 500보다 크면 작동을 하도록 해야 하므로 조건문에서 '크기비교' 블록을 가져다 조건위치에 놓습니다. 하드웨어의 SEN1 센서값을 위치시키고 수치를 적당하게 조절합니다. 여기서는 접촉을 하였을 때 700이 넘었으므로 여유있게 500이 넘으면 동작하도록 하였습니다.

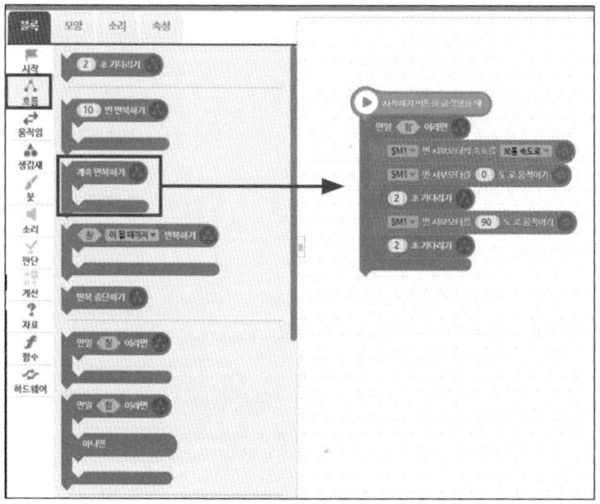

16 그러나 시작하기를 눌러 실행을 하면 센서에 접촉을 하여도 반응을 하지 않는 것을 볼 수 있습니다. 왜냐하면 순차적으로 코드를 실행하는데 실행과 동시에 해당 코드는 지나가버렸으므로 반응을 하지 않는 것입니다. 센서에 접촉할 때 마다 반응이 있어야 하므로 '계속 반복하기' 블록 사이에 모든 블록을 가져다 놓습니다. 그리고 시작하기를 눌러 실행을 시켜보면 제대로 동작하는 것을 볼 수 있습니다.

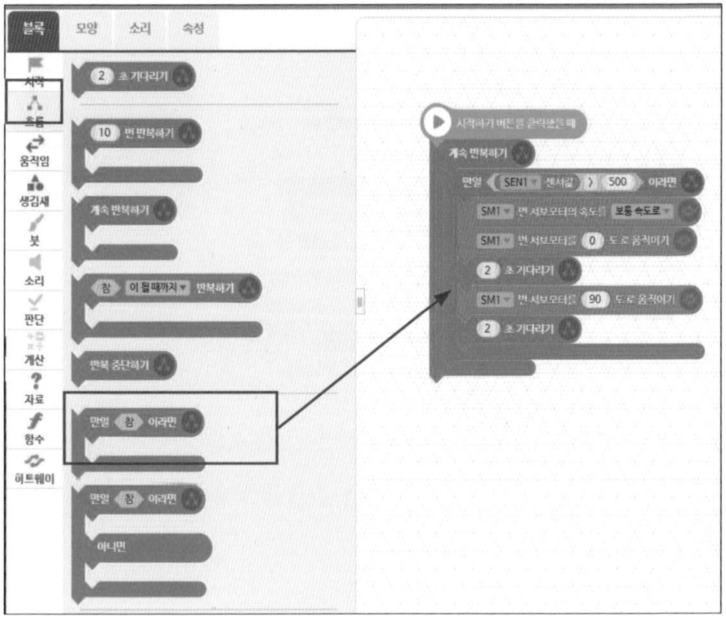

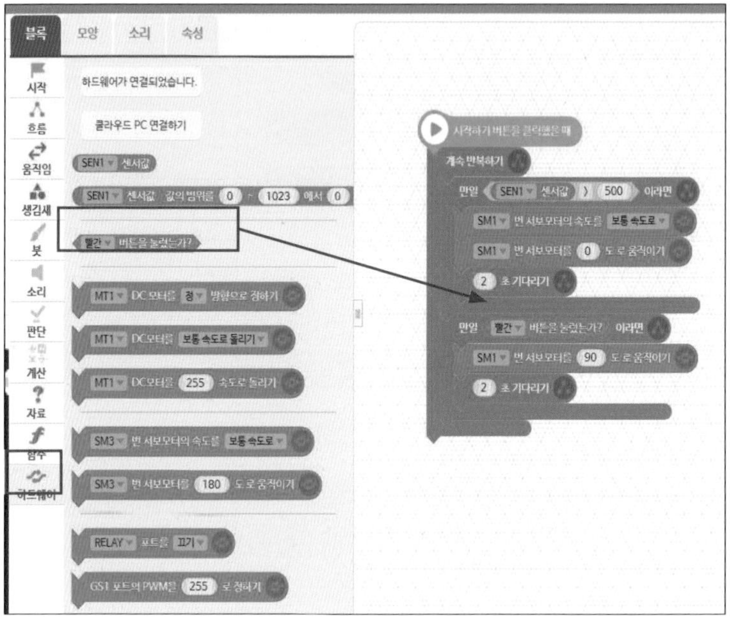

17 자동으로 닫히는 것이 아니라 빨간 버튼이 눌리면 닫히도록 코딩을 하겠습니다. '계속 반복하기' 블록 안에 조건문 '만일 참이라면' 블록을 가져다 놓고 '서보모터를 90도로 움직이기' 이하의 코드를 조건문 블록 안으로 옮깁니다. 빨간 버튼이 눌렸을 때 동작을 해야 하므로 하드웨어 메뉴에서 '빨간 버튼을 눌렀는가?' 블록을 가져다 조건문에 위치시킵니다. 실행을 하면 접촉센서에 물체를 접촉했을 때는 문이 열리고 빨간 버튼을 눌렀을 때는 문이 닫힙니다.

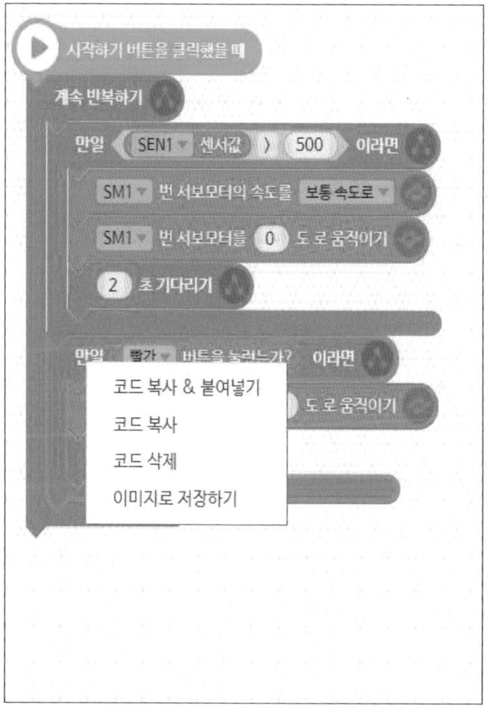

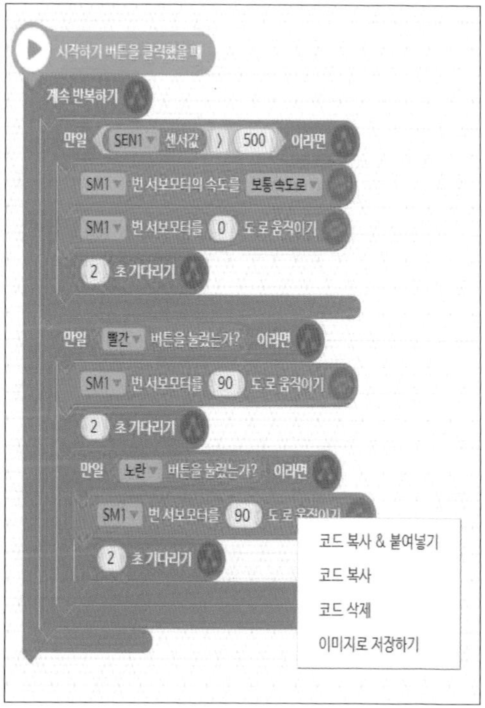

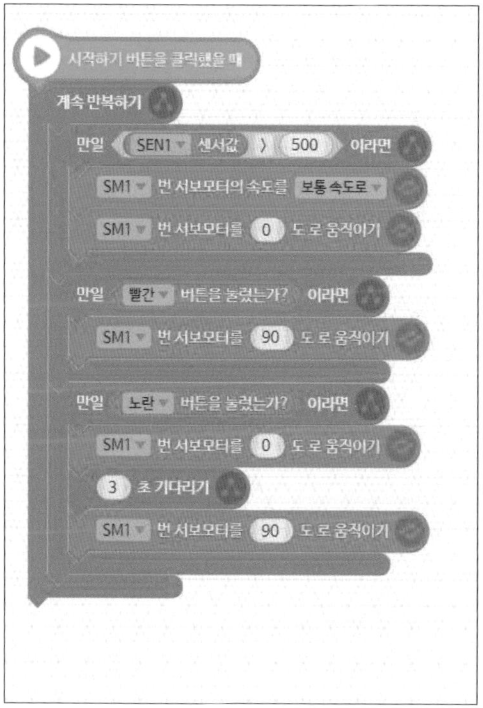

18 센서 하우스 안으로 들어온 사람이 밖으로 나갈 때의 상황을 고려하여 필요한 코드를 만들어 보겠습니다. 노란색 버튼을 누르면 문이 열리고 3초 후에 문이 닫히도록 만들어 보겠습니다. 앞에서 만든 코드에서 '빨간 버튼을 눌렀는가?' 이하의 코드를 복사&붙여넣기를 하여 아래에 붙여 넣고 노란 버튼으로 수정해 줍니다. '서보모터 움직이기' 이하의 코드를 복사&붙여넣기를 하여 아래에 붙여 넣고 노란 버튼이 눌리면 문이 열려야 하므로 각도를 0도로 수정합니다. 자동으로 열렸다가 닫히는 시간을 3초로 수정하여 줍니다. '2초 기다리기' 블록은 큰 필요가 없으므로 모두 삭제합니다.

19 이번에는 조도센서(SEN2)에 따라 어두워지면 천장에 단 LED가 불이 들어오고 빛을 비추면 붉은색 LED가 점멸하도록 하겠습니다. 이를 위해서는 각 상황별 센서 값을 체크할 필요가 있습니다. 조도센서를 손으로 가리면 100대가 나오고 일반적인 상황에서는 900대, 빛을 비추면 1000이 넘어가는 것을 확인할 수 있습니다. 따라서 SEN2의 값이 700보다 작으면 백색 LED(GS2 포트에 연결된 LED)가 켜지고 SEN2 값이 1000보다 크면 적색 LED가 0.2초 간격으로 점멸하도록 하겠습니다.

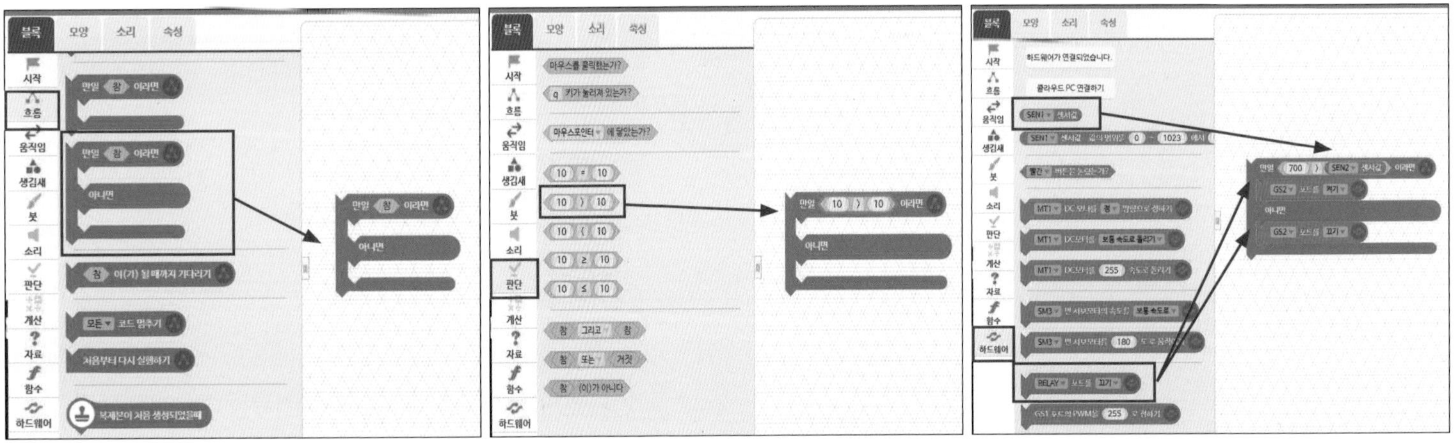

20 우선 SEN2값이 700보다 작으면(어두워지면) 불이 켜지고 그렇지 않으면 꺼져 있도록 하겠습니다. '만일~라면, 아니면' 블록을 가져오고 조건문에 SEN2 센서값이 700보다 작은 조건문을 넣습니다. 하드웨어에서 RELAY 포트를 끄기 블록이 있는데 이 블록을 가져다 놓고 RELAY를 GS2로 바꾸어 줍니다. 조건이 참이면 불이 켜져야 하므로 켜기로 수정을 합니다. 같은 방법으로 아닐 때에는 GS2 포트를 끄기로 설정합니다. 이 블록을 '계속 반복하기' 블록 안에 끼워 넣습니다.

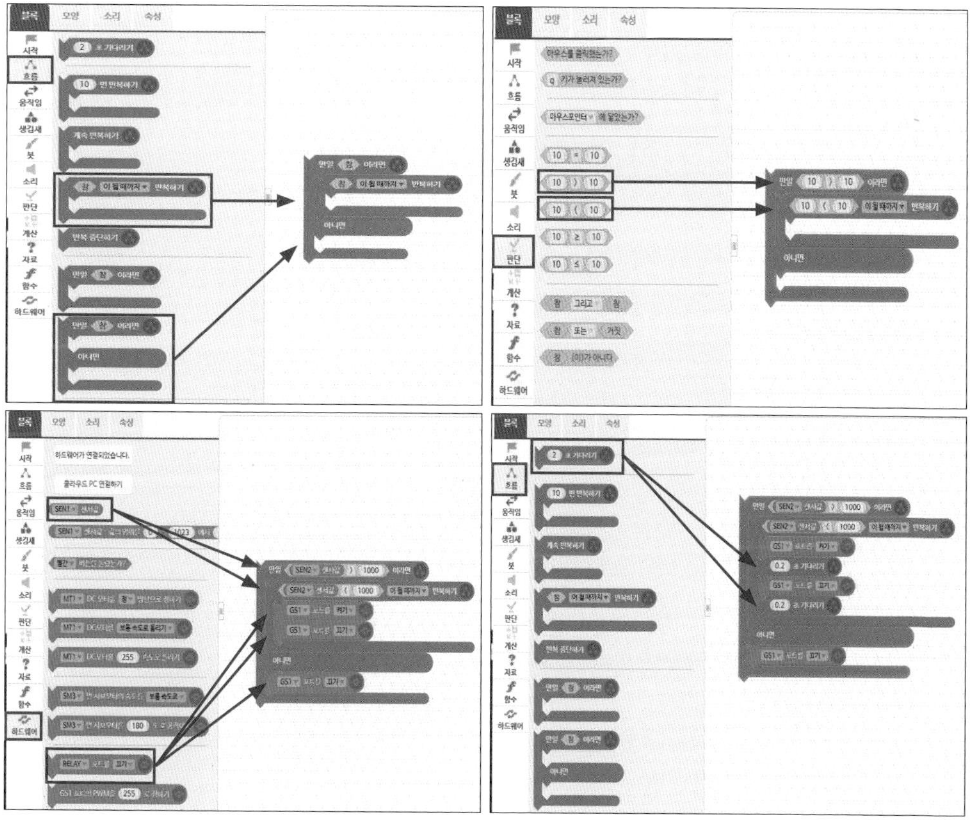

21 우선 SEN2값이 1000보다 크면 적색LED가 점멸하고 그렇지 않으면 꺼지도록 만들어보겠습니다. '만일~라면, 아니면' 블록을 가져옵니다. 그리고 조건문이 참이 되면 LED가 점멸이 되어야 하므로 조건반복문을 넣습니다. 조건문에서는 'SEN2값이 1000보다 크면'으로 설정하고 반복문에서는 SEN2값이 1000보다 작아질 때 까지 GS1포트를 켜고 끄기를 반복하도록 합니다. 그렇지 않으면 초기값으로 GS1포트를 끄도록 합니다. 0.2초 정도의 간격을 두는 것이 좋으므로 흐름 메뉴에서 '0.2초 기다리기' 블록을 GS1 포트의 켜고 끄기 사이에 넣습니다. 이 블록 역시 '계속 반복하기' 블록 안에 끼워 넣습니다.

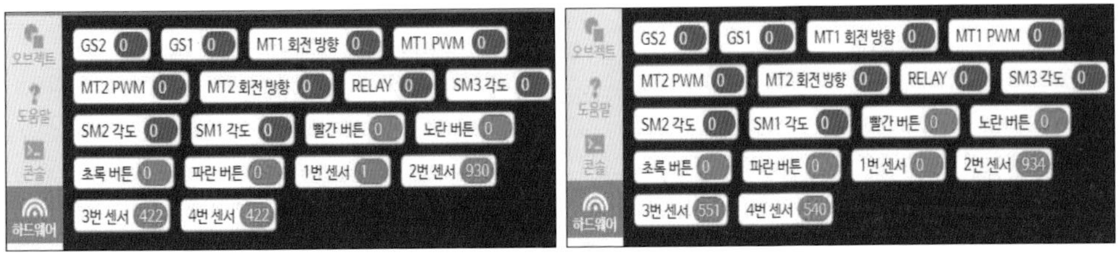

22 온도센서(SEN3)가 높아지면 선풍기가 돌아가고 낮아지면 멈추도록 하겠습니다. 먼저 센서값을 체크해 보면 상온에서는 수치가 400대가 나오다가 손으로 센서를 잡아 온도를 높여주면 500이 넘어가는 것을 볼 수 있습니다. 따라서 SEN3의 값이 500보다 높으면 선풍기가 돌아가고 낮으면 멈추도록 코딩을 하도록 하겠습니다. 여기서의 값은 임의의 값으로 실온이나 체온에 따라 값을 다르게 해야 합니다.

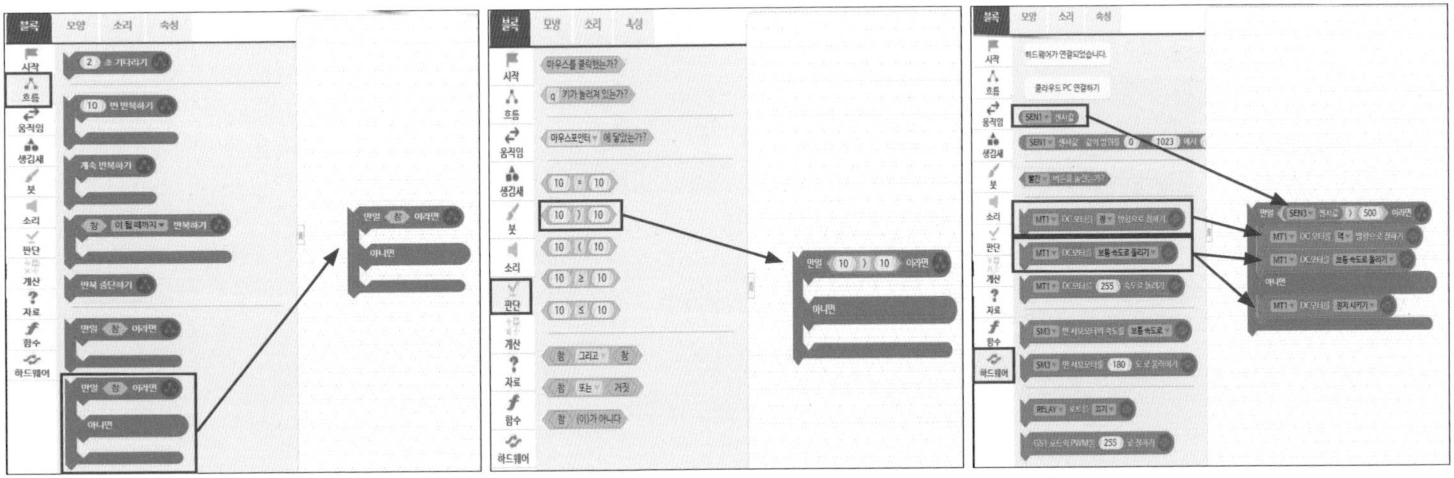

23 '만일~라면, 아니면' 블록을 가져오고 조건문에 SEN3 센서값이 500보다 크다는 조건문을 넣습니다. 하드웨어 메뉴에서 MT1 DC모터의 방향을 역방향으로 정하고 '보통속도로 돌리기' 블록을 놓습니다. 모터의 방향이나 속도는 임의로 정할 수 있습니다. 센서값이 500보다 크지 않으면 DC모터를 정지시키도록 코딩을 하고 이 블록 역시 '계속 반복하기' 블록 안에 끼워 넣어 완성합니다.

■ 완성한 엔트리 블록

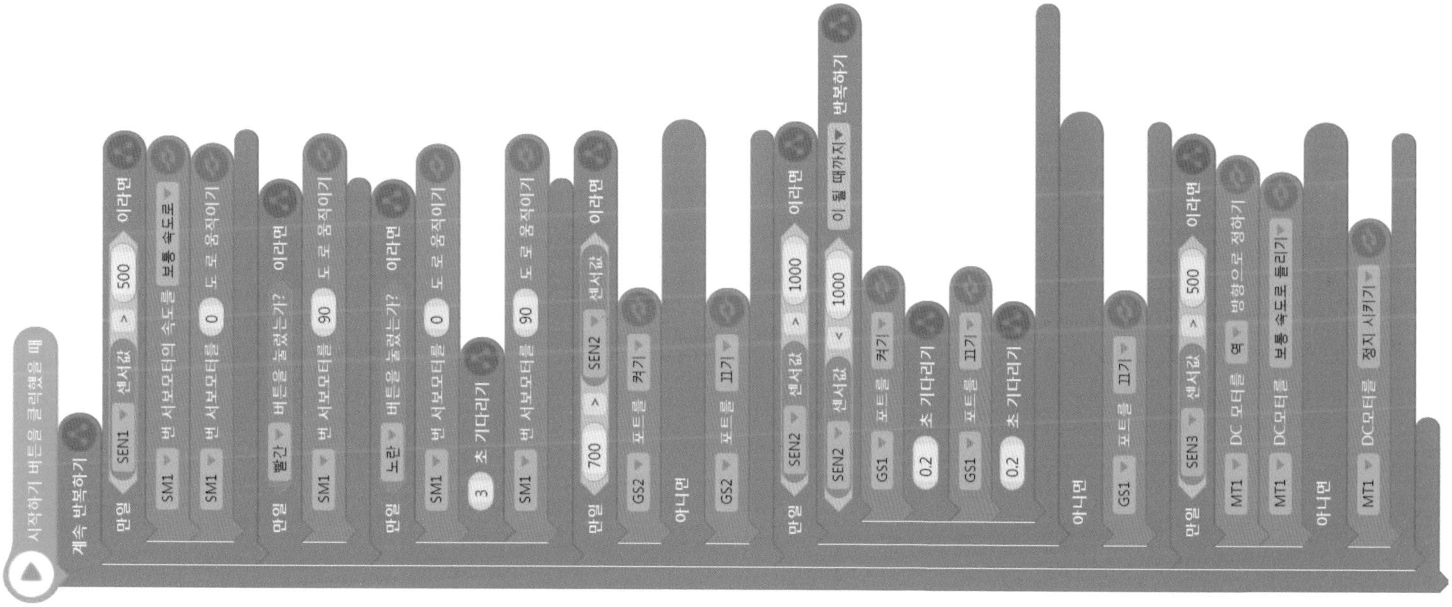
시작하기 버튼을 클릭했을 때
계속 반복하기
만일 SEN1 센서값 > 500 이라면
SM1 번 서보모터의 속도를 보통 속도로
SM1 번 서보모터를 0 도로 움직이기
만일 빨간 버튼을 눌렀는가? 이라면
SM1 번 서보모터를 90 도로 움직이기
만일 노란 버튼을 눌렀는가? 이라면
SM1 번 서보모터를 0 도로 움직이기
3 초 기다리기
SM1 번 서보모터를 90 도로 움직이기
만일 700 > SEN2 센서값 이라면
GS2 포트를 켜기
아니면
GS2 포트를 끄기
만일 SEN2 센서값 > 1000 이라면
SEN2 센서값 < 1000 이 될 때까지 반복하기
GS1 포트를 켜기
0.2 초 기다리기
GS1 포트를 끄기
0.2 초 기다리기
아니면
GS1 포트를 끄기
만일 SEN3 센서값 > 500 이라면
MT1 DC 모터를 역 방향으로 정하기
MT1 DC모터를 보통 속도로 돌리기
아니면
MT1 DC모터를 정지 시키기

Chapter 06 외부 꾸미기

TIP

1. 가변 저항을 이용하여 선풍기의 세기를 조절할 수 있어요.

2. 접촉센서로 문이 열린 후 일정 시간이 지나면 자동으로 닫히게 할 수 있어요

3. 서보모터를 추가하여 버튼을 누르면 지붕이 열리게 할 수도 있어요.

4. 버튼으로 비밀번호를 입력해야 문이 열리게 코딩할 수 있어요.

외부를 꾸밀 때에는 특별한 제약을 두지 않고 주변에서 구하기 쉬운 재료를 이용하여 꾸며줍니다. 여기서는 우드락을 이용하여 외벽과 지붕을 꾸미고 부직포를 이용하여 마당 앞 잔디를 표현하였습니다. 조도센서는 빛에 반응해야 하므로 지붕에 붙였습니다.

PART 05

소통의 예술, 인터렉티브 아트 (Interactive Art)

주제선정이유

우리에게 미술관이란 어려운 작품을 해석하고 분석하면서 관람해야하는 부담스러운 장소로 여겨지는 경우가 많습니다. 일단 미술관에 가면 벽에 걸려있는 이해할 수 없는 그림들을 이해하는 척하며 기계적으로 돌아다니거나 혹은 재미없는 표정으로 돌아가기 일쑤입니다. 그러면 학교에서의 미술 수업은 어떠한가요? 그리기와 만들기가 대부분을 차지하고 있는 미술 수업시간 역시 미술을 좋아하는 일부 학생을 제외하고 많은 학생들에게는 정말 지루하고 따분한 그러면서도 빨리 해치워 버려야하는 수업으로 여겨집니다.

가장 창의성이 필요한 수업인 '미술'이란 정말 재미없는 것일까요? 좀 덜 심각하고 모든 사람들이 재미있게 즐길 수 있는 미술은 없는 것일까요? 이런 고민 하에 등장한 예술 장르가 바로 '인터렉티브 아트(Interactive Art)'입니다. 인터렉티브 아트는 미술에 재미를 더하기 위하여 이전의 미술에서 볼 수 없었던 다양한 재료들을 활용하는 동시에 관람객을 직접 작품에 참여시킵니다. 즉 작가들은 LED의 밝은 불빛으로, 화면에 비친 영상으로, 형형색색의 홀로그램으로, 컴퓨터 프로그램, 빛, 센서 등과 같은 과학기술을 활용함으로써 관람객이 몸소 체험을 하며 실재감을 느낄 수 있는 즐거운 미술의 세계를 선사합니다. 이에 따라 이번 단원에서는 다양한 인터렉티브 아트 작가들의 작품을 알아보고, 학생들이 스스로 즐길 수 있고 누구나 손쉽게 따라 할 수 있는 인터렉티브 아트 활동을 소개하고자 합니다.

〈그림 1〉 Boundary Functions by Phaeno Wolfsburg (https://www.snibbe.com/digital-art/)

Chapter 01

인터렉티브 아트란?

1. 인터렉티브 아트의 의미와 특징

인터렉티브 아트(Interactive Art)란 디지털 미디어를 이용해 관객과 작품의 상호작용이 가능한 예술을 의미합니다. 기존의 미술이 관객에게 이해하기 어려운 대상이었다면 인터렉티브 아트는 관객이 직접 작품에 참여함으로써 작품과 관객이 소통하면서 완성되는 예술입니다. 즉, 전반적인 작품의 전시 형태는 작가가 계획하더라도 이를 감상하는 관객의 움직임이나 말, 소리 등과 같은 적극적인 참여를 통해서 관객 자신의 새로운 작품을 창조하는 예술입니다.

기존의 미술과 다른 인터렉티브 아트의 중요한 특징 중의 하나는 바로 그 자리에서 관객과 작품의 소통을 관람할 수 있다는 점입니다. 이처럼 관객과의 소통을 통해 완성된 작품의 감상을 가능하게 이유는 무엇일까요? 그 이유는 바로 '과학'입니다. 시대가 지나면서 과학기술도 많이 발전하고, 컴퓨터, 카메라, TV 등과 같은 디지털 미디어 기술이 발달하면서 이들이 미술과 결합하여 새로운 형태의 예술을 만들어 내게 된 것입니다. 이에 따라 모니터나 프로젝터, 텔레비전 등과 같은 여러 가지 장치가 기존의 캔버스와는 또 다른 미술의 재료로 사용되어 이를 통해 작품과 관객의 예술적인 소통이 가능해진 것입니다. 그리고 인터렉티브 아트

〈그림 2〉 Open Burble by Umbrellium
(http://brand.hyundai.com/ko/art/art-world/art-technology umbrellium.do)

에 사용되는 과학기술과 미디어의 범위가 점점 더 넓어짐에 따라 예술의 영역도 더 확장되고 있으며, 이로 인해 이제는 인터렉티브 아트는 단순히 기술적으로 신기한 호기심의 대상이 아니라 사람들에게 '예술도 재미있고 즐거울 수 있다'는 예술에 대한 새로운 시각을 부여하고, 또 다른 종류의 예술적인 감성을 새롭게 제시할 수 있는 예술 영역으로 진화를 거듭하고 있습니다.

2. 인터렉티브 아트의 교육적인 의미와 구현 방안

위와 같은 인터렉티브 아트가 학생들에게는 어떠한 영향을 미칠 수 있을까요? 인터렉티브 아트는 작가가 다양한 과학기술과 여러 가지 디지털 미디어 장치를 자유롭게 활용하여 자신이 상상하고 표현하고 싶은 것들을 제작하고 관객의 적극적인 참여를 통해 관객과 소통하고자 하는 예술 활동입니다. 이런 점을 감안할 때, 학생들이 우리 주변에 존재하는 새로운 표현 매체를 찾아내고 그것을 자유롭게 활용하여 작품을 제작하는 과정을 함께 경험할 수 있도록 하는 교육이 바로 인터렉티브 아트 교육이라 할 수 있습니다.

이러한 인터렉티브 아트 교육은 학생들에게 미술과 과학을 결합하여 작품을 직접 제작하는 과정에 함께 참여하고 소통하는 경험을 제공함으로써 학생들의 예술적 표현능력을 확장시킬 수 있을 뿐만 아니라 창의적 사고력을 향상시키는데 긍정적인 영향을 미칠 수 있을 것입니다. 다시 말해 학생들은 미디어란 캔버스 위에 무엇을 표현하고 싶은지, 이를 통해 다른 사람들과 어떤 것을 소통할 것인지 친구들과 함께 서로 보여주고 체험하는 활동을 통해서 자신의 창의력과 상상력을 자신의 작품 속에서 구현하는 동시에 그 과정 자체에 즐거움을 느끼게 될 것입니다.

그러면 실제 인터렉티브 아트 수업을 구현하기 위해서는 무엇이 필요할까요? 무엇보다 먼저 학생들은 디지털 미디어 관련 기술을 익혀야 할 필요가 있습니다. 또한 작품을 제작할 때 필요한 과학에 대한 지식을 갖추고 있어야 실현이 가능합니다. 그러나 미술과 과학을 융합하여 표현하는데 있어서 초등학생이 가지고 있는 과학적 지식의 깊이는 한계가 있으며, 교실에서 이 수업을 실행하기 위해 필요한 컴퓨터나 스마트 디바이스 등도 매우 부족하다는 환경적인 제한점이 있는 것도 사실입니다. 이에 따라 이 장에서는 초등학생의 흥미와 수준을 고려하여 디지털 미디어 기술을 활용한 기술 중심의 인터렉티브 아트 보다는 초등학교 교육과정과 연계하여 학생들이 좀 더 쉽게 접근할 수 있도록 과학의 개념과 원리를 작품 제작에 활용하는 아날로그적인 인터렉티브 아트 수업에 초점을 두고자 합니다. 더불어 최근 초등소프트웨어교육에서 많이 활용되고 있는 엔트리를 이용하여 '인터렉티브 미디어 아트'에 작품을 제작하는 방법을 소개하고자 합니다.

Chapter 02

인터렉티브 아트 작품 알아보기

인터렉티브 아트는 정해진 어떤 특정한 영역의 예술 장르가 아니라 디지털 미디어와의 상호작용을 특징으로 하는 예술이기 때문에 유형을 분류하기에는 좀 어려움이 따른다. 이에 따라 인터렉티브 아트를 특정 기준에 의해 분류하기 보다는 관객과 미디어의 다양한 상호작용을 볼 수 있는 작품들을 위주로 알아보고자 한다.

1) Wayne Garrett와 Caitlind Brown의 CLOUD

'CLOUD'는 캐나다 예술가인 Wayne Garrett와 Caitlind Brown이 6,000개의 백열전구로 만든 인터렉티브 아트 작품입니다. 이 작품은 구름에서 비가 내리는 모습을 형상화한 것으로 작가는 6,000여개의 헌 전구와 새 전구를 무작위로 배치하여 작품을 만들었습니다. 길게 늘어진 하얀 끈에는 스위치를 부착해놓아 관람객들은 전구들을 서로 켜고 끄는 행위를 통해 다양한 밝기와 모양을 가진 구름을 만들게 됩니다. 이와 같이 'CLOUD'라고 불리는 이 작품은 관람객들의 참여로 작품이 계속 변화하고 완성되는 과정을 통해 작품과 관람객들의 상호소통이 이루어지는 인터렉티브 아트 입니다. 또한 Wayne Garrett와 Caitlind Brown은

〈그림 3〉 "CLOUD" by Wayne Garrett & Caitlind Brown
(https://incandescentcloud.com/aboutcloud/)

이 작품을 통해 에너지 문제로 백열전등의 사용을 자제하고 있는 전 세계 사람들에게 우리가 예전에 사용했던 에너지를 떠올리게 하고, 동시에 앞으로 에너지 문제에 우리가 어떤 태도를 가져야 하는지에 대한 질문을 던지는 작품이라 말하고 있습니다.

2) Carsten Holler의 Test Site

카르스텐 횔러(Carsten Holler)는 예술과 과학이란 두 영역을 자유자재로 넘나들며, 자신의 전문적 지식을 직접 예술에 응용하는 예술가입니다. 그의 작품들은 관람객과 공간 혹은 작품과 관람객 간의 상호소통을 유도함과 동시에 원초적인 감각을 자극하는 실험적인 성격을 띠고 있습니다. 위의 〈Test Site〉는 2006년 런던 테이트 모던(Tate Modern) 터바인 홀(Turbine Hall)에 설치한 미끄럼틀 작품으로 이 재미있으면서도 직접적인 체험을 통해 공간에 대한 관람객의 인식을 뒤바꿔놓은 새로운 작품입니다. 〈Test Site〉라는 작품의 제목에서 알 수 있듯이 미끄럼틀에서 실험을 합니다. 작품은 높은 데서 아래로 구불거리며 내려오도록 되어 있고, 관객들은 메탈과 플라스틱으로 만들어진 튜브를 타고 잇따라 내려오거나 혹은 내려오는 사람들을 서서 구경합니다. 이 과정에서 어떤 관람객들은 어렸을 때의 감정을 느끼기도 하고, 또 어떤 사람들은 스릴감을 경험하기도 합니다. 그의 상상력은 놀이이자 예술이 되었습니다.

3) Ann Hamilton의 The event of a thread

앤 해밀턴(Ann Hamilton)은 뉴욕의 파크 애버뉴 아모리(Park Avenue Armory)에서 대규모의 인터렉티브 아트 작업을 진행하였습니다. 거대한 하얀 커튼이 5천 평 넘는 '웨이드 톰슨 드릴 홀(Wade Thompson Drill Hall)'을 반으로 가르며 부드럽게 펄럭입니다. 커튼의 양쪽으로 42개의 그네가 케이블로 연결되어 있어 사람들을 그네를 타며 즐거워할 때마다 커튼도 따라 움직입니다. 우선 이 거대한 커튼이 움직이는 동안 관람객들은 그네를 즐깁니다. 또한 커튼 바로 아래에는 많은 관람객이 바닥에 편안한 자세로 누워 나풀거리는 커튼의 풍경을 감상하며 그 순간을 즐깁니다. 이 때 관람객의 즐거운 그네놀이는 '예술'이 되고 또 그 '예술'이 예술을 만드는 사람들이나 예술을 지켜보는 사람들 모두에게 즐거움을 줍니다. 이 작품을 통해 '예술'이 바로 '놀이'라는 것을 알 수 있습니다.

〈그림 4〉 the event of a thread by Ann Hamilton (http://www.artinculture.kr/online/13410)

4) Siddharth Mankad, Sunil Vallu, Aashka Shah의 && float

이 인터렉티브 아트 작품은 인도 국제보석수출진흥위원회(GJEPC)에 설치되어 있는 것으로, && float 팀은 벽 옆에 있는 사람들의 움직임을 추적하여 벽면의 움직이는 그래픽으로 변환할 수 있는 인터렉티브한 벽을 제안했습니다.

이 벽에는 프로젝터와 웹캠이 컴퓨터 처리 프로그램에 연결되어 있습니다. 컴퓨터 프로그램은 웹캠으로 벽을 지나가는 사람들의 움직임을 감지하고 이를 프로젝터로 받아 캔버스(벽면)에 그래픽으로 표현됩니다.

특히 두 번째 설치 작품은 몸의 움직임에 반응하는 그래픽으로 테셀레이션과 추상 표현의 형식으로 표현됩니다. 테셀레이션의 경우 벽 앞에서의 움직임이 다양하고 재미있는 패턴으로 만들어지고 있으며, 추상 표현의 형식도 관객이 지나갈 때마다 다양한 색상이 가진 도형들이 연속적으로 움직여 마치 움직이는 추상화를 보는 듯한 느낌을 줍니다.

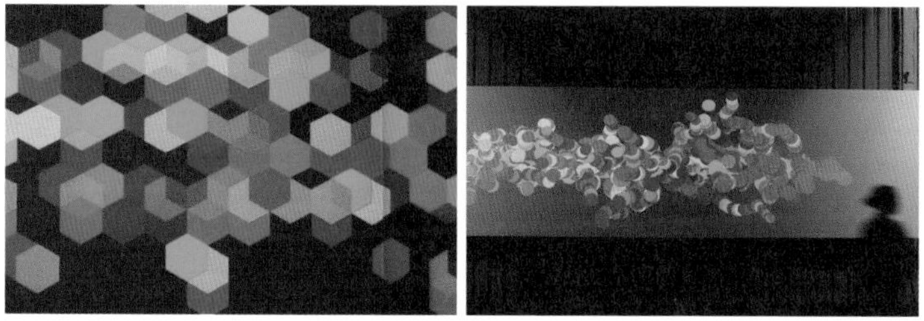

〈그림 5〉 && float By Siddharth Mankad, Sunil Vallu, Aashka Shah
(http://cargocollective.com/smmankad/float)

5) Hanna Haaslahti의 White Space

핀란드 작가인 한나 하슬라티(Hanna Haaslahti)의 작품 〈흰 공간〉(White Space)은 그냥 흰 스크린으로 되어 있습니다. 그러다가 한 관람객이 흰 스크린 앞에 서면 스크린에 관객의 그림자가 생깁니다. 그리고 그 그림자는 관객의 움직임에 따라 좌로 혹은 우로, 위 또는 아래로 움직입니다. 이 작품에서 특히 재미있는 점은 흰 스크린 속의 어린 소녀입니다. 관람객들은 이 소녀와 술래잡기를 하며 즐겁게 시간을 보낼 수 있습니다. 이 작품은 그림자라는 과학적 현상을 예술과 잘 접목시킨 작품으로 예술이 과학과 만나 얼마나 즐거운 활동으로 변화할 수 있는지 잘 보여주고 있습니다.

〈그림 6〉 White Space by Hanna Haaslahti
(http://press.sac.or.kr/_press/000-2006/2006%20Funsters/Hall/HANNA/hanna.htm)

이제부터 소개할 작품들은 인터렉티브 아트라기보다는 과학적 원리를 미술에 적용한 작품들로, 학생들이 수업 시간에 배운 과학적 원리를 많이 활용하고 있는 것들입니다. 과학기술과 미술을 융합한 인터렉티브 아트라는 낯선 장르가 '너무 힘들다'라는 편견이 있는 만큼 학생들이 인터렉티브 아트에 좀 더 쉽게 접근하고, 기존 작가의 작품을 이용하여 인터렉티브한 작품을 만드는데 도움을 주고자 다음 작품들을 소개합니다

6) Stephen Knapp의 First Symphony

스티븐 냅(Stephen Knapp)의 작품은 흰색 빛을 굴절시켜 벽면에 아름답고 화려한 채광을 볼 수 있는 설치물로 만드는데 있습니다. 그는 유리, 전구 등을 몇 개 사용하여 벽 위에 화려한 빛의 장관을 연출하는 '라이트 페인팅 (lightpaintings)' 작가입니다. 라이트 페인팅의 비밀은 NASA에서 개발한 금속, 산화물 및 유리 복합 재료인 특별한 유리에 있습니다. 이 유리는 선택적 프리즘처럼 작용하여 하나의 색상을 전달하고 반사합니다. First Symphony와 같은 대규모 작품도 위와 같이 빛과 특별한 유리를 사용하여 벽과 전시실을 화려한 빛의 공간으로 만들어 놓은 작품입니다. 그의 작품 설치는 사전에 스케치되거나 컴퓨터로 프로그래밍된 것이라기보다는 Knapp이 직관적으로 빛의 움직임을 보고 자연스럽게 벽에 빛의 그림이 그려지도록 작업을 하여 완성한 것입니다.

〈그림 7〉 First Symphony By Stephen Knapp
(http://www.lightpaintings.com/public-installations/1e9im93ua6f7zb9b02uubyxp49xqm9)

7) Graffiti Research Lab의 LED throwies

그래피티 리서치 랩(GRL:Graffiti Research Lab)은 제임스 파우더리(James Powderly)와 이반 로스(Evan Roth)에 의해 설립되었습니다. GRL은 과학자이자 예술가들로, 예술과 과학의 결합을 위해 오픈 소스를 기술로 실험적인 작업을 하는 아티스트 그룹입니다. 이 그룹은 건물이나 거리의 벽에 그림을 그리는 그래피티 아티스트들처럼 레이저나 LED를 이용하여 그래피티 작업을 합니다. GRL에서 제공하는 오픈 소스는 그래피티 작가, 예술가들, 정치적 활동가들이 자주 이용하고 있습니다.

위의 사진은 GRL의 대표적인 프로젝트인 LED Throwies입니다. LED Throwies는 LED에 자석을 붙여서 버스나 전철 등이나 혹은 외벽이 철로 된 건물 등에 던져서 버스나 건물이 빛나게 하는 프로젝트입니다. 이는 기존의 오브젝트에 LED를 붙여서 새로운 의미를 부여하거나 또는 많은 사람들에게 어떠한 사회적인 메시지를 전달하고자 할 때 많이 수행합니다. LED란 어렵지 않은 기술을 사용하여 도시의 미적인 수준을 높일 뿐만 아니라 사회적인 이슈에 주목하게 하는 특징을 잘 살린 퍼포먼스라 할 수 있습니다.

〈그림 8〉 LED throwies At KOTTBUSSER TOR
(https://www.graffitiresearchlab.de/tag/shine-in-decay/)

8) Heather Lewis의 Pay-per-view

헤더 루이스(Heather Lewis)는 거울, 빛 및 그림자를 사용하여 이미지를 만드는 예술가입니다. Lewis는 비전통적인 미디어로 작업하는데, 물체, 빛, 그림자 등과 같은 일상적인 현상들을 설치를 통해 벽과 바닥에 그림으로 표현합니다. 'Pay-per-view'라는 작품은 전체 벽을 차지하고 있는 그림자로 실시간으로 나타나는 그림이며, 이는 바닥의 거울 타일에서 반사되는 빛으로 만들어진 그림입니다. 그림자의 이미지는 빛의 각도 또는 물체의 모양이나 위치 등과 같은 다른 요소에 의해 변경될 수 있습니다. 빛과 그림자에 의해 만들어진 그림은 그림의 확장 개념으로 볼 수 있으며 인터렉티브한 요소를 가졌음을 알 수 있습니다.

〈그림 9〉 White Space by Hanna Haaslahti
(http://press.sac.or.kr/_press/000-2006/2006%20Funsters/Hall/HANNA/hanna.htm)

이제까지 다양한 특징을 가진 인터렉티브 아트에 대해 알아보았습니다. 인터렉티브 아트가 실재감과 현장성을 중시하는 만큼 어떻게 설치를 하고 이를 작품화하느냐가 매우 중요합니다. 그렇지만 설치물이기 때문에 가지는 한계는 언젠가는 '사라진다'라는 것입니다. 이에 따라 인터렉티브 아트에 직접 참여하면서 만들어진 '나만의 작품'을 그냥 '일시적인 현상'이 아닌 작품으로 오랫동안 유지하기 위해서는 사진이나 동영상으로 저장해놓는 과정도 중요한 작품 활동 중 하나라고 말할 수 있습니다. 다음 장에서는 직접 작품을 만들어 보도록 하겠습니다.

Chapter 03

Graffiti Research Lab 작품 따라잡기

'인터렉티브 아트 따라잡기'는 인터렉티브 아트라는 낯선 분야의 예술에 학생들이 이 활동을 통해 좀 더 다가가게 하는데 의미가 있습니다. 과학과 예술이 작품 안에서 융합하는 과정은 결코 쉽지 않습니다. 그러므로 이 장에서의 연습을 통해 자신만의 인터렉티브 아트를 창작하는데 있어 시작점이 되면 좋겠습니다.

GRL의 LED throwies는 학생들이 LED를 사용하여 손쉽게 작품을 구성할 수 있으며, 학생들의 함께 동시에 던질 때마다 새로운 작품을 계속 만들 수 있다는 장점이 있습니다. 이에 따라 학생들이 LED를 사용하여 쉽게 작품을 만들 수 있는 다양한 방법을 알아보고, 실제 활동 속에서 어떻게 인터렉티브한 활동을 가능하게 할 수 있는지 모색해 보도록 하겠습니다. 주의할 점은 이 활동은 밤에 LED가 더욱 아름답게 보이므로 던질 때 주변을 어둡게 해야 한다는 것입니다.

1. LED throwies 작품 그대로 따라하기

01 〈준비물〉 수은전지, LED, 네오디움 자석, 테이프

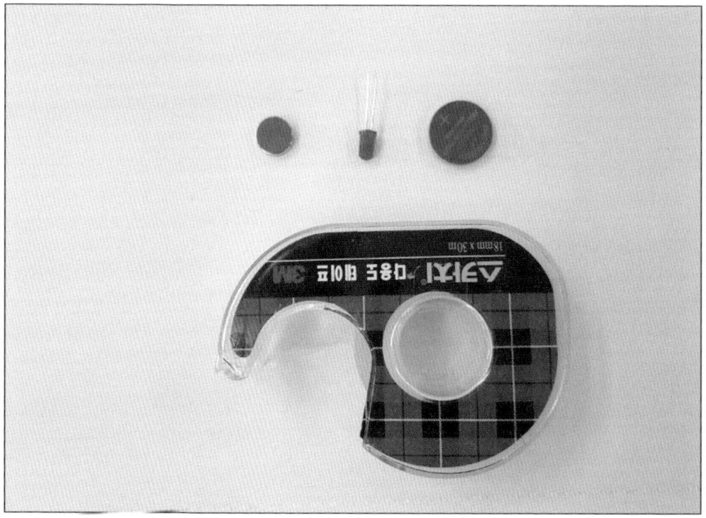

02 〈LED에 대해 알아보기〉 LED와 수은 전지는 극성이 있으므로 양극(+)과 음극(–)을 구별해야 합니다. LED는 다리가 긴 쪽이 양극(+)이고, 짧은 쪽이 음극(–)입니다. 수은전지에는 (+)라고 표시된 면이 있어 극성을 금방 알 수 있습니다.

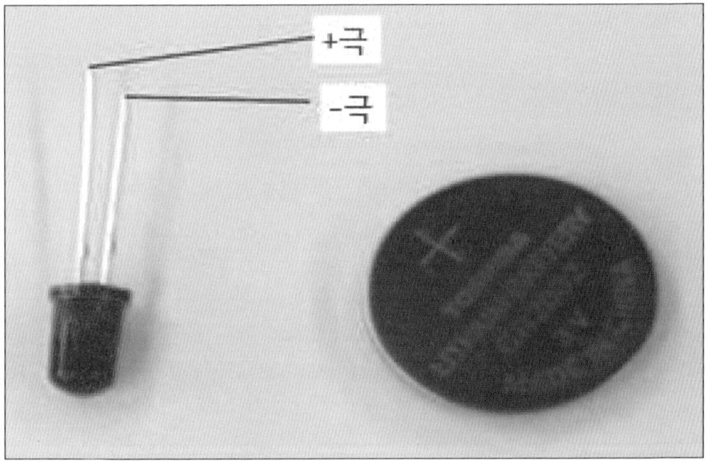

03 〈LED 확인하기〉 LED가 빛나는지를 확인하기 위해서는 전지랑 연결을 해야 합니다. LED와 수은전지를 같은 극끼리 서로 닿게 합니다. 그리고 LED의 양쪽 다리 사이에 수은전지를 끼워 넣고 엄지와 검지로 LED를 잡으면 바로 LED가 빛나기 시작합니다.

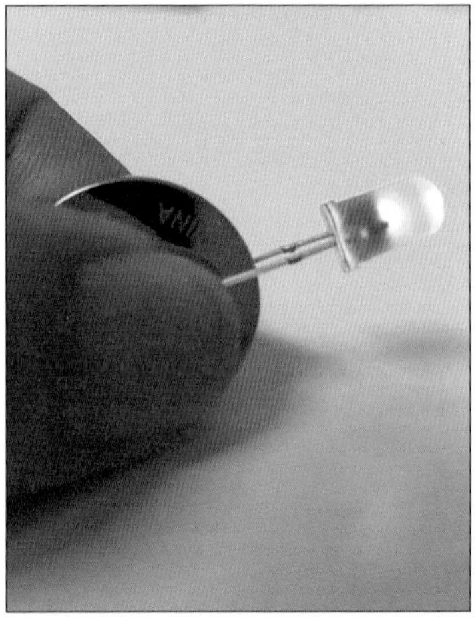

04 〈LED throwies 만들기〉 LED를 전지와 같은 극끼리 극을 맞추어 테이프를 붙여줍니다. 그런 다음 네오디움 자석을 전지의 둥근 부분에 혹은 전지를 세웠을 때 둥근 옆면에 테이프로 고정합니다. 그러면 작품을 위한 기본 LED는 완성됩니다.

05 〈LED throwies 만들기〉 여러 명의 학생들이 칠판이나 철판 같이 자석을 붙일 수 있는 곳에 LED를 마음껏 던져봅니다. 어떤 의도 없이도 우연히 만들어진 작품은 매우 아름다우며 특히 밤에 더욱 아름답게 볼 수 있습니다.

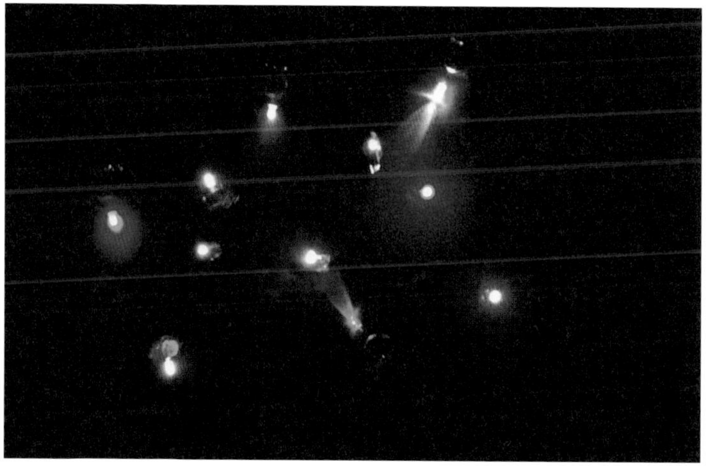

06 〈LED throwies 만들기〉 우연한 효과를 기대하는 것 말고 학생들 자신의 생각과 느낌을 의도된 디자인을 통해 작품을 완성합니다. 이 작품은 학생들의 생각이나 느낌, 의도 등이 잘 나타나 있어 오히려 학생들에게 더 의미 있는 작품을 만들 수 있습니다.

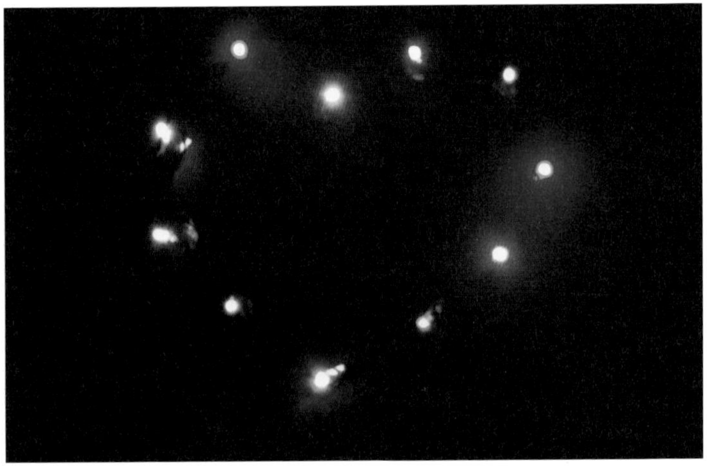

2. LED flower throwies 만들기

LED와 다른 재료를 결합하여 LED 꽃을 만들어 작품을 만들고자 합니다. 거울의 반사 성질을 이용하여 빛을 더 퍼지게 함으로써 또 다른 빛의 화려한 향연을 보여주고자 합니다.

01 〈준비물〉 LED(적, 청, 녹, 황), 플라스틱 거울(7cm*3cm)조각, 수은전지, 네오디움 자석

02 〈LED flower 만들기〉 먼저 플라스틱 거울로 고깔 모양을 만듭니다. 이때 뾰족한 부분은 LED의 다리가 나올 수 있도록5mm정도 벌려놓습니다. 그 다음에 벌어진 틈으로 LED의 다리를 넣습니다.

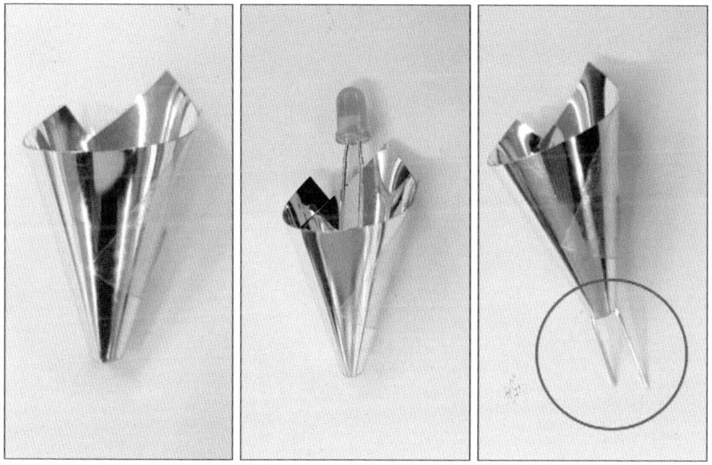

03 〈LED flower 만들기〉 LED flower 아랫부분에 있는 LED와 수은전지를 같은 극끼리 닿게 한 후 테이프를 붙입니다. 그런 다음 네오디움 자석을 전지의 옆이나 밑에 붙여 테이프로 고정하여 LED flower를 완성합니다.

04 〈LED flower throwies 만들기〉 LED flower를 가지고 던지면서 작품을 완성하거나 자유롭게 의미를 부여하여 의도적인 작품을 만들어 봅니다.

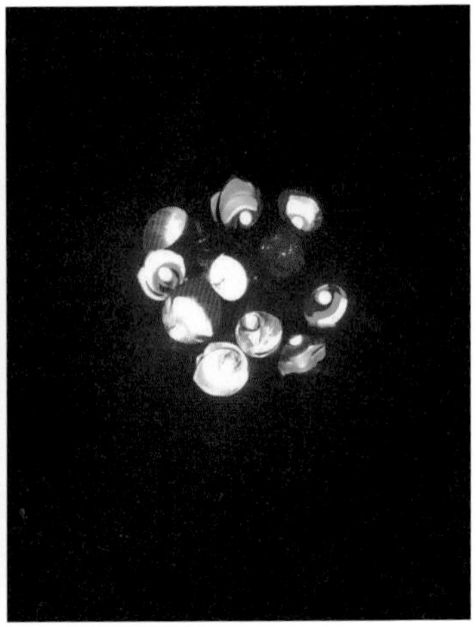

05 〈LED flower throwies 만들기〉LED flower throwies 작품을 완성 후 자신의 작품을 사진으로 촬영할 때 다양한 방향에서 촬영을 합니다. 동일한 작품이라도 어느 방향에서 찍느냐에 따라 전혀 다른 작품이 나올 수 있기 때문입니다.

3. LED Light 만들기

01 〈준비물〉 LED(적, 청, 녹, 황), 수은전지, 네오디움 자석, 다양한 도형 전개도, 테이프, 양면테이프(5mm)

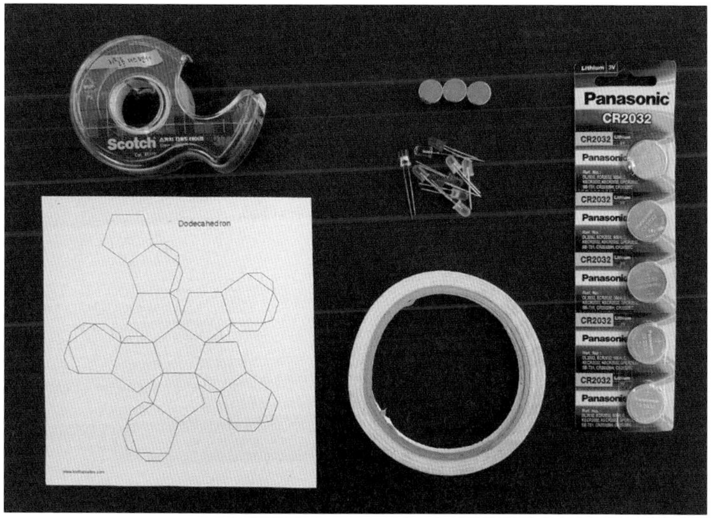

02 〈다양한 모양의 입체 도형 (http://www.korthalsaltes.com/) 만들기〉 학생들에게 다양한 도형 전개도 중 하나씩 선택하여 윤곽선을 따라 자르게 합니다. 도형을 선택하여 제공할 때에는 학생들의 수준을 고려하여 각 학년의 수학과 교육과정과 연계, 선택하도록 합니다.

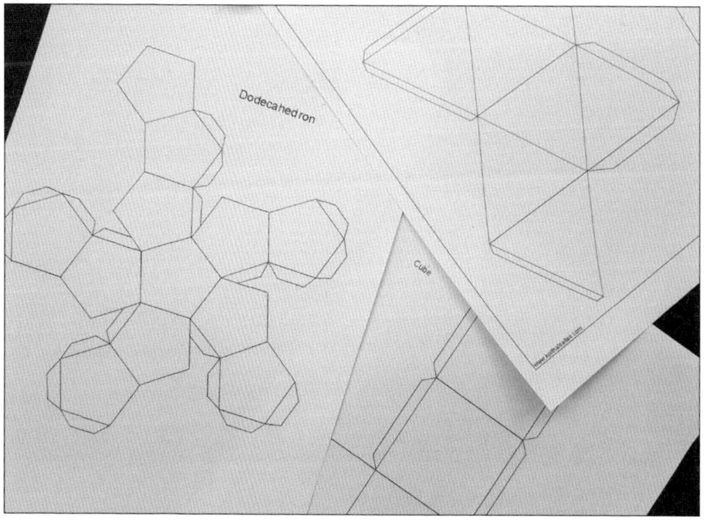

03 〈다양한 모양의 입체 도형 만들기〉 오린 도형에 있는 모든 모서리들을 잘 접어줍니다. 모서리를 접을 때 대충 접으면 원하는 도형의 모양이 제대로 나올 수 없으므로 손톱이나 자를 이용하여 모서리의 선이 분명하게 나타나도록 잘 접어줍니다.

04 〈다양한 모양의 입체 도형 만들기〉 도형에서 붉은 색으로 표시해 놓은 부분은 두 모서리를 붙이는 부분입니다. 이 부분들에는 양면테이프(5mm)를 붙입니다. 폭이 넓은 양면테이프를 사용하는 경우 완성된 도형이 지저분해 보이므로 폭이 5mm이하인 양면테이프를 사용해줍니다.

05 〈다양한 모양의 입체 도형 만들기〉 양면테이프의 종이 부분을 제거한 후 모서리를 연결하며 도형을 완성합니다.

06 〈LED Light 만들기〉 LED throwies에서 사용하였던 LED를 도형의 한 꼭짓점 부분에 살짝 끼워 넣어줍니다. 그러면 사진처럼 아주 간단하게 LED Light가 완성됩니다.

07 〈LED Light 만들기〉 각자가 만든 도형에 각기 다른 색의 LED를 넣고, 불을 끄면 멋진 LED Light가 완성됩니다.

08 〈LED Light 합동 작품 만들기〉 이제 모둠 친구들이 만든 작품을 모아 칠판에 자유롭게 배열하여 새로운 작품을 만들어 봅시다. 완성한 후 불을 끄면 개인별 작품들과는 또 다른 아름다운 작품을 만들 수 있습니다. 이 때 각 모둠별 작품에 대한 생각이나 느낌을 서로 나누어 봅니다.

Chapter 04

스티븐 냅(Stephen Knapp) 작품 따라잡기

스티븐 냅(Stephen Knapp)의 First Symphony는 화려한 빛의 아름다움이 있지만 실제로는 페인트가 전혀 사용되지 않았습니다. 그것들은 모두 하얀 빛과 유리에 의한 것으로 빛의 방향이나 유리의 위치에 따라 다양한 색상 스펙트럼을 볼 수 있게 됩니다. 물론 그의 작품에서는 특수한 유리를 사용하였지만 우리의 작품에서는 거울을 재료로 빛의 직진과 반사의 성질을 이용하여 인터렉티브한 작품을 만들고자 합니다.

1. 스티븐 냅(Stephen Knapp) 그대로 따라하기

01 〈플라스틱 거울〉 플라스틱 거울을 직사각형 모양으로 잘라 겉의 필름을 벗깁니다. 거울은 2개를 한 쌍으로 사용합니다.

02 〈플라스틱 거울 붙이기〉 플라스틱 거울 2개를 뒷면 끼리 맞대어놓고 날클립으로 고정합니다. 그런 다음 거울을 세웠을 때 밑 부분에 해당하는 날클립 위에 줄자석을 붙입니다. 좀 더 강력한 것을 원할 경우 네오디움 자석을 사용합니다.

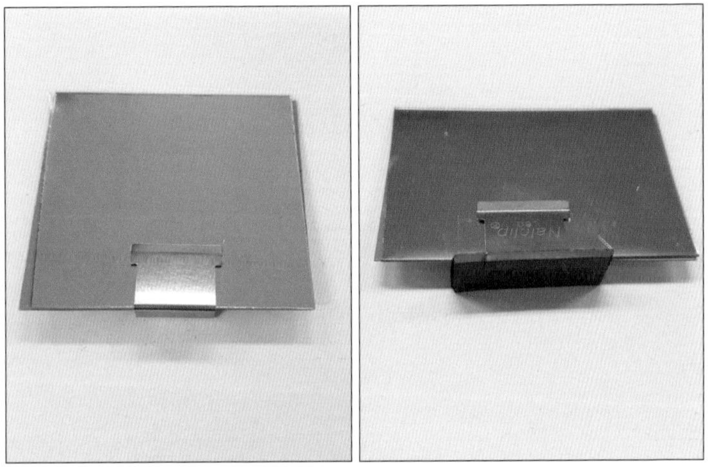

03 〈손전등에 자석 붙이기〉 LED 손전등은 어느 정도 무게가 있으므로 칠판에 고정시키기 위해서는 강력한 자력이 필요합니다. 이에 따라 네오디움 자석을 활용하여 전원 버튼이 없는 쪽으로 위와 아래에 각각 자석을 붙여줍니다.

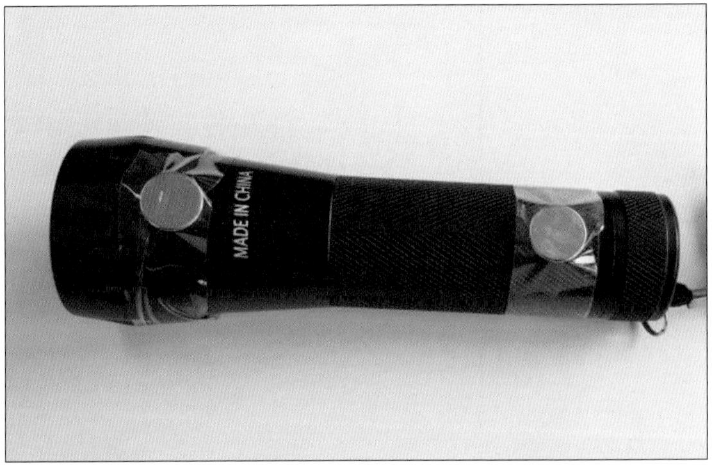

04 〈작품 제작하기〉 먼저 칠판 위쪽에는 플라스틱 거울 2쌍을, 아래쪽에는 LED 손전등을 붙여 놓습니다. 주변을 어둡게 한 후 손전등을 켜고 거울의 위치를 옮겨가며 빛의 반사로 인해 빛 그림이 잘 그려지는 거울의 방향이나 각도 등을 찾아봅니다.

05 〈작품 제작하기〉 칠판 위쪽에 플라스틱 거울을 모두 붙이고 칠판 아래 양쪽에는 LED 손전등을 각각 하나씩 배치합니다. 손전등을 켜고 거울의 반사 각도와 거울의 위치를 조정합니다.

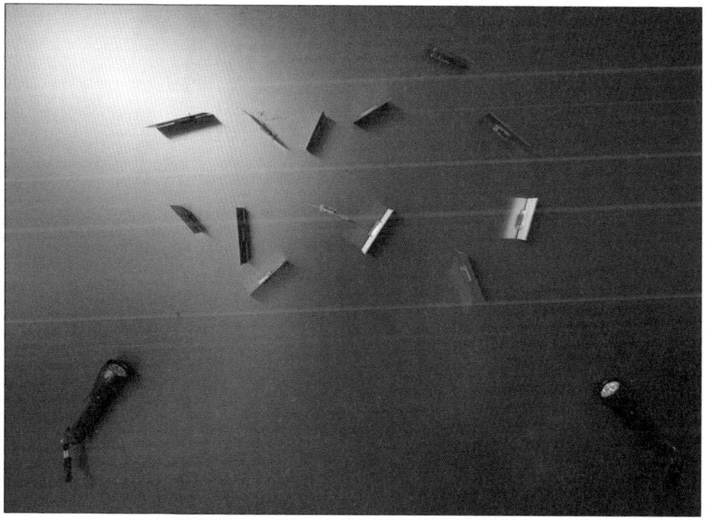

06 〈작품 제작하기〉 손전등을 켜고 주변의 전등을 모두 끕니다. 작품을 감상하면서 반사가 잘 이루어지지 않는 부분을 골라 거울의 반사 각도와 거울의 위치를 조정해줍니다.

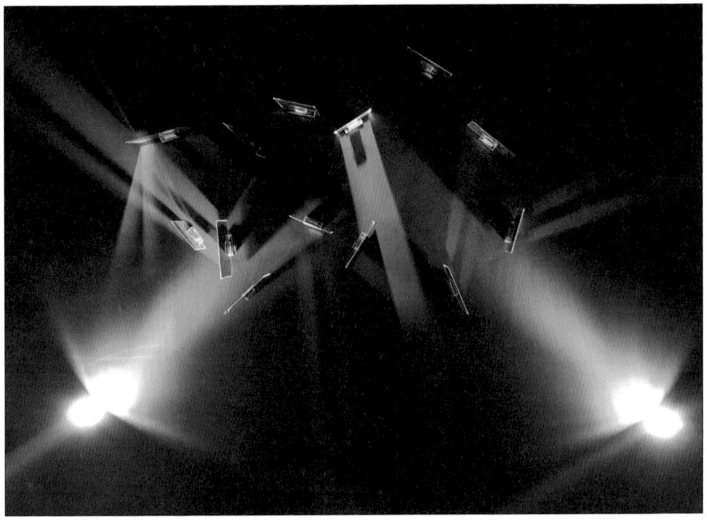

07 〈작품 제작하기〉 하얀 빛의 그림도 아름답습니다. 그러나 스티븐 냅처럼 빛에 색을 입혀주고 싶은 경우에는 색 셀로판지를 활용한다. 우선 2개의 손전등에 2가지 색상의 셀로판지를 각각 붙여줍니다.

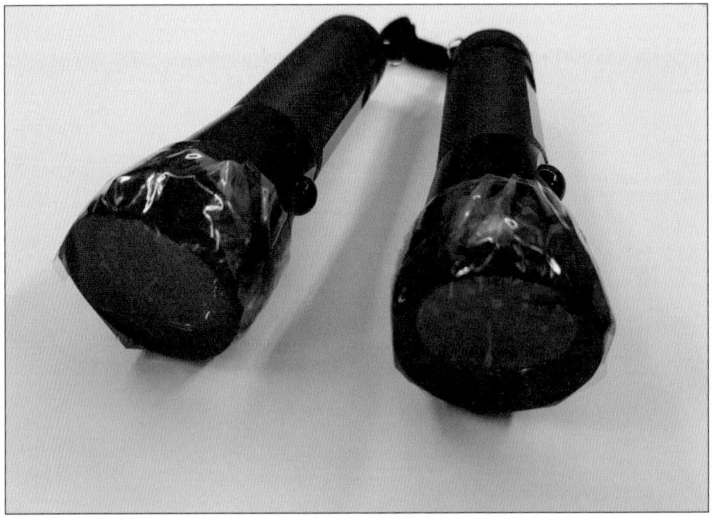

08 〈작품 제작하기〉 빨강과 파란 색의 셀로판지를 각각 붙여준 손전등을 줍니다. 전원 버튼을 켜고 불을 끄면 이렇게 아름다운 불빛을 만날 수 있습니다.

09 〈작품 제작하기〉 작품을 언뜻 보면 녹색 빛이 많이 보이는데 이는 배경이 칠판이라서 녹색 빛을 띠게 됩니다. 만약 검은 색 바탕 위에서 작품을 제작하게 되면 선명한 푸른 색 빛을 보실 수 있을 것입니다.

2. 스티븐 냅(Stephen Knapp) 작품 응용하기

01 〈CD 활용한 작품 만들기〉 거울처럼 빛을 반사할 수 있는 재료 중에 무지개 빛을 CD를 활용하여 작품을 제작하고자 합니다. 재단기로 CD를 4등분합니다. CD의 중앙부분에 날클립을 붙입니다.

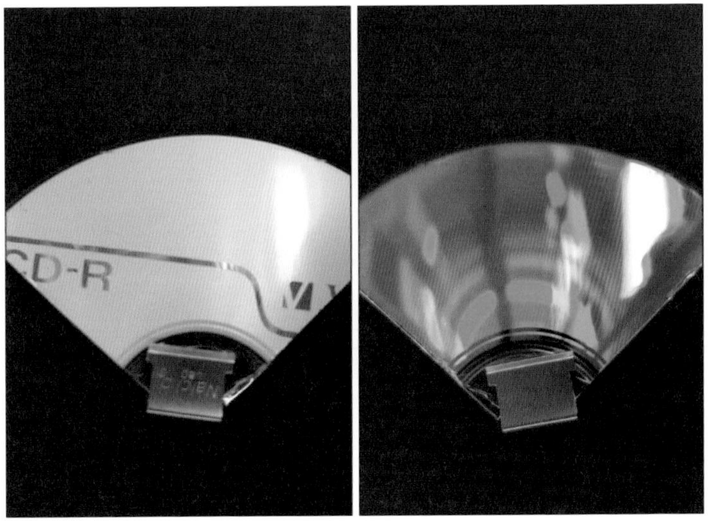

02 〈CD 활용한 작품 만들기〉 거울의 날클립 위에 줄자석을 붙인 것처럼 CD도 날 클립 위에 자석을 부착합니다. 역시 강한 자력을 원하면 네오디움 자석을 활용합니다.

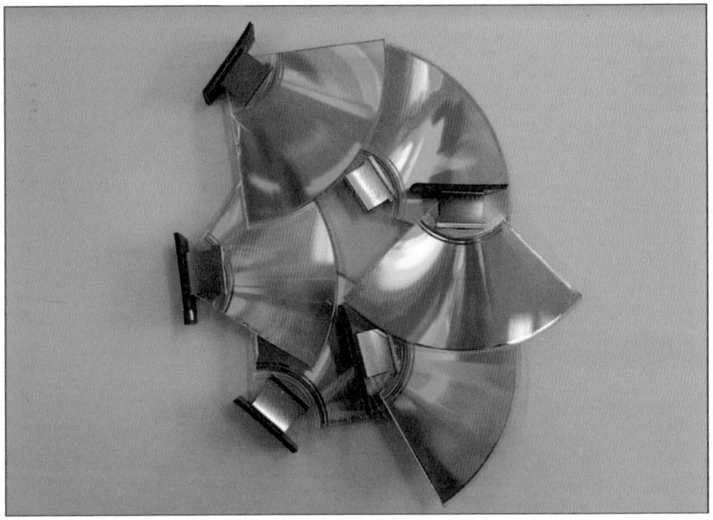

03 〈CD 활용한 작품 만들기〉 그러나 CD의 경우 빛이 반사가 일어나지 않으므로 앞의 작품에서 사용하였던 거울을 동시에 사용하여 CD의 무지갯빛이 아름답게 반사할 수 있도록 합니다.

04 〈CD와 거울을 이용하여 빛의 그림 만들기〉 위쪽에는 CD 몇 개와 플라스틱 거울 2~3개를, 아래쪽에는 손전등을 놓습니다. 손전등을 켜고 불을 끈 후, CD의 무지갯빛이 나아가는 방향과 거울의 반사 각도와 위치를 보면서 CD와 거울을 조금씩 이동시켜 봅니다.

05 〈CD와 거울을 이용하여 빛의 그림 만들기〉 위쪽에는 CD와 플라스틱 거울을, 아래쪽에는 손전등을 놓습니다. 손전등을 켜고만들어질 빛의 그림을 생각하며 CD와 플라스틱 거울의 각도와 위치를 배치합니다. 그리고 전등을 끄면 CD의 무지갯빛과 거울의 반사빛이 어우러져 아름다운 작품을 완성하게 됩니다.

06 〈CD와 거울을 이용하여 빛의 그림 만들기〉 그러나 CD의 빛이 푸른 빛깔만 많이 보이게 되죠. 이것 역시 배경인 칠판으로 일어난 현상으로, CD의 무지갯빛을 제대로 관찰하기 위해서는 배경을 검은 색으로 바꾸어 보세요. 더 선명한 무지갯빛을 감상하실 수 있습니다.

Chapter 05

&& float팀 작품 따라잡기

&& float팀은 벽 옆을 지나가는 사람들의 움직임을 추적하여 이를 벽면에 동적인 그래픽으로 변환할 수 있는 인터렉티브한 벽을 만들었습니다. 이 벽에는 프로젝터와 웹캠이 컴퓨터 처리 프로그램과 연결되어 있어 작품의 옆을 지나가는 사람들의 움직임을 감지하여 이를 캔버스(벽면)에 다양한 그래픽으로 표현하게 됩니다. 이는 마치 잭슨 폴락이 캔버스 위에 자유롭게 물감을 뿌리는 것처럼 그래픽이 이리저리 흩어지며 자유롭게 아름다운 작품을 완성하게 됩니다.

이와 같이 우연한 효과를 통해 아름다운 작품을 만들기 위해서 이번에는 '엔트리' 프로그램의 '무작위수'를 활용하여 작품을 만들어 보도록 하겠습니다.

01 〈준비하기〉 엔트리 메인화면에서 [만들기]를 클릭하고, '작품 만들기'를 선택합니다.

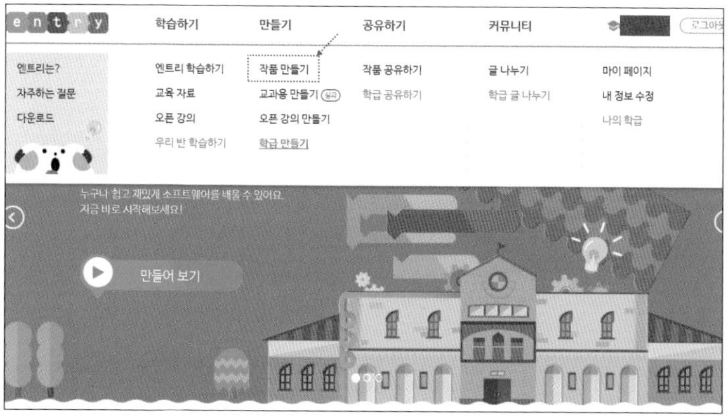

02 〈준비하기〉 만들기 화면은 다음과 같이 구성되어 있습니다. 상단 메뉴, 실행화면, 오브젝트 목록, 블록 꾸러미, 블록 조립소가 있습니다.

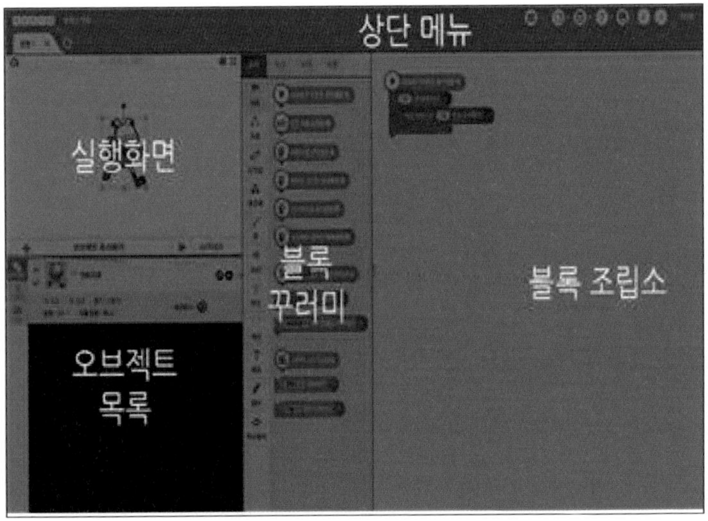

03 〈준비하기〉 먼저 실행화면에 있는 엔트리봇은 필요 없는 오브젝트이므로 오브젝트 목록에서 삭제합니다. 그리고 '오브젝트 추가하기' 버튼을 클릭합니다.

04 〈오브젝트 추가하기〉 움직이는 마우스 역할을 할 오브젝트와 배경을 추가할 필요가 있습니다. 먼저 [인터페이스]에서 '하트(2)'를 추가하고, [배경]에서 '우주(3)'을 추가합니다. 그리고 '적용하기'를 클릭합니다.

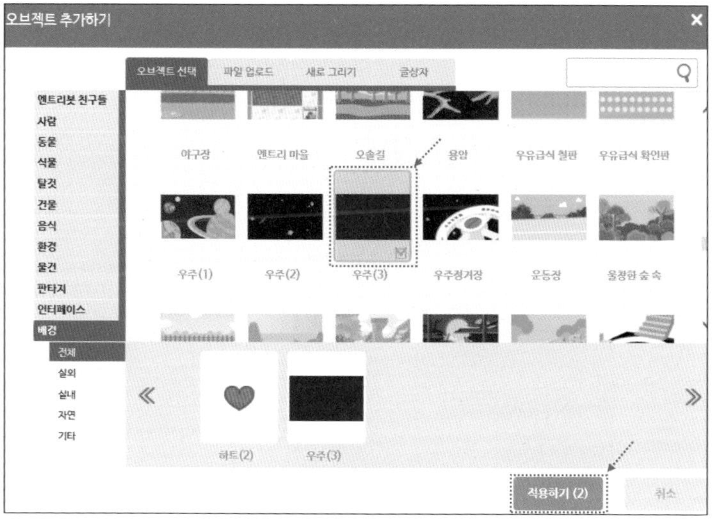

05 〈오브젝트 크기 조절하기〉 이 하트는 이 작품에서 마우스 역할을 합니다. 마우스가 움직이는 대로 작품이 만들어지기 때문에 작품 속의 하트가 너무 커서 방해가 되지 않도록 조절합니다.

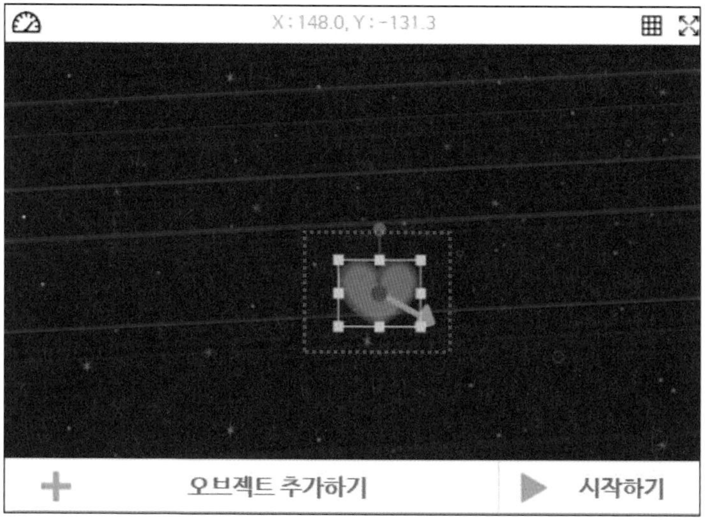

06 〈하트가 마우스에 따라 움직이기①〉 '하트'를 움직여 작품을 만들기 위해서는 '하트'가 마우스를 계속 따라오게 하는 것이 필요합니다. 먼저 실행화면에 있는 '하트' 오브젝트를 클릭한 후에 블록을 조립하겠습니다. [시작] 카테고리를 클릭, '시작하기 버튼을 클릭했을 때' 블록을 가져옵니다.

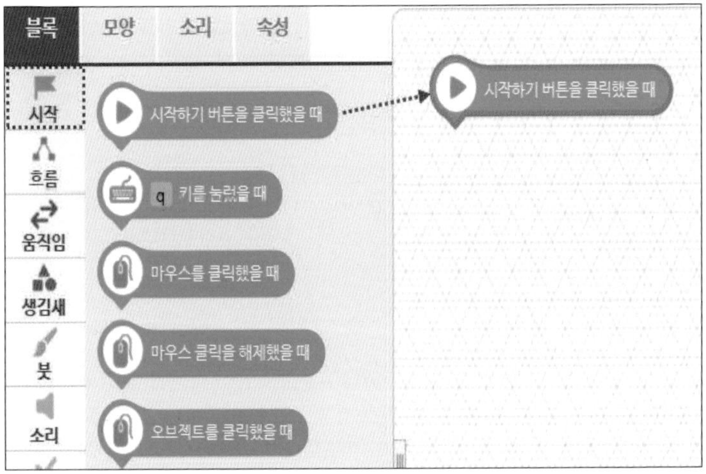

07 〈하트가 마우스에 따라 움직이기②〉 [흐름] 카테고리를 클릭, '계속 반복하기' 블록을 끌어 '시작하기 버튼을 클릭했을 때' 블록 밑에 놓습니다. '계속 반복하기'는 그 블록 안에 있는 명령을 무한히 반복해주는 블록입니다.

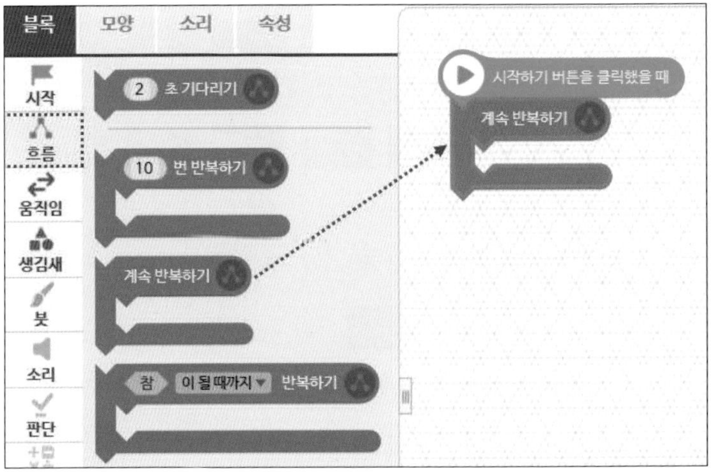

08 〈하트가 마우스에 따라 움직이기③〉 [움직임] 카테고리에서 '하트(2) 위치로 이동하기' 블록을 '계속 반복하기' 블록 안에 끌어다 넣습니다.

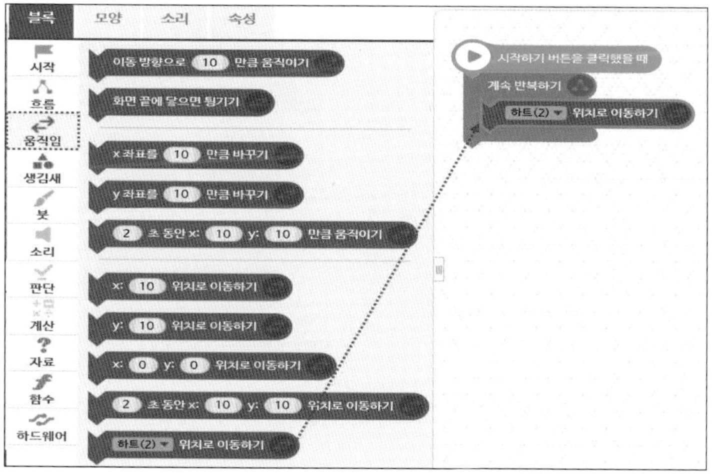

09 〈하트가 마우스에 따라 움직이기④〉 이 때 '하트(2) 위치로이동하기' 블록에서 '하트(2)'를 클릭하면 선택창이 뜹니다. 여기서 '마우스포인터'를 선택합니다.

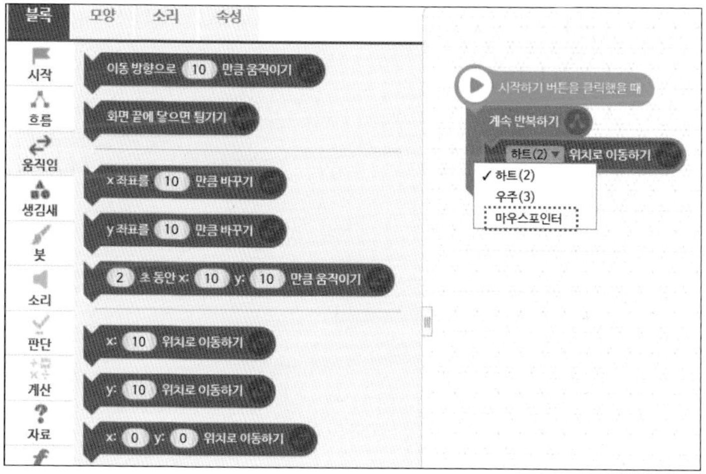

10 〈하트가 마우스에 따라 움직이기⑤〉 옆의 그림 같이 블록 조립이 완성되었을 때, 실행화면의 시작하기 버튼을 누른 후 하트를 클릭하여 움직이면 마우스를 따라 계속 움직이게 됩니다.

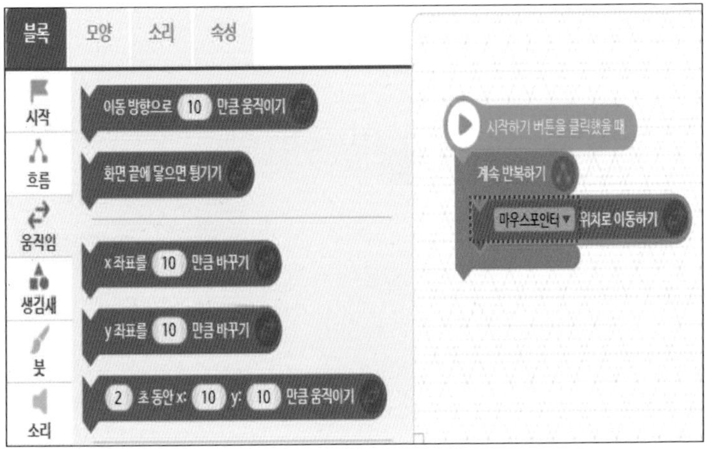

11 〈그림 그리기①〉 마우스를 지정하는 블록을 조립해 보도록 하겠습니다. 먼저 [시작] 카테고리에서 '마우스를 클릭했을 때' 블록을 가져 옵니다.

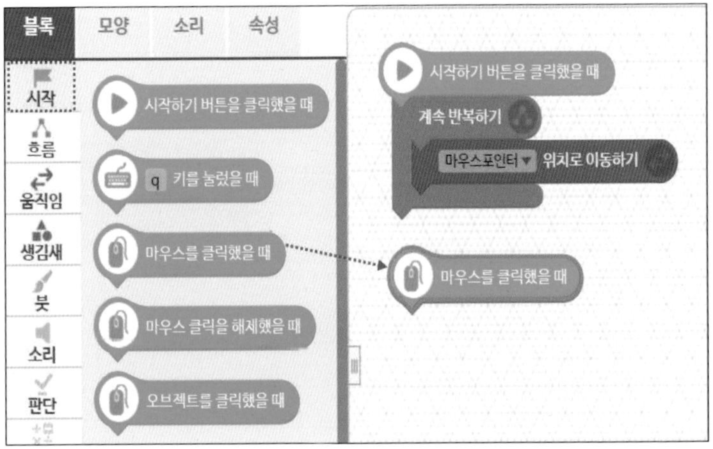

12 〈그림 그리기②〉 그림을 그리기 위해서는 [붓] 카테고리에서 '그리기 시작하기' 블록을 가지고 와서 '마우스를 클릭했을 때' 블록 밑에 넣습니다.

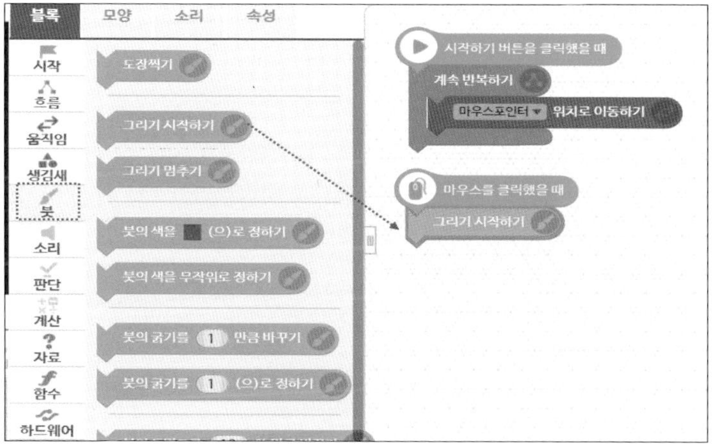

13 〈그림 그리기③〉 [흐름] 카테고리에서 '계속 반복하기' 블록을 가져와 '그리기 시작하기' 블록 밑에 놓습니다.

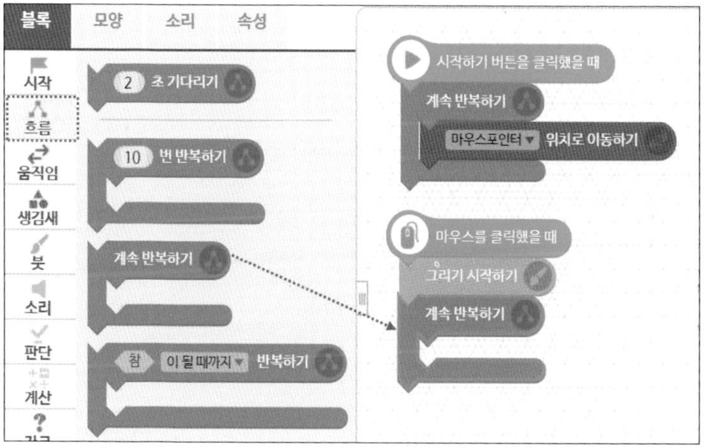

14 〈그림 그리기④〉 본격적으로 그림을 그리기 위해서는 붓의 색깔, 굵기, 투명도와 관련한 블록을 조립합니다. [붓] 카테고리에서 '붓의 색을 무작위로 정하기', '붓의 굵기 1만큼 바꾸기', '붓의 투명도 10% 만큼 바꾸기' 블록을 선택하여 '계속 반복하기' 블록 안에 넣습니다. 이후 실행화면의 '시작하기'를 버튼을 클릭하여 '하트'를 움직여 봅니다. 화면에 표시되는 그림이 그려지지 않습니다.

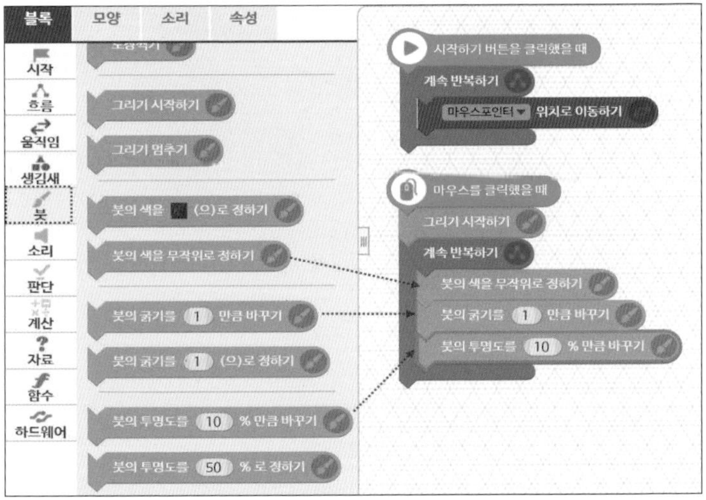

15 〈그림 그리기⑤〉 붓의 굵기나 투명도의 값을 바꾸어줍니다.

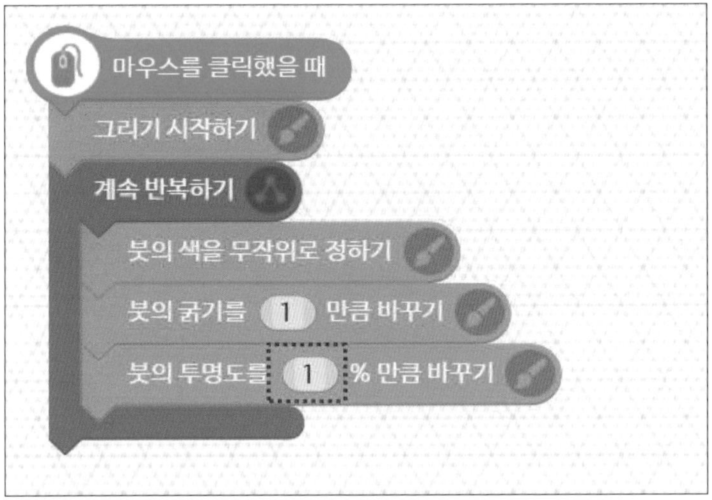

16 〈그림 그리기⑥〉 실행화면에서 '시작하기'를 누르고 '하트'를 클릭하고 움직여봅니다. 그림의 색깔이나 두께, 투명도가 변합니다.

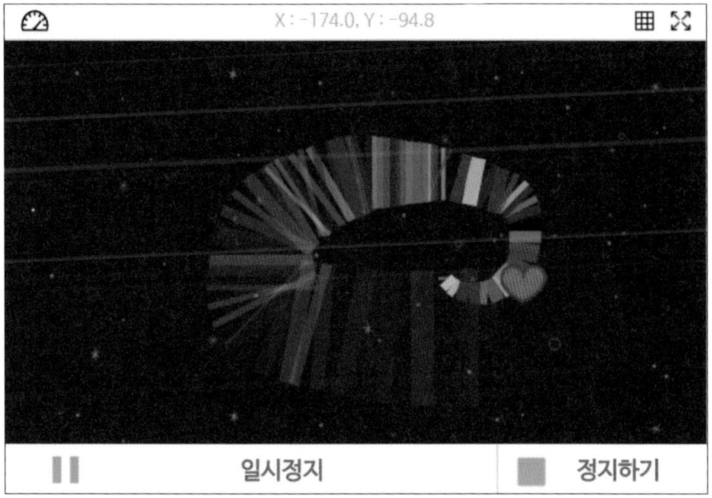

17 〈그림 그리기⑦〉 그림을 좀 더 선명하고 다양하게 그리기 위해서는 붓의 굵기나 투명도를 변화시킬 필요가 있습니다. 이에 따라 [계산] 카테고리에서 '0부터 10까지 사이의 무작위수' 블록을 붓의 굵기와 투명도 블록 안에 있는 값 위에 끌어다 놓습니다.

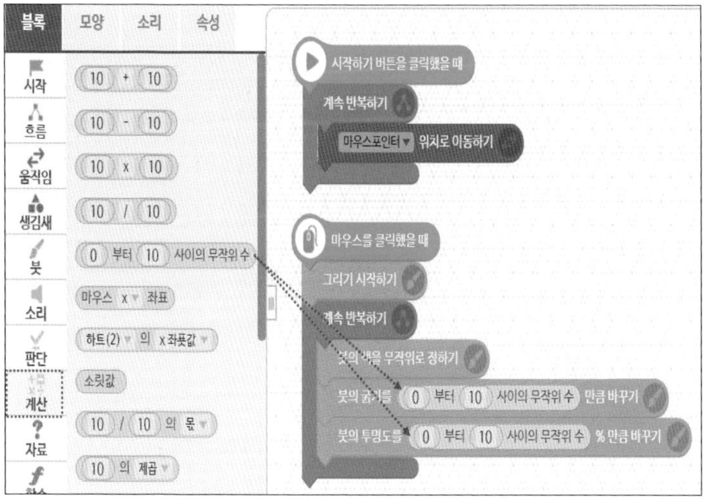

18 〈그림 그리기⑧〉 실행화면에서 '시작하기'를 누르고 '하트'를 클릭하고 움직여봅니다. 실제로 그려지는 그림이 거의 없습니다.

19 〈그림 그리기⑨〉 붓의 굵기와 투명도를 나타내는 블록에서 굵기와 투명도의 값을 바꾸어줍니다.

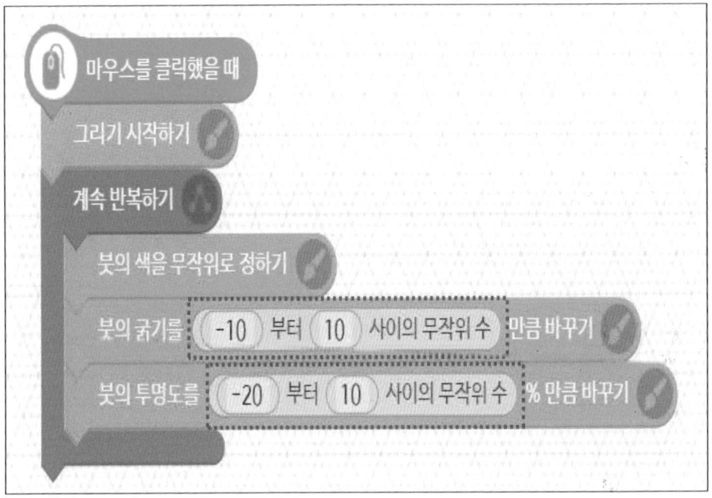

20 〈그림 그리기⑩〉 실행화면에서 '시작하기'를 누르고 '하트'를 클릭하여 움직여봅니다. 다양한 크기와 색, 투명도를 지닌 도형이 하트의 움직임에 따라 만들어지게 됩니다.

21 〈그림 그리기⑪〉 붓의 굵기와 투명도의 값을 바꾸어준 후, '시작하기' 버튼을 클릭하여 다양한 작품을 만들어봅니다.

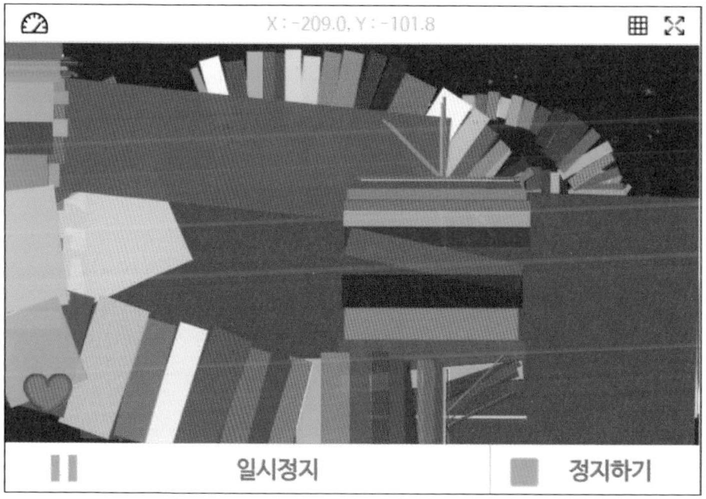

22 〈그림 그리기⑫〉 이번에는 붓의 투명도를 나타내는 무작위수를 일정하게 정하여 봅니다.[붓] 카테고리에서 '붓의 투명도를 10%로 정하기' 블록으로 바꾸어 줍니다. 그리고 '0부터 10까지의 무작위수'를 넣어준 후 투명도의 값을 변화시켜 줍니다.

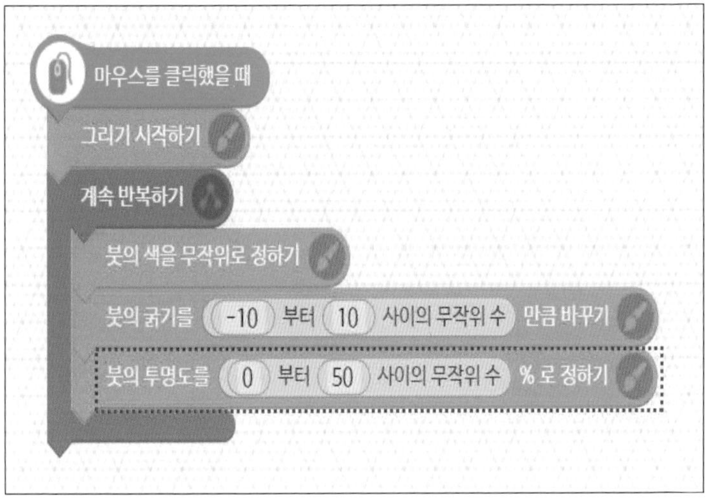

23 〈그림 그리기⑬〉 실행화면에서 '시작하기'를 누르고 '하트'를 클릭하여 움직여봅니다. 앞의 작품들과 또 다른 멋진 추상화와 같은 작품을 만들 수 있습니다.

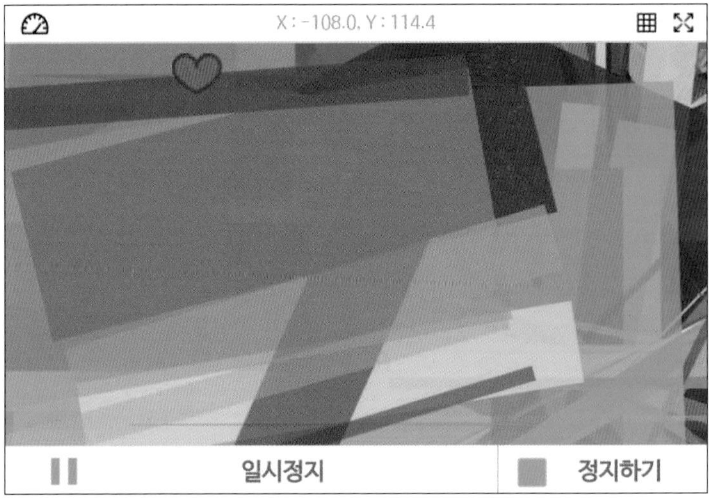

24 〈그림 지우기①〉 실행화면의 '정지하기' 버튼을 클릭하면 그린 그림을 지우고 또 다시 그림을 그릴 수 있습니다. 그러나 손쉽게 키보드를 활용하여 지울 수도 있습니다. [시작] 카테고리에서 'q키를 눌렀을 때' 블록을 가져옵니다.

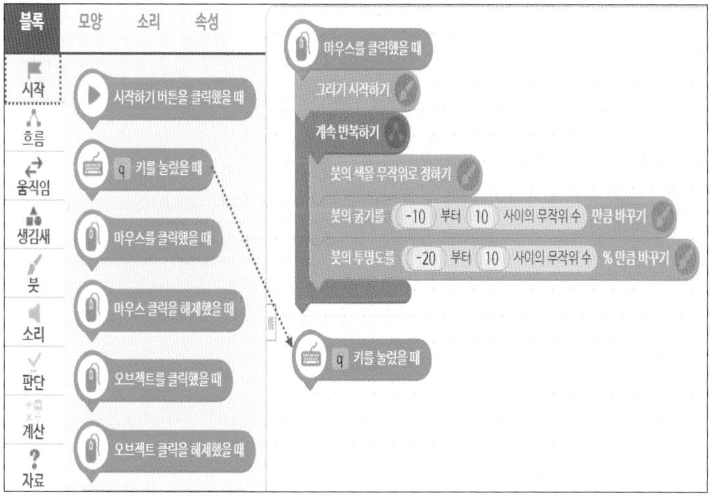

25 〈그림 지우기②〉 'q키를 눌렀을 때' 블록에서 q를 클릭하면 컴퓨터 키보드가 나옵니다. 여기서 화면에서 엔터를 누르는 것이 아니라 실제 컴퓨터 키보드에서 '엔터키를 쳐주면 설정됩니다.

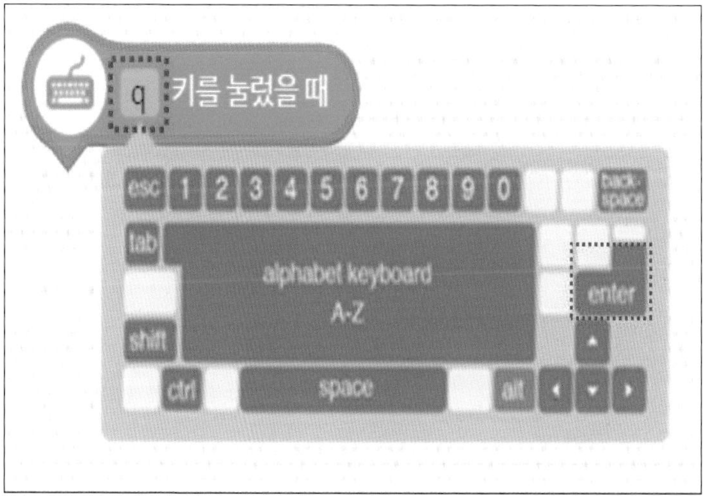

26 〈그림 지우기③〉 [붓] 카테고리에서 '그리기 멈추기' 블록을 가져와 '엔터키를 눌렀을 때' 블록 밑에 붙입니다. 실행화면에서 하트를 클릭하여 그림을 다 그린 후, 키보드에서 엔터키를 치면 그림이 지워져 다시 그릴 수 있습니다.

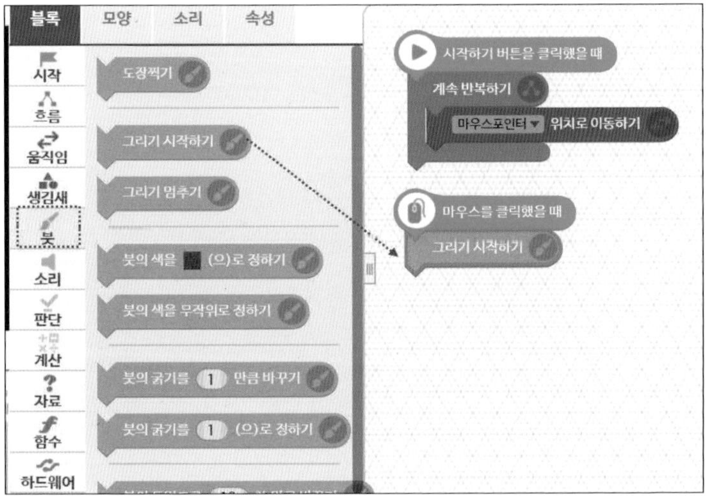

27 〈작품 저장하기〉 엔트리 상단메뉴 왼쪽에 제목을 쓰고, 저장 버튼을 클릭합니다. 마이 페이지에서 작품을 확인할 수 있습니다.

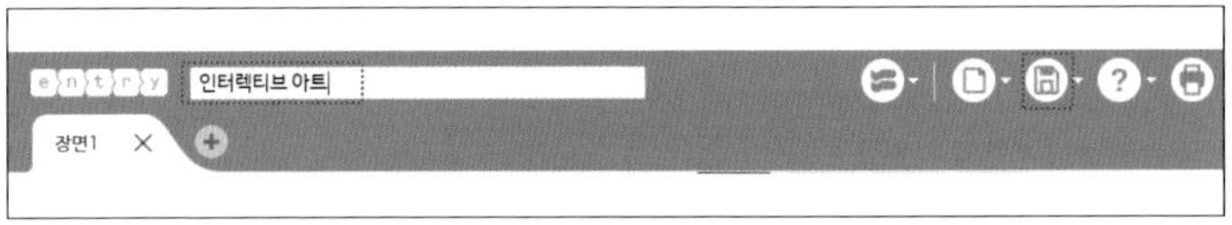

28 〈학급 공유하기〉 선생님이 엔트리에 학급기능을 활용하고 있는 경우 학생들의 작품을 [학급 공유하기]로 저장할 수 있습니다. 그러면 손쉽게 학생들의 작품을 확인할 수 있습니다. 먼저 '마이 페이지'에 들어가서 공유하고자 하는 작품의 오른쪽 하단에 있는 네모를 클릭합니다.

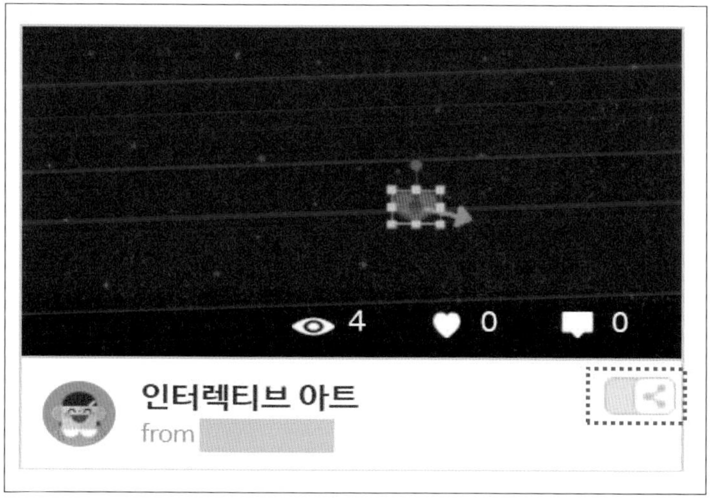

29 〈학급 공유하기〉 작품공유 선택에 관한 동의 사항과 작품공유 공간을 체크하고 '공유'를 클릭하면 학급 공유하기가 완료됩니다.

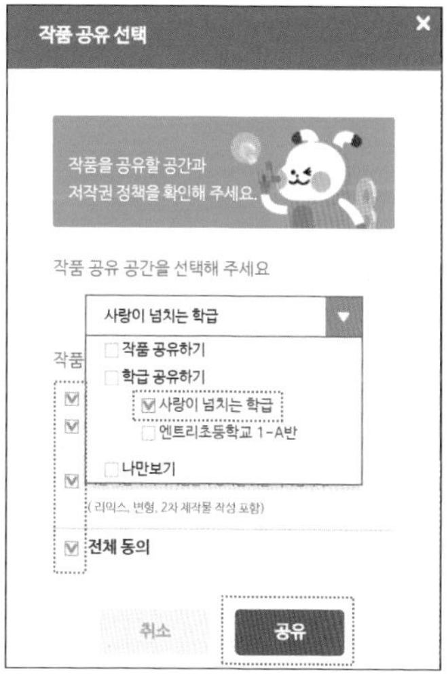

30 〈학급 공유하기〉 선생님의 '학급 공유하기' 페이지에 학생의 작품이 올라온 것을 확인할 수 있습니다. 학생작품을 선생님이 손쉽게 확인할 수 있습니다.

〈참고자료〉

1. [빛으로 대화하는 인터렉티브 아트-3,4학년] 한국과학창의재단
2. '따라하며 배우는 엔트리 프로그래밍 3, 4학년 초급'엔트리교육연구소
3. http://www.korthalsaltes.com/
4. 네이버 지식백과 http://terms.naver.com/entry.nhn?docId=958050&cid=47309&categoryId=47309, http://terms.naver.com/entry.nhn?docId=3410160&cid=58413&categoryId=58413
5. http://blog.lgcns.com/1157
6. https://incandescentcloud.com/aboutcloud/
7. http://brand.hyundai.com/ko/art/art-world/art-technology-carsten-holler.do
8. https://www.youtube.com/watch?v=QkptEFxleUU
9. https://www.youtube.com/watch?v=S3OmL30wlnA

Chapter 06

수업 자료 – 과학적 개념 및 원리

1. 빛

빛이란 우리 눈을 자극하여 물체를 볼 수 있게 하는 것입니다. 우리 눈에 물체가 보이는 이유는 바로 태양 때문입니다. 태양이 물체에 빛을 비추면 물체의 표면에서 빛이 반사되는데, 이 반사된 빛을 보는 것이 바로 물체를 보는 것입니다.

이처럼 태양과 같이 스스로 빛을 내는 물체를 '광원'이라 합니다. 빛은 크게 광원인 것과 광원이 아닌 것으로 나누어집니다. 광원에는 태양, 별, 형광등, TV, 컴퓨터 모니터, 핸드폰 액정 등이 있고, 광원이 아닌 것으로는 책상, 돌, 칠판, 공책, 나무, 꽃 등이 있습니다.

2. 빛의 직진

빛은 공기 중에서 곧게 뻗어나가는 성질을 가지고 있습니다. 이러한 성질을 빛의 직진이라고 합니다. 우리 주변에서 빛의 직진 현상을 많이 볼 수 있는데 태양, 자동차 불빛, 형광등, 레이저포인터 등이 있습니다.

3. 그림자

그림자는 빛이 지나가는 길이 막히면 생겨납니다. 빛은 직진하는 성질이 있어서 직진하다가 물체를 만나면 막혀서 더 이상 나아가지 못하고 그림자를 만들게 됩니다. 그리고 그림자의 크기는 광원과 물체 사이의 거리에 따라 달라지는데 거리가 가까우면 그림자가 커지고, 거리가 멀면 그림자가 작아지게 됩니다.

4. 빛의 반사

빛의 반사란 빛이 직진하다가 물체에 부딪칠 때 진행 방향이 바뀌어 나아가는 현상을 말합니다. 거울은 빛의 반사를 볼 수 있는 좋은 도구로, 거울로 햇빛을 반사시키면 햇빛의 진행 방향이 바뀌므로 거울을 이용하여 빛을 원하는 방향으로 보낼 수 있다. 그 이유는 거울에 들어온 빛이 일정한 법칙에 따라 반사되기 때문입니다. 즉 빛이 거울로 들어오는 각도(입사각)와 거울에서 반사되어 나가는 각도(반사각)는 항상 같습니다. 이것을 '빛의 반사 법칙'이라고 합니다.

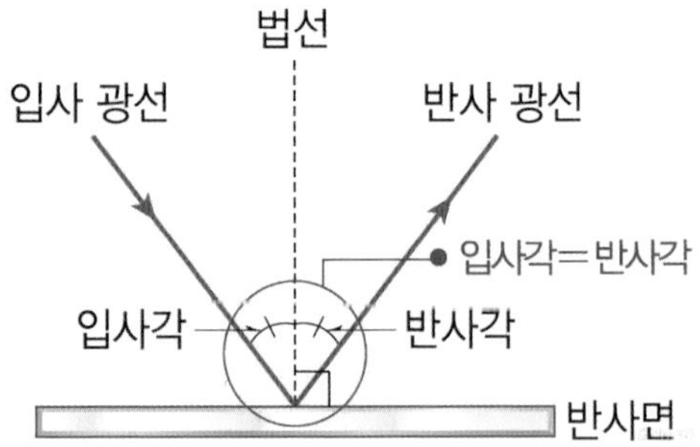

〈그림 10〉 반사법칙 (http://terms.naver.com/entry.nhn?docId=3344292&cid=47338&categoryId=47338)

5. 빛의 회절

빛은 전자기파의 일종으로, 여러 가지 색깔이 혼합되어 있습니다. 각 색깔에 따라 파장이 다르기 때문에 직진하다가 좁은 틈이나 장애물을 만나면 각기 다른 각도로 나누어지게 됩니다. 예를 들면, CD의 경우 매끈해 보이지만 가운데를 중심으로 나선형의 촘촘한 선이 그어져 있습니다. 이 때문에 CD를 통과한 빛은 그대로 직진하지 않고 좁은 틈이 파원이 되어 여러 각도로 퍼져 나가게 됩니다. 이런 현상을 빛의 회절이라고 하고, 이 때 빛의 파장에 따라 퍼지는 각도에 차이가 생겨나기 됩니다. 이와 같이 각각 다른 빛의 파장으로 인해 우리는 눈에는 다채로운 무지갯빛이 보이게 되고, 이것을 스펙트럼이라고 합니다.